Friedrich Winter

Seelsorge an Sterbenden und Trauernden

FRIEDRICH WINTER

Seelsorge an Sterbenden und Trauernden

VANDENHOECK & RUPRECHT
IN GÖTTINGEN

CIP-Kurztitelaufnahme der Deutschen Bibliothek

Winter, Friedrich
Seelsorge an Sterbenden und Trauernden
ISBN 3-525-62159-0

1. Auflage 1976. Lizenzausgabe der Evangelischen Verlagsanstalt Berlin. Printed in the German Democratic Republic.

VORWORT

Theologen und andere kirchliche Mitarbeiter, die in ihrer Gemeindepraxis Sterbenden und Trauernden begegnen, brauchen eine Anleitung, um ihnen das erbetene kirchliche Geleit zu geben. Außer der praktischen Anleitung ist auch eine prinzipielle Äußerung nötig, da der Tod eine elementare Tatsache des menschlichen Daseins ist. Beide können nur formuliert werden, wenn dabei die Situation des Menschen in unserer Gesellschaft beachtet wird. Darum sind hier Leben und Arbeit der Kirche vorausgesetzt, wie sie innerhalb des Bundes Evangelischer Kirchen in der DDR Raum und Grenze finden. Die knappen Ausflüge eines „theologischen Laien" in andere Wissenschaften wollen nur in Auswahl deren Ergebnisse vorstellen und auf ihren wichtigen Dienst am Menschen hinweisen. Der theologische Leser soll dadurch angeregt werden, den Tod nicht als ein Problem jenseits unserer Wirklichkeit, sondern als komplexes Phänomen im Diesseits des Lebens unter dem Evangelium zu sehen. Das schließt ein Gespräch mit den Erfahrungen aus der Kirchengeschichte nicht aus. Quellenangaben etwa aus dem 19. Jahrhundert können trotz ihrer veralteten Sprache noch heute zum Nachdenken anregen.

Allen Ratgebern, Hörern, Gesprächspartnern im praktischen Pfarramt, in der Vorlesung, auf Pastoralkollegs und Konventen, Nichttheologen und Theologen, auch den Lektoren, die zum Werden dieser Arbeit beigetragen haben, sei gedankt.

INHALT

1. EINLEITUNG

1. Das Leben ist für uns Menschen ein großes und kostbares Geschenk. Eines Tages müssen wir jedoch von ihm lassen. Wir sterben und sind dann tot. Erleben wir das Sterben und den Tod von Menschen, denen wir verbunden sind, überkommt uns die Trauer.

Das ist nicht nur heute so. Damit haben sich die Menschen schon immer auseinandergesetzt. So auch die Angehörigen des Volkes Gottes, die Christen. Gottes Selbstvorstellung als liebender Erlöser Jesus Christus, als barmherziger Vater seiner Schöpfung und als erneuernde Kraft des Geistes wurde auf Welt, Menschheit und menschliches Einzelleben bezogen. Von daher hat der christliche Glaube auch den Tod in einer jahrtausendealten Geschichte der göttlichen Selbstenthüllung gedeutet. Dabei wurde nicht nur eine theoretische Glaubensinterpretation vollzogen. Es wurden auch praktische Aktionen für das Sterbendengeleit und für die Trauerndenhilfe ausgelöst. Glaubensdeutung und Glaubensverhalten gingen Hand in Hand. Auch heute sind der Gemeinde Jesu Christi Gottes todüberwindende Liebesaktionen in dreifacher Fülle enthüllt. Auch heute ist sie dazu aufgefordert, gegenüber Deutungen des Todes und Verhaltensweisen angesichts des Todes nach ihrer Deutung und einem christusgemäßen Verhalten zu suchen. Es ist zu prüfen, ob die alten Antworten ausreichen oder andere Interpretationen und Verhaltensweisen gefunden werden müssen. Das Reden vom Tode unterliegt auch in der Kirche einer Entwicklung, einem geschichtlichen Werden, ebenso die Art ihrer Todesseelsorge.

2. Prä- und postmortales Geleit werden literarisch und praktisch in der heutigen Kirche selten als zusammengehörig betrachtet. Nur wenige Autoren behandeln, wenn sie von der Sterbeseelsorge sprechen, auch das Trauern und die Bestattung. Wenn sie es tun, dann nur knapp und in Nebenhinweisen.[1] Umgekehrt wird vom Sterben in der Regel nur am Rande gesprochen, wenn Trauer und Bestattung thematisch sind.[2] Davon weichen nur wenige Autoren ab.[3] Zugleich fällt auf, daß vom Sterben durchweg im Zusammenhang der Krankheit die Rede ist. Fast alle Äußerungen zur Krankenseelsorge

erwähnen darum die Sterbefürsorge, wenn auch nie ausführlich.[4] Dieselbe methodische Zuordnung findet sich übrigens auch oft in medizinischer Literatur.[5] Im Umgang mit Kranken erscheint das Sterben als ein extremer Sonderfall. Die Trauer wird in der praktisch-theologischen Literatur im allgemeinen unter dem Abschnitt der gottesdienstlichen Handlungen aus besonderem Anlaß,[6] speziell im Rahmen der Bestattung,[7] thematisch. Eine liturgische Handlung, die mit einer Kasualansprache verbunden ist, bildet Ausgangspunkt und Zentrum der Betrachtung zugleich. Daß der postmortalen Handlung ein prämortales Geschehen des Sterbens vorausläuft, wird als selbstverständlich vorausgesetzt.

Dasselbe trifft für die kirchliche Sitte zu. Im Bewußtsein von Pfarrern und Gemeinden hat es die Kirche weithin nur mit der Trauer im Zusammenhang der Bestattung, aber nicht mit dem Sterben zu tun. Der Pfarrer wird vor dem Tode als Todesbote und darum nicht gern bzw. als überflüssiger Gast gesehen, der besser nicht erscheinen sollte; aber als Bestatter ist er geschätzt. Sterbegeleit ist auch nach Meinung vieler kirchlicher Mitarbeiter nur Sache von Spezialisten, etwa Krankenhausseelsorgern. Gewiß wird für Jugendpfarrer oder Pfarrer in Ortsteilen, in denen nur jüngere Menschen wohnen, die Thematik der Sterbeseelsorge weniger wichtig sein. Aber wenn in der herkömmlichen Ortsgemeinde diese Aufgabe kaum wahrgenommen wird, obwohl die Zahl der Bestattungen hoch ist, stimmt das sehr bedenklich. Darum haben die folgenden Überlegungen zum Ziel, die in Literatur und Praxis vorherrschende isolierte Beachtung post- und prämortalen Handelns der christlichen Gemeinde zu durchbrechen; denn sachlich und praktisch gehört es zusammen. Die Frage lautet: Wie sieht die Zusammenschau einer kirchlichen Begleitung im Sterben und Trauern aus?

3. Darauf ist angesichts einer doppelten Kritik an den gottesdienstlichen Handlungen aus besonderem Anlaß zu antworten. Die eine kritische Stimme stammt aus dem Raum von Theologie und Kirche, die andere aus dem praktischen kirchlichen Leben in der heutigen Welt. Die seit langem bestehende innerkirchliche Kritik hat in scharfer Form Rudolf Bohren vertreten.[8] Kasualien seien unpersönliche Massenprodukte geworden, die als Handlungen unglaubwürdig wirken, auch wenn die dabei erforderlichen Reden, theologisch gesehen, noch so exakt ausfallen. Diejenigen, die eine Kasualie begehren, wollten eine pietätvolle Bestattungshandlung, aber keine evangelische wortgebundene gottesdienstliche Handlung. Darum ruft Bohren zum Beerdigungsstreik der Pfarrer auf.[9] Eine Gesundung der kirchlichen Kasualpraxis könne nur durch Laienunterweisung, Delegation der Durchführung an Christen aus Familie und Nachbarschaft und durch eine diakonische Einbettung der liturgischen Handlung erfolgen. – Diese Kritik und die sich daraus ergebenden Reformvorschläge sind berechtigt und prüfenswert, auch wenn letztere zum Teil recht utopisch und zu wenig situationsbezogen wir-

ken. Eine Verbesserung der Kasualien- und Bestattungsarbeit ist auf dreifache Weise anzustreben. Einmal muß die liturgische Handlung der Bestattung stärker in alle übrigen Funktionen gemeindlichen Handelns eingebettet werden: Sie hat es auch mit dem homiletischen, katechetischen, ordnenden, seelsorgerlichen und diakonischen Handeln der christlichen Gemeinde zu tun, das nicht nur durch den Pfarrer, sondern auch durch die übrigen Glieder der Gemeinde zu vollziehen ist. Sodann ist das Bestattungshandeln eindeutiger als eine Teilaufgabe des postmortalen Geleits, als partielle Trauerhilfe zu sehen. Noch wichtiger jedoch erscheint es, das Bestattungshandeln der christlichen Gemeinde mit dem seelsorgerlichen und diakonischen Handeln angesichts des Sterbens zu verbinden. Wenn Pfarrer und Gemeindeglieder nicht nur Bestatter, sondern auch Sterbehelfer werden, kann die isolierte Bestattungszeremonie wieder menschlicher und evangeliumsgefüllter werden. Es ist ein Krebsschaden der kirchlichen Entwicklung, daß ein Redner der Kirche wohl Tote fortschaffen hilft, aber den Weg zum Tode nicht mitgeht. Der Sargdeckel muß verschraubt sein, wenn die kirchliche Bestattungsfeier einsetzt!

Nicht zu übersehen ist die Kritik aus dem praktischen Leben. Die Quittung für eine unpersönliche Massenabfertigung und eine nicht erspürte Evangeliumsnähe im Geschehen der Bestattung sieht faktisch so aus: Mit der zunehmenden Säkularisierung nimmt die Zahl der kirchlichen Bestattungen ab. Das wird nach menschlichem Ermessen in den nächsten Jahren nicht anders werden.[10] Gewiß wird die Bestattung unter den Kasualien noch am häufigsten begehrt, weil viele ältere Gemeindeglieder dem Tun der Gemeinde und ihrer Pfarrer herkömmlicherweise vertrauen. Aber diese Chance darf nicht durch fahrlässiges Handeln verspielt werden. Die aus der Volkskirche überkommene Bestattungsfunktion der christlichen Gemeinde ist zu überprüfen und auf das heutige diasporakirchliche Werden hin verantwortlich umzugestalten. So bedarf unser Thema angesichts der besonderen kirchlichen Entwicklung in der DDR neuer Beachtung. Wieder müssen wir feststellen, daß diese Tatsache noch nicht die gebührende Aufmerksamkeit erfährt. Es gibt hierzu nur theologische Kleinliteratur, Monographien gar nicht.[11] Auch das Gemeindeschrifttum reicht weder qualitativ noch quantitativ gesehen aus.[12]

4. Prä- und postmortales Erleben und Handeln haben im Geschehen des Todes ihre logische und menschliche Mitte. Aus dieser Voraussetzung ergibt sich die Gestaltung unseres Gedankenganges. Auf eine theoretische Überlegung zu Phänomen und Deutung des Todes (Teil 2) folgt ein praktischer Teil, in dem die zeitliche Abfolge vom Sterben zur Trauer als menschlicher und kirchlicher Vorgang bedacht werden soll (Teil 3). Von der Vorbereitung auf den Tod (Teil 4) spricht der Schluß.

2. THEORIE DES TODES

Die Menschen haben sich, soweit wir die Geschichte zurückverfolgen können, auch mit dem Problem ihres Todes beschäftigt. Sie versuchten, seine Wirklichkeit in ihr Leben und Verstehen einzubeziehen. Das ist bis in die Gegenwart so geblieben. Dennoch darf nicht übersehen werden, daß wir heute in einer Gesellschaft leben, in der eine wissenschaftliche Art, den Tod zu bedenken, vorherrscht. Die sich mit ihm verbindenden Erscheinungen werden beobachtet, registriert und unter bestimmten Fragestellungen geordnet vorgeführt. Ihnen ist nachzugehen, ohne daß nur annähernd Vollständigkeit erreicht oder die für einen Nichtfachmann unzugänglichen Differenzierungen dargestellt werden könnten. So können dem Theologen nur Fragestellungen der Wissenschaften aufgezeigt und Literaturhinweise gegeben werden, die ihm eine weitere Beschäftigung mit diesem Thema ermöglichen.

2.1. *Phänomene*

2.1.1. Sprachliche Beobachtungen

1. Das Wort „Tod" findet sich bereits im Germanischen. Es hat eine zweifache Bedeutung: „. . . es meint den Vorgang des Sterbens, dann den Zustand danach."[1] Darum spricht man sowohl vom gewaltsamen oder langsamen Tod, den ein Mensch erleidet (Vorgang), als auch von der Nacht des Todes, die einen Verstorbenen umgibt (Zustand). Das Wörterbuch von Jakob Grimm[2] nennt über vierhundert Wörter, die mit „Tod" zusammengesetzt sind, z. B. Todesangst, -art, -fall. Darüber hinaus ist der Begriff heute in dreifacher Weise bestimmt: Er meint einmal das Sterben als Vorgang und als vollendeten Zustand. Weiter wird der Tod „als symbolische Gestalt"[3] verstanden, Er kann lauern, anpochen, seine Hand ausstrecken, drohen. Wo der Mensch persönlich betroffen ist, beginnt er, personifizierend bzw. „symbolisch" zu reden. Und drittens hat sich die Rede vom Tode im übertragenen Sinne erhalten, um die Totalität eines Geschehens, einer Entscheidung oder eines Urteils auszudrücken: zu Tode erschrocken sein, auf

den Tod zuwider sein, sich zu Tode schämen.[4] – Das Adjektiv „tot" bezeichnet den Zustand des Gestorbenseins, das Sterben ist abgeschlossen, jemand ist tot. – Daneben wird das Substantiv „der Tote" in über 380 Wortverbindungen gebraucht, z. B. Totenbahre, Totenfrau, Totentanz.[5] – Das Verb „töten" bedeutet: tot machen, sterben machen.[6]

„Sterben" – verwandt mit „starren"[7] – meint den Tod als Vorgang, wird aber auch im metaphorischen Sinn verwandt, um die Totalität eines Erlebnisses zu charakterisieren. Menschen sterben vor Langeweile oder Neugier; Feuer stirbt, statt: verlischt.[8] Ist das Sterben beendet, wird das durch die Vorsilbe „ver-" ausgedrückt: der Verstorbene.

An die Stelle der beiden Grundwörter „Tod" und „Sterben" können Ersatzwörter treten. Bildhafte Vorstellungen kommen zur Sprache, die das Sterben verhüllend umschreiben. Franz Dornseiff[9] hat dazu über vierhundert Wörter und Wendungen zusammengestellt: Einige Verben drücken die Trennung aus, die durch den Tod vollzogen wird: (ab)scheiden, davongehen, nicht mehr dasein. Das Bild des Schlafens und Ruhens als Ausdruck für die Abwesenheit des Toten ist heute noch gebräuchlich, etwa in den Wunschformeln: Schlafe wohl, oder: Ruhe sanft.[10] Das in der Bestattungssprache beliebte Wort „der Entschlafene" ist freilich kaum noch zeitgemäß,[11] und der Ausdruck „Heimgehen" gehört laut Lexikon nur noch dem „christlichen Sprachgebrauch"[12] an.

Wichtig sind daneben auch die Sprachbezeichnungen für den Tod der nichtmenschlichen Kreatur. Pflanzen und Tiere gehen ein. Für letztere gebraucht man auch den Begriff „verenden". Das Wort „verrecken" wird seit dem 17. Jahrhundert nicht mehr auf das Sterben von Menschen angewandt. Es bedeutet: „aufhören, die Glieder zu recken (beim Todeskampf)";[13] das gleiche gilt für „krepieren", d. h. knarren, knistern, platzen.[14] Nur dann, wenn ein Mensch in brutaler Weise umkommt, wird in der niederen Umgangssprache vom Eingehen, Verrecken, Verenden oder Krepieren gesprochen.

2. „Trauern heißt in seiner Grundbedeutung vielleicht „das Haupt fallen lassen" bzw. „die Augen niederschlagen" (althochdeutsch);[15] vielleicht auch „langsam, träge werden, sich beruhigen" (altgermanisch).[16] Heute wird vom Trauern besonders im Zusammenhang der Totentrauer und ihrer Bezeigung gesprochen. Es kann also einen innerlichen Bestand oder einen äußerlichen Vorgang bezeichnen.[17]

„Bestatten" heißt, „jemanden beisetzen, zur letzten Ruhe betten",[18] „der Leiche eine Stätte, Ruhestätte bereiten."[19] Verbreiteter jedoch als dieses ist das Wort „beerdigen", d. h. „jemanden beisetzen, mit einem Zeremoniell begraben".[20] Es ist erst seit dem 17. Jahrhundert bekannt.[21] Ersatzwörter präzisieren den Vorgang entsprechend der Art der Bestattung: einäschern, begraben. Beisetzen meint wohl ursprünglich, einen Sarg zu anderen Särgen setzen. Der Bestattungsvorgang ist für die Teilnehmer mit Trauer verbunden: Trauerfeier halten, Abschied nehmen.

3. Für den, der es mit Sterbenden, Toten und Trauernden zu tun hat, ist es wichtig, die Worte, die im Zusammenhang mit dem Tode gebraucht werden, und deren Bedeutung zu kennen und richtig zu verwenden. „Sie sachgemäß zu gebrauchen, ist ein Zeichen sittlicher Bildung."[22] Der Theologe, der immer wieder mit dem Tode konfrontiert wird, soll allerdings nicht nur die wichtigsten Begriffe kennen, die dessen Wirklichkeit ausdrücken, er sollte auch darauf achten, daß sich sein Sprachschatz nicht von dem seiner Hörer in eine antiquierte Welt hinein entfernt. Um das zu können, bedarf er wichtiger Lexika, die über den Stand der heutigen Sprache Auskunft geben.[23]

2.1.2. Soziale Bedingungen

1. Der Tod ist kein starres Phänomen, das stets gleich aussieht. Seine Erscheinungsformen wandeln sich und sind von sozialen Entwicklungen abhängig. Kriege z. B. haben im Laufe der Menschheitsgeschichte zum Massensterben in immer größerem Ausmaß geführt. Friedenszeiten hingegen geben auch den Männern Möglichkeit, ein normales Alter zu erreichen. Der Stand des technischen und medizinischen Niveaus beeinflußt die Höhe des Durchschnittsalters ebenso wie Wohlstand oder Armut in einer Gesellschaft.

Statistische Erhebungen geben hier genaue Auskunft. In der DDR ist die Zahl der jährlich Gestorbenen zwischen 1957 und 1967 konstant geblieben.[24] Die Säuglingssterblichkeit ist zurückgegangen.[25] Die Sterbezahlen nehmen etwa vom 50. Lebensjahr an erheblich zu.[26] Die Lebenserwartung ist im allgemeinen sehr viel größer geworden. Vor hundert Jahren lag sie für Männer bei etwa 35 Jahren, für Frauen bei 38 Jahren.[27] Heute werden Männer durchschnittlich 68 Jahre alt, Frauen 74 Jahre.[28]

Abgesehen davon, daß Todesursachen wegen der verschiedenen „medizinisch-diagnostischen Einstellungen"[29] nicht immer völlig genau zu ergründen sind, zeichnet sich doch hier in den letzten beiden Jahrzehnten ein Wandel ab. Die Sterblichkeit auf Grund von Infektionskrankheiten, Tuberkulose, Lungenentzündung, Komplikationen während der Schwangerschaft, der Geburt und des Wochenbetts, Unfallfolgen und Altersschwäche geht erheblich zurück. Dafür nehmen Todesfälle auf Grund von Herzkrankheiten, Gehirnblutung, zum Teil allgemeiner Arteriosklerose, Diabetes mellitus und bösartigen Geschwülsten zu. Magen- und Zwölffingerdarmgeschwüre sind als Sterbeursachen etwa gleichmäßig häufig vorgekommen.[30]

2. Gruppenbedingte und gesamtgesellschaftliche Bewegungen lassen sich statistisch errechnen. Zugleich wirken diese Erkenntnisse, aber auch sonstige zeitbedingte Haltungen auf das Verständnis des Todes und das Verhalten des Menschen zu ihm ein. Das gesellschaftliche Bewußtsein von Sterben und Tod wandelt sich. So kann man für die Gegenwart bestimmte allgemein

verbreitete, sozialpsychologisch faßbare Grundeinstellungen zum Tode beobachten.

Der Tod wird nicht mehr so stark als unmittelbar bedrängend empfunden. Das Steigen der Lebenserwartung und der rapide Rückgang der Kindersterblichkeit rücken ihn in einer vom Frieden gekennzeichneten Gesellschaft wie der unsrigen aus dem Gesichtsfeld. Unfälle mit tödlichem Ausgang kommen relativ selten vor, auch wenn die Zahl der Verkehrstoten steigt. Obwohl, statistisch gesehen, mit zunehmender Erdbevölkerung auch entsprechend mehr Menschen sterben, tritt das in unserer näheren Umwelt nicht in Erscheinung. Selbst ältere Menschen haben oft – abgesehen von Bild, Film und Fernsehen – noch keinen Toten gesehen oder kein Sterben miterlebt. Es wird auch verdeckter gestorben. Krankenhäuser nehmen Sterbende auf, die früher in der Regel zu Hause lagen. Die Familie hat nur durch kurze Besuche am Sterben von Angehörigen Anteil. Die eigentliche Pflege leisten medizinische Sterbehelfer. Aus hygienischen Gründen werden Friedhöfe und Trauerhallen aus dem Zentrum einer Ortschaft an den Rand verlegt und fallen darum weniger ins Auge.

Der Tod wird nicht mehr so sehr als unvermeidbares Schicksal, sondern eher als ein menschlich beeinflußbares Ereignis beurteilt. Gewiß hat es das immer gegeben, daß Menschen durch aktiven Einsatz ihresgleichen vom Tode errettet haben. Aber ein durch wissenschaftliche Mittel hinausschiebbares Sterben, die Erhaltung von Lebensschwachen, die unter anderen Verhältnissen sterben müßten, haben den Tod weithin als durch Menschen vermeidbare Lebenspanne sehen lehren. Es ist „die Aufgabe des Arztes, alle Mittel der Wissenschaft einzusetzen, um das Leben zu erhalten .. Zum einen geht es darum, den individuellen Tod abzuwehren ... Zum anderen gehört aber auch zum Kampf gegen frühzeitigen Tod ..., an der Gestaltung gesunder Lebensbedingungen mitzuwirken.“[31] Die Frage, ob Menschen bei Todesfällen versagt haben, beunruhigt in unseren Tagen viele. „Ein früher Tod ist nur für einen kleinen Kreis von Angehörigen ein Trauerfall, für die Fernstehenden ist er ein Anlaß zur Intensivierung der Forschung nach Abhilfe, damit auch diese Möglichkeit des Sterbens in Zukunft vermieden werden kann.“[32]

Das Todesproblem wird heute immer weniger mit Jenseitsvorstellungen verknüpft. Zwei Tendenzen, die den Gedanken an ein Weiterleben nach dem Tode ausgebildet und immer weiter entwickelt hatten, sind im Schwinden begriffen. Einmal geht es um die Vorstellungen der Volksreligion, daß die Toten weiterleben. Sie hat sich bis heute erhalten, wie bestimmte Bräuche zeigen: „Viele Bräuche ... reichen bis in die dreißiger Jahre unseres Jahrhunderts und zum Teil bis in die Gegenwart hinauf.“[33] Der andere Vorstellungsbereich von einem Weiterleben nach dem Tode entstammt dem Idealismus. Die Lehre von der Unsterblichkeit einer unsichtbaren und immateriellen Seele ist alt. Mit dem Zurücktreten des Idealismus verliert heute auch der Unsterblichkeitsglaube an Bedeutung. Aberglaube und Idealismus werden durch die Säkularisierung und durch die Konzentration des Menschen auf das Leben verdrängt. Ein sichtbares Zeichen für diese Reduktion ist die Abnahme von Grabinschriften, die auf ein Weiterleben bezogen sind. Dafür wird die Vergangenheit häufiger beschworen, z. B.: „Du warst so jung, du starbst so früh. Vergessen werden wir dich nie." Die Weltanschauung des Marxismus-Leninismus gibt diesem Sachverhalt Ausdruck: Ein Weiterleben des Menschen über den Tod hinaus ist nur in leiblichen oder geistigen Nachkommen möglich. Auch das Werk eines Menschen kann dessen Leben überdauern.

Der Tod wird weniger als persönliches Geschick empfunden als vielmehr als Menschheitsbedrohung. Daß Todesverdeckung, Abnahme der Todesschmerzen und der frühen Sterbefälle die Anschauung vom Aufgehen der individuellen Existenz in einen biologischen Gesamtprozeß der Welt das persönliche Todesgeschick nicht so scharf empfinden lassen, klang bereits an. Dem entspricht auf der anderen Seite eine Zunahme des Wissens um das Geschick der Menschheit. Sie hat die Mittel in der Hand, sich selbst zu vernichten. Seit dem zweiten Weltkrieg gibt es die Atomgefahr. Um so stärker erwächst aus dieser Bedrohung bei denen, die ihr Wissen verantwortlich anwenden, der Wille, den Menschheitstod zu verhindern. Der mögliche Tod der Menschheit wird zur Frage nach dem Frieden und der friedlichen Koexistenz unterschiedlicher Gesellschaftssysteme. Die ins öffentliche Bewußtsein gedrungene Tatsache, daß Millionen jährlich an Hunger und Unterdrückung sterben, macht die Gewissen wach.

Der Tod des einzelnen wird stärker als privates Ereignis gewertet. Nur bei wenigen, angesehenen Persönlichkeiten nimmt die Öffentlichkeit eines Dorfes oder einer Stadt über das Lesen der Todesanzeige und einige Gedanken des Bedauerns hinaus noch Anteil. Im übrigen sind nur kleine Gruppen von Angehörigen und Nachbarn dabei, wenn der Gestorbene bestattet wird. Freiwillige Helfer als Totengräber oder Sargträger sind durch Institute abgelöst, deren Mitarbeiter die notwendigen Dienstleistungen erbringen. Sehr stark macht sich die Privatisierung des Todes in der westlichen Gesellschaft bemerkbar.[34] Eine andere Entwicklung bahnt sich in der sozialistischen Gesellschaft an. Hier werden kräftige Bemühungen wirksam, die Welt der Trauer des einzelnen mit der Welt von Öffentlichkeit und Beruf zu verbinden. „... Ereignisse im Leben sind in unserer ... Gesellschaft schon längst keine ausschließlich ‚privaten' Angelegenheiten mehr ... Das gilt vornehmlich dann, wenn der Tod eine Lücke geschlagen ... hat."[35]
Weil er seltener als früher im Kreis Nahestehender erlebt wird, wissen viele nicht genau, wie man sich verhalten soll. Verlegenheitsausbrüche – Lachen oder unsicheres Auftreten – erwachsener Menschen sind bei Bestattungen

nicht selten. Auch fällt es vielen schwer, ihre Trauer durch entsprechende Kleidung oder im Verhalten auszudrücken. Noch weniger sind sie in der Lage, die richtigen Worte zu finden. Darum haben Sterbeannoncen oft einen so stereotypen Wortlaut. Bekannte, öffentliche Mitarbeiter der Presse oder der Bestattungsinstitute und überlieferte Traditionen regeln den Ausdruck der Trauer, oft ohne daß der einzelne viel über ihn nachdenkt. Über den engen Kreis von Nahestehenden hinaus wird nicht gern vom Tode Angehöriger gesprochen. Der Tod ist zu einem Geschehen im Intimbereich des Lebens geworden.

Eine letzte gesellschaftliche Erscheinung ist der Rückgang ausgeprägter Riten, die im Zusammenhang mit der Erinnerung an die Verstorbenen üblich waren. Nur noch selten werden Grabstellen über die aus hygienischen Gründen festliegenden Ruhefristen hinaus neu gekauft oder die Liegezeit verlängert. Ortswechsel, weite Entfernung der Friedhöfe und Beschäftigung mit Lebensproblemen lassen wenig Zeit und Möglichkeit zur Gräberpflege und zum Totengedenken. Form und Gestaltung der Grabsteine werden bescheidener als zu anderen Zeiten. Familiengrüfte des Adels oder protzige Grabmonumente des reichen Bürgertums sind kleineren Grabmälern gewichen, die einer einheitlichen Friedhofsplanung und -pflege unterliegen.

3. Alle sozialen und sozialpsychischen Wandlungen sind nüchtern und sachlich zur Kenntnis zu nehmen und zuerst einmal weder zu bedauern noch zu loben. Darum sind auch pessimistische Äußerungen, daß der Mensch seine Personalität verliere, wenn er nicht seinen „eigenen Tod" sterbe,[36] abzulehnen. Ebenso verkehrt wäre es, wenn christliche Prediger mit Todeserwartungen und Verhaltensweisen aufwarteten, die ihre Zuhörer entweder nicht teilen oder gar nicht kennen.

2.1.3. Psychische Erscheinungen

Indem sozialpsychologische Beobachtungen wiedergegeben wurden, haben wir auch bereits das Gebiet der Psychologie betreten. Wie erlebt der Mensch als Person den Tod?

1. Gern sagt man, daß jeder hier verschieden reagiert. Umwelt, physiologische, psychologische und weltanschauliche Eigenart bewirken auch verschiedene Einstellungen zum eigenen Sterben und zum Sterben anderer: „So verschieden das Leben – so verschieden der Tod und so verschieden auch die Trauer."[37] Die Wahrheit dieses Satzes schließt jedoch nicht aus, daß man bestimmte gleiche oder ähnliche seelische Beziehungen zum Tode feststellen kann. Dichter und Theologen haben das schon immer jenseits einer wissenschaftlich reflektierten und kontrollierten Methode unternommen und ein Echo erfahren, das zeigt, wie Hörer und Leser in gleicher Weise empfinden. Darum ist es gut, in der Literatur der Gegenwart, aber auch der Vergangenheit, verdichtete Gedanken und Berichte über das Sterben zu studieren. Auch

alte Seelsorgelehren und Pastoraltheologien spiegeln psychologische Beobachtungen in reichem Maße wider.[38] In psychologischen Lehrbüchern tritt dieses Problem mehr am Rande auf. Vor allem in medizinischer Literatur finden sich viele Einzelangaben, die freilich in der Regel nicht systematisiert sind.[39] Eine Typologie des Sterbens bietet Erich Stern, die er freilich selbst „als ganz grobe Einteilung(en)“[40] empfindet. Ludwig Robert Müller[41] stellt den charakteristischen Verlauf des Sterbens für bestimmte Krankheiten dar.

2. Gehen wir einigen Möglichkeiten nach, seelische Begleiterscheinungen des Sterbens unter verschiedenen Fragestellungen zu begreifen. Sterben wird als Vorgang in der Zeit erlebt. Schon die alten Kirchengebete sprechen vom „schnellen Tod“,[42] der so überraschend eintritt, daß weder der Sterbende noch die Beteiligten darauf gefaßt sind. Ein Unfall, ein Zusammenbruch mit tödlichem Ausgang bewegen die Beteiligten besonders und wirken wegen ihres plötzlichen Hereinbrechens erschreckend und einschneidend. Daß ein schneller Tod für den Betroffenen auch stets ein leichter und angenehmer ist, wird zwar häufig behauptet, ist aber durch Erfahrung nicht zu belegen. Chronologische Zeitvorstellungen geraten hier eigentümlich durcheinander. Im Leben kann ein Augenblick den Menschen sehr tief bewegen, als Qual oder als Freude, als größte Lust oder schärfstes Haßgefühl. Sollte das nicht auch im plötzlichen Sterben so sein, daß Augenblicke höchstes seelisches Erleben in sich schließen, so daß sie als unendlich lang, lust- oder qualgebunden gespürt werden? – Häufiger wird das Sterben als ein längerer Prozeß erlebt. Der Mensch wird krank und muß tagelang, auch monatelang verschiedene Stadien des Wartens, Leidens und Aufgebens auf sich nehmen, bis er dann schließlich stirbt. Er merkt es selbst nicht bewußt, ahnt dann das Ende und muß es hinnehmen. Angehörige und Pfleger sind durch langsames Sterben in langer Sterbehilfe besonders beansprucht und haben die einzelnen Stufen des Lebensabbaus zu begleiten. Auch sie sind, wenn sie sich nicht verhärten, dauernd starken seelischen Spannungen ausgesetzt, und es ist berechtigt, wenn sie aus natürlichem Schutz rein sachlich zu bleiben versuchen.

Schnelles Sterben läßt kaum eine Wahl des Ortes zu: die Straße, das Büro, eine freie Landschaft. Bei schwerer Krankheit wird das Krankenhaus zum Ort des Sterbens, wobei es üblich ist, besondere Sterbezimmer bereitzuhalten. Sterben bringt eine gewisse Isolierung von der übrigen Welt der Kranken mit sich, höchstens, daß wenige, dem Sterben nahe Patienten zusammenliegen[43] und besondere Wachen anwesend sind. Der Tod, wenn er noch bemerkt wird, setzt dann mit einer räumlichen Trennung von der Umwelt ein.[44] So ist es zumeist, wenn der Tod nicht daheim eintritt. Die gewohnte Umgebung – oft auf Wunsch der Angehörigen und des Sterbenden selbst wieder aufgesucht – wird dankbar erlebt; und das nicht nur wegen der Menschen. Todkranke, die in ihren Wünschen nicht selten immer bescheidener werden, empfinden die Räume nach Farbe oder Möbeln stärker als Gesunde.

Das heimische Milieu, das heute zumeist auf die Wohnung beschränkt ist, wirkt bergend. Räume üben seelische Wirkungen aus.

Haben bestimmte Altersstufen ein besonderes Verhältnis zum Tode? Die Möglichkeiten, zu erfahren, wie Kinder das Sterben aufnehmen, nehmen mit den sinkenden Sterbeziffern ab. Im allgemeinen wird die Nähe und der Einfluß von Vertrauenspersonen – vor allem Mutter und Vater – stark wirken. Kinder gehen sehr oft mit dem Sterbeerleben ihrer Angehörigen mit: angsterfüllt, ruhig, getröstet. Sie sind auch manchmal sterbebereiter als lebenserfüllte Erwachsene. Ihr Fragen nach dem Tod, den sie bei Verwandten oder Nachbarn – vielleicht auch bei Tieren – miterleben, bedarf einer Antwort, die sie begreifen können. Die häufig anzutreffende Tabuisierung des Todes, daß Kindern der Tod Angehöriger verschwiegen wird oder sie an Bestattungen nicht teilnehmen dürfen, wirkt sich für das spätere Leben und Nachdenken über den Tod negativ aus. Der Tod erhält so von vornherein den Anschein eines unheimlichen Ereignisses, über das man nicht reden darf. – Bei Jugendlichen ist die Bereitschaft, den Tod anzunehmen, des öfteren ausgeprägt; nicht nur, weil sie, bis hin zum Suizid (Selbstmord), von Todesgedanken während der Pubertät heimgesucht werden: ihr leichter Sinn, ihre Fähigkeit, Leben spontan und gefühlsstark zu nehmen und zu geben, weckt Todesmut und -bereitschaft,[45] die oft Großes für andere einsetzen – aber auch in der Vergangenheit unendlich mißbraucht worden sind. Daneben können sich Jugendliche in Todesnähe auch wieder sehr leicht über ihren wahren Zustand hinwegsetzen, indem sie von den vielen Möglichkeiten des Lebens träumen. – Am wenigsten Sterbebereitschaft wird der Mensch zeigen, der sich bewußt in das Leben begeben hat, für sich etwas werden will und für andere in Beruf und Familie dasein muß. Abschied von Arbeit und Angehörigen zu nehmen fällt dann nicht leicht. – Dennoch gewinnt die Frage nach der Nähe des Todes an Bedeutung, wenn auf der Höhe des Lebens die Möglichkeit abnimmt, das Leben über erreichte Positionen hinweg noch weiter zu steigern, ja im Gegenteil erste Abbauerscheinungen entdeckt werden: die Arbeitskraft schwindet, Kinder gehen aus dem Hause, die Generation vor einem sinkt in das Grab, erste Altersgenossen sterben. Die alte Erfahrung, daß der Mensch anfängt, sich mit der Frage nach dem Tode auseinanderzusetzen, wenn er das halbe Leben hinter sich hat, trifft noch heute vielfach zu. – Obwohl auch alte Menschen häufig noch nicht sterben mögen, rechnen sie im Grunde damit, selbst wenn sie nicht immer davon sprechen. Die Lebensfülle wird nicht mehr so vielseitig und intensiv erlebt und verantwortet. Vielfach entsteht das Gefühl, überflüssig zu sein. Es ist nicht nur Zeit, über die Vergangenheit, sondern auch über die Zukunft, den Tod nachzudenken. So werden viele Dinge von dorther geklärt – bis hin zur Rücklage des Bestattungsgeldes. Eine allgemeine Lebensmüdigkeit tritt stärker auf, die Vergänglichkeit wird deutlicher.

Erich Stern verarbeitet fremde und eigene Erfahrung zu einer Typologie des Sterbens, die er – im Wissen um die Vorläufigkeit derartiger Versuche – achtfach gliedert.[46] Wir ergänzen diese Typologie hier und da. Die 1. Gruppe von Menschen zeigt sich völlig gleichgültig, ruhig und apathisch, obwohl sie um den Tod wissen: „... der Kranke ist ‚psychisch' tot, er hat seinen Tod überlebt... es ist nicht die geringste Gemütsbewegung mehr da".[47] Die 2. Gruppe stirbt bewußt, ohne Angst, ruhig, aber nicht gleichgültig. Diese Menschen können in Ruhe Abschied nehmen, weil sie bereit sind, den Tod als selbstverständliches Ende des Lebens hinzunehmen. Sie haben alles vorbereitet und wirken auf die Anwesenden noch stärker ein. Aber auch das Gegenteil kann der Fall sein: Menschen einer 3. Gruppe wollen nicht sterben und schieben das Ende mit Gewalt aus dem Bewußtsein fort, weil das Leben noch nicht abgeschlossen werden soll. Stern meint, daß materiell gut stehende Menschen besonders leicht dazu neigen.[48] Wieder andere – die 4. Gruppe – sind von einer ganz starken Hoffnung religiöser Art getragen, was auch auf die Mitpatienten wirkt. Aufopferung des Lebens für das Heil und Wohl anderer oder die Sache des Glaubens schaffen Zuversicht und Tapferkeit. Daß hier der christliche Glaube starke Impulse bereithält, zeigen Geschichte und gegenwärtiges Leben der Kirche; aber auch von großen Zielen bewegte Nichtchristen zeigen eine solche Haltung beim Sterben.[49] Zur 5. Gruppe gehören die Euphoriker. Sie leben in einer hochgespannten Erwartung, träumen von schönem Erleben und planen die Zukunft fest und arglos, ohne an den Tod zu denken. Lebenserfüllte und glückliche Menschen, aber auch Jugendliche halten bis zuletzt daran fest, daß sie wiederhergestellt werden und weiterleben können. Die 6. Gruppe: Obwohl die Umgebung bewußt oder unbewußt vom Sterben schweigt, gibt es Kranke, die ihr nahes Ende ahnen und fast heiter daraufzu leben. Sie sind vor ihren Angehörigen still und durchbrechen ihr Schweigen vielleicht nur einmal gegenüber dem Arzt oder dem Seelsorger. Sie erwarten den Tod bereits. Andere Menschen haben keine Lebensenergie mehr – die 7. Gruppe – und lassen sich in den Tod fallen. Sie wollen nicht mehr weiterleben und graben sich durch willenlose Verzweiflung eher das Grab, als es die physische Konstitution erwarten ließe. Die 8. und letzte Gruppe will zwar im Grunde den eigenen Tod nicht wahrhaben, bedenkt aber dennoch gleichsam spielerisch die Wirkung seines Kommens auf sich und andere. Wie werden jene den Tod aufnehmen? Was wird die Umwelt zum Verscheiden sagen? – Im Grunde kann man diese acht Typen auch auf zwei reduzieren. Man nimmt entweder den Tod an oder lehnt ihn bewußt ab. Die Regel wird sein, daß der Mensch lernt, mit seinem Tode zu rechnen, ohne darüber das Leben zu vergessen. Jedenfalls wünschen Psychologen oft diese Art der Reifung: die Integration der Todeserwartung in den Lebensvollzug.[50] Dennoch hat der leidenschaftliche Kampf gegen den Tod oft auch positive Seiten. Wer wollte etwas dagegen sagen, wenn Todkranke nicht sterben wollen, weil sie z. B. auf nächste Angehörige warten, um Abschied zu nehmen?[51] – Die Erfahrung, die hinter einem Wort von Matthias Claudius steht, durchbricht letztlich alle psychologischen Regeln: „Da habe ich mich ein ganzes Leben lang auf das Sterben gerüstet und nun es an mich kommt, fällt's mir so schwer."[52]

Oft wird über das Vorkommen von Schuldgefühlen auf Sterbelagern berichtet, ebenso über Angst- und Verlassenheitszustände.[53] Wo sie aber fehlen, sind sie nicht künstlich herbeizuführen.

3. Nicht nur das Sterben wird auf verschiedenste Weise erfahren, sondern auch die Trauer: „Die Trauer ist ein Ausdruck des Schmerzes über die zerrissene Gemeinschaft, und dieser Schmerz hat recht."[54] Der Verlust eines Menschen muß verarbeitet, nicht nur zugedeckt werden. Das braucht einige Zeit, die nicht immer mit den äußeren Gepflogenheiten der Trauerbräuche übereinstimmt. Die Regel, daß Trauer ein Jahr brauche, um zu heilen, spiegelt sich noch in bestimmten Sitten wider: Ablegen der Trauerkleidung und Wiederheirat erfolgen erst nach einem Jahr. Doch gelangen die Menschen innerlich verschieden weit. Manche brauchen Jahre, um ihren Schmerz zu bewältigen; anderen gelingt dies in wenigen Wochen. Abschließen mit einem Verstorbenen bedeutet, in Ruhe – auch ohne Schuldgefühl – an ihn denken zu können. Der Lebenskreis ist neu ins Gleichgewicht zu bringen, so daß er sich rundet, ohne daß der Tote darin noch negativ mitwirkt. Berufs-, Finanz- und Wohnungsveränderungen sind oft äußere Folgen des Todes, zu deren Bewältigung meist viel seelische Kraft erforderlich ist; aber auch Gesprächsaustausch und Partner müssen neu gesucht werden. Mütter ohne Gatten reden oft mit den älteren Kindern noch nach Jahren wie mit dem eigenen Ehegefährten, ohne daß sie es bemerken. – Ein Toter hört nie auf, in der Erinnerung mit den Lebenden zu „reden". Dennoch hat der Mensch mit ihm abgeschlossen, wenn die Erinnerung und das daraus entstehende „Gespräch" vertragen werden können. Davor zu fliehen bewirkt mangelnde Lebensechtheit. Der Tote wird verklärt, die Lebenden verklagt. Aber auch umgekehrt: Der Friedhof und das Grab werden mehr bedacht als die täglichen Pflichten. Oder der Schmerz über den Verlust wird verdrängt. Untröstliche Witwen heiraten in kürzester Frist wieder. Die Trauer wird mit Gewalt fortgeschoben. All das wirkt gewaltsam und unnatürlich. – Einsamkeit macht der Trauer besonders zu schaffen, weil dann der Dialog mit dem Toten und der Schmerz besonders ungehemmt aufbrechen können.[55] Trauernde dürfen darum nicht allein gelassen werden.[56] Sie brauchen bei schwierigen Veränderungen Anleitung und Rat – oft nur durch Gesellschaft, die wirkliches Mit-Leiden ausdrückt und die Gelegenheit zum Aussprechen bietet.

4. Es gibt keine Seelsorge an Sterbenden und Trauernden, ohne daß sich beim Seelsorger psychologisches Wissen und die Fähigkeit zum seelischen Mitgehen ausgebildet haben. Darum ist der Austausch unter denen, die da-

mit befaßt sind, auch in psychischer Hinsicht nötig. Das Studium von Literatur ist unabdingbar. Auch die Bibel kennt eine Fülle von Gestalten, von deren Tod oder Trauer völlig verschieden berichtet wird. Sie enthält zwar nicht alle psychologischen Möglichkeiten, denn sie offenbart nicht den Menschen in allen Zuständen, sondern Gottes Erbarmen; aber ihre Verfasser besitzen oft eine tiefe Menschenkenntnis. Sie sehen, wie es um das sterbende oder trauernde Herz steht, um des Menschen Person.[57] Letztlich gewinnt man psychische Erkenntnisse, vor allem deren richtige Anwendung, nicht aus Büchern, sondern aus den eigenen Lebenserfahrungen. Eine Verbindung zu Sterbenden und Trauernden ist deshalb ebenso wichtig wie das eigene Verflochtensein in dieses Geschehen.

2.1.4. Physische Voraussetzungen

Seelische Erscheinungen treten nicht unabhängig von körperlichen und nervlichen Voraussetzungen auf.[58] Daher ist das Sterben als seelisches Geschehen auch von leiblichen Erscheinungen abhängig, die nicht gering veranschlagt werden dürfen. Das hat man in der Sterbeseelsorge schon lange gewußt,[59] aber die neueren Forschungen haben die physiologischen Beobachtungen stark vermehrt. Ohne auf Vollständigkeit Wert legen zu können, seien einige Beobachtungsergebnisse angegeben, die auch der Theologe und Sterbehelfer kennen sollte. Dabei hat er den Rat und die Belehrung des Mediziners einzuholen, um als Nichtfachmann keinen falschen Vermutungen zu erliegen.

1. Wenn eine Lähmung der sogenannten „atria mortis" – also Herz, Gehirn, Atmung – eintritt, ist der Tod zur Stelle. Drei Formen des Todes lassen sich unterscheiden. Unvorhergesehen kann ein schlagartiger Abbruch des bis dahin normal ablaufenden Lebensvorganges erfolgen (Unfalltod). Durch eine starke Einwirkung von außen wird das Leben beendet: Elektroschock, Unfall, Explosion, Sturz. Auch durch die völlige Überlastung eines Organs kann ein schlagartiger Lebensabbruch erfolgen: Herzinfarkt, Gehirnschlag, Atemlähmung.

Am verbreitetsten ist der Tod auf Grund nicht mehr heilbarer Krankheit (Pathologischer Tod). Die Fülle von Ursachen wird immer genauer erforscht. Zugleich sind sie abhängig von der geschichtlichen Entwicklung. Pocken, Lungentuberkulose, Kindbettfieber, von denen alte Kirchenbücher als Massentodesursachen reden, kommen nicht mehr oder kaum noch vor. Dafür treten heute z. B. der Krebs und Herzkrankheiten häufig mit tödlichem Ausgang auf.[60] Das Klima bestimmter Landschaften scheint auch eventuell zu früherem Tod führende Leiden stärker zu begünstigen, z. B. Asthma oder Basedowsche Krankheit. Der reine Alterstod (physiologischer Tod) – ob es ihn überhaupt gibt, ist umstritten – tritt in den seltensten Fällen ein. Es liegt hierbei kein krankhafter Organbefund vor, sondern die Zellen des Zentralnervensystems sind nicht mehr regenerationsfähig, sie arbeiten nicht mehr.

2. Die Art der seelischen Empfindungen beim Sterben hängt von der Art des Leidens ab.[61] Es ist z. B. bekannt, daß Kranke mit einer Blutkrankheit, Lungentuberkulose oder Sepsis ihren Tod leichtnehmen und zu euphorischer Lebenshaltung neigen. Nur wenige Sterbende sind in der Nähe des Todes voll bewußt und wach. Zu diesen wenigen zählen „etwa Kranke mit akuter Bauchfellentzündung, Kranke mit entzündlichen, degenerativen oder neoplastischen Prozessen im Halsmark, gelegentlich Kranke mit maligner Diphtherie, Kranke mit Lungenödem und Kranke, bei denen ein Herzinfarkt erst Stunden oder Tage nach dem Eintritt des Ereignisses das Ende bedingt".[62] Bei anderen Krankheiten geht dem Tod ein schweres Stadium voraus, das dann in Agonie übergeht, in der Sinneswahrnehmung und Denkfähigkeit auf Grund eines Organismusverfalls partiell oder total versagen: innere Vergiftungen (Urämie, Diabetes, Hepatitis), bösartige Geschwülste. Eine Minimalexistenz hat Schmerzempfinden und Bewußtsein für immer oder vorübergehend außer Kraft gesetzt. „Da tritt eine Reihe gewaltsamer, heftiger Erscheinungen ein, welche den Todeskampf darstellen. Ich habe jedoch beobachtet, wie Sterbende ... nicht einmal wußten, daß sie im Todeskampf lagen ... Die Sterbenden sehen eben die verzogenen Gesichtszüge nicht, diese für die Umstehenden so wahrnehmbare hippokratische Physiognomie; auch das unheimliche Röcheln und das Brechen der Augen wird von ihnen nicht wahrgenommen, wie von den Umstehenden."[63] – Es kann angenommen werden, „daß die Seelenerfahrung der Sterbenden vor allem von dem Zustand des Gehirns abhängt".[64]

Körperliche Empfindungen machen auch den Leidenden selbst auf den möglichen Tod aufmerksam: Schwerer Schmerz, insbesondere am Herzen, führt oft zum Vernichtungsgefühl. Sauerstoffmangel (Luftnot) weckt reflektorisch Todesangst. Auch gibt es Formen der Bewußtseinsminderung, die der Mensch in Todesnähe so bemerkt, daß Angst, in den Tod zu versinken, entsteht. So ruft die verschiedene Defizienz in den *atria mortis* auch besondere Erlebnisse hervor.

3. Anzeichen eines möglichen Todes bei Krankheit sind für Außenstehende hohes Fieber, totale Apathie oder phantasiereiche Angstunruhe (z. B. das Flockensuchen mit den Händen), totale Unbeholfenheit und Gliederschwäche (z. B. beim Betten), Vergilben der Haut, völlige Abmagerung, Wasser in den Gliedern, Brand, schwere Lähmungen, trockenes Atmen bei offenem Munde, Gesichtseinfall, Erbrechen von Blut, starke Atemunregelmäßigkeiten und Verstopfung.

Der klinische Tod tritt ein, wenn Atmung und Puls beständig schwächer werden, bis sie dann ganz aussetzen. Der Kreislauf steht still. Auf Anruf und Anstoßen reagiert der Tote nicht mehr. Er bewegt sich nicht. Die Augen werden starr und weit, Gesicht und Haut fahl. Die Körpertemperatur sinkt. Mangelnde Sauerstoffzufuhr durch die ausgefallene Atmung und Herztätigkeit führt dazu, daß nach und nach die noch über den klinischen Tod hinaus lebendigen Organe und Zellverbände ihre Funktionen einstellen. Ist das eingetreten, spricht man vom biologischen Tod.

Der in letzter Zeit genauer erforschte Unterschied von klinischem und biologischem Tod hat nicht nur zu der Möglichkeit von Organverpflanzungen geführt (Niere, Herz), sondern auch Praktiken hervorgerufen, die, in den ersten sechs bis zehn Minuten angewandt, zu einer Wiederbelebung führen können. Das Herz wird durch Massage oder andere Eingriffe zum erneuten Schlagen gereizt; oder eine künstliche Atmung versorgt den Kreislauf mit genügend Sauerstoff, um die Funktionen der Organe und Zellverbände am Leben zu erhalten.

Nach der Lehre der römisch-katholischen Kirche darf die Letzte Ölung noch bis zu zwei Stunden nach dem klinischen Tod gespendet werden. „Zwei Stunden werden wohl nicht als Minimalzeit für das Stadium des relativen (klinischen) Todes anzunehmen sein, wohl aber als Durchschnittszeit.“[65] Dann setzt die Zersetzung des Leibes ein. Sie beginnt mit einer „stinkenden Fäulnis“, die sich bei Bestattungen in großer Hitze oft sehr bemerkbar macht. Daran schließt sich die Verwesung an, die „in porösem, lufthaltigem Boden sechs bis acht Jahre dauert“.[66]

2.1.5. Rechtliche Regelungen

In der DDR gibt es kein besonderes Gesetzbuch, das die rechtlichen Bestimmungen, die im Zusammenhang mit dem Tod von Bedeutung sind, zusammenfaßt. Das ist auch in anderen sozialistischen und kapitalistischen Ländern der Fall. Daher ist es nötig, verschiedene Gesetzbücher zu studieren, um aus ihnen juristisch bindende Entscheidungen zu erheben. Darüber hinaus enthält das Gesetz- und Verordnungsblatt manche ergänzende Einzelbestimmungen. Fall- und Rechtsdiskussionen bietet die Zeitschrift „Neue Justiz“, in der in den letzten Jahren eine ganze Reihe von offenen oder inzwischen geregelten Problemen veröffentlicht worden sind, z. B. zur Todeserklärung,[67] zur Todesstrafe,[68] zum Totschlag[69] und zur Testamentsausfertigung.[70]

Das Bürgerliche Gesetzbuch enthält Regelungen, die im Zusammenhang mit einem Todesfall juristische Bedeutung haben: Testament,[71] Erbschaft, allgemeine Finanz- und Wirtschaftsregelungen in Todesfällen, Todeserklärung.[72] – Im Familiengesetzbuch ist die Bedeutung des Todes für die Familie unter dem Aspekt des Rechtes angesprochen.[73] Das Strafgesetzbuch unterscheidet angesichts des gewaltsamen Todes Mord, Totschlag und fahrlässige Tötung.[74] Die Strafen für eine schuldhafte Verursachung des Todes eines Menschen in verschiedenen Situationen – z. B. bei Freiheitsberaubung, Brandstiftung[75] – werden in verschiedenen Sachzusammenhängen behandelt. Die Todesstrafe soll nur bei besonders schweren Verbrechen verhängt werden: Vorbereitung und Durchführung von Aggressionsakten, Verbrechen gegen die Menschlichkeit, Hochverrat, Spionage, Terror, Diversion, Sabotage in besonderen Fällen. „Gegen Jugendliche wird die Todesstrafe nicht ausgesprochen.“[76]

Bestattungsfragen sind durch standesamtliche Bestimmungen geklärt, die freilich weithin örtlichen Regelcharakter tragen. Ein neueres Friedhofsrecht gibt es nicht. Hier gelten zum großen Teil noch alte Bestimmungen. Die Kirche regelt ihre Friedhofsangelegenheiten im Rahmen der staatlichen Gesetze selbständig durch eigene Friedhofsordnungen.[77] Für die Bundesrepublik gibt es eine gedruckte Zusammenfassung des Friedhofs- und Bestattungsrechtes.[78]

2.1.6. Volkskundliche Feststellungen

Im Zusammenhang von Tod, Trauer und Bestattung gibt es Vorstellungen und Riten, die seit langem von der Volkskunde beachtet werden, neuerdings auch von der Soziologie.

1. Gegenüber der Übermacht des Todes haben sich abergläubische Vorstellungen und Praktiken herausgebildet, die weithin noch lebendiger sind, als man oft ahnt. „Die christliche Verkündigung ließ sie am Wege liegen.“[79] Menschen sagen von sich, daß sie hellseherisch den Tod anderer vorausahnen. Sie quälen sich mit diesen Vorstellungen herum. Sogenannte „Totenkäuzchen“ sollen einen Todesfall anmelden. Bei der ersten Taufe, die ich zu halten hatte – einer Haustaufe –, blies ich nach der Handlung die brennenden Kerzen aus. Der Mutter entfuhr es: „Nun stirbt das Kind.“ – In primitivem Gebetsmißbrauch projizieren religiöse Menschen ihren Haß gegen andere in eine Formel des Totbetens: „Diese naive Frömmigkeit meint: Gott solle doch nur einmal richtig handeln und einen lästigen Gegner aus der Welt schaffen!“[80] Diese Haltung liegt auch da zugrunde, wo Zweifler nicht selten als Bedingung für eine Glaubensentscheidung fordern, daß Gott die in ihren Augen Ungerechten vernichten müsse. – Die Vorstellung, daß man den Tod durch Amulette, Himmelsbriefe oder andere heimliche Rituale – z. B. das Umwerfen der Böcke zum Schluß einer Bestattungsfeier – bannen könne, ist noch verschiedentlich anzutreffen.

Weit verbreitet ist auch die Ansicht, die Toten würden weiterleben. Aus diesem Grunde legen viele Geld in den Sarg, weil sie meinen, die Toten brauchten Zehr- oder Opfergeld auf einem weiteren Wege oder sie benötigten Nahrungs- und Genußmittel: vom Zwieback bis zu Zigarren. Äpfel, Zitronen und aromatische Kräuter werden vielleicht beigegeben, um Krankheit abzuwehren. Man will jedoch den „weiterlebenden Toten“ nicht nur helfen, sondern auch sicher sein, daß sie nicht wiederkommen. Darum werden Abwehrriten angewandt. In Estland schnitt man Kreuze in besondere Bäume, „damit der Verstorbene nicht wieder sein einstiges Heim aufsuche.“[81] Neben der Abwehr steht das Bemühen, mit dem Toten in Kontakt zu bleiben. Wiederum in Estland gab es „bis in die jüngste Zeit“[82] bei den Sekutesen die Anschauung, daß die Verstorbenen im Herbst ihre Angehörigen besuchten. Auf dem Grab oder daheim wird ein Tisch gedeckt und mit den Toten gespeist. – In Stadt und Land werden spukhafte Totenerscheinungen erzählt, und es wollen Gespräche mit Toten auf spiritistischer Grundlage sogar von Gebildeten glaubhaft gemacht werden.

Christen werden derartige Vorstellungen vorurteilslos zur Kenntnis nehmen[83] und versuchen, sie durch Aufklärung und Analyse deuten zu helfen. Wieweit hier neben psychologischen Deutungen (z. B. Suggestion, Autosuggestion, Massensuggestion) noch andere wissenschaftliche Erklärungsmöglichkeiten bestehen, ist zu fragen.

2. Neben abergläubischen Vorstellungen sammelt die Volkskunde auch frühere und heute vorhandene Bräuche und Sitten, die es beim Sterben und Bestatten gab und gibt.[84] Außer technischen Anweisungen für Sterbehelfer und Gepflogenheiten von Bestattungsinstituten wird ein von Traditionen, alten und neuen Sitten geprägtes Verhalten von den Alten auf die Jungen überliefert. Bestatterinnen, sogenannte Totenfrauen, übernehmen oft Praktiken, die sie dann selbst ausüben, ohne nach deren Sinn zu fragen. Lebende Bräuche sind etwa, ohne daß es geschriebene Regeln dafür gäbe: Sterbewachen, Arbeitsunterbrechung, Zudrücken der Augen, Waschen und Kleiden des Toten, bestimmte Sarggestalt, -farbe und -beschläge, Geleit bei der Überführung zur Leichenhalle, Sterbeläuten, Kranz- und Straußgewohnheiten, Teilnahme an der Bestattung, bei dessen Verlauf ein gewisses Verhalten üblich ist, Erdwurf, Zuschütten des Grabes, Nachfeier mit Kaffeetrinken, Danksagungen, Trauerkleidung, Gräberpflege im bestimmten Jahresrhythmus. Es ist deshalb für jeden Pfarrer notwendig, die an einem Ort praktizierten Sitten und Gepflogenheiten kennenzulernen.

2.2. *Deutungen*

Bisher haben wir Sterben, Tod und Trauern in möglichst vielseitiger Weise betrachtet, um die damit zusammenhängenden Erscheinungs- und Wirkformen in der Distanz von Beobachtungen kennenzulernen, wie sie die verschiedenen Wissenschaften möglichst umfassend zusammentragen. Beim Deuten geschieht mehr, als Beobachtungen objektiv und distanziert zusammenzutragen. Wer deutet, geht darüber hinaus, indem er sich dem Todesdenken persönlich aussetzt. Nun soll das Deuten nicht gegen das Wissen stehen; aber wer deutet, gibt bestimmte Letzturteile ab, die er als sinnvoll darzulegen versucht, um seine Existenz darauf zu gründen. Die Frage lautet also nicht nur: Was gehört alles zum Sterben? Vielmehr: Welchen Sinn hat der Tod? Wie stehe ich zu meinem eigenen Ende? Hier geht es um ein engagiertes Denken und Leben, das religiös, weltanschaulich oder philosophisch bestimmt ist. Die Antworten fallen verschieden aus. Sie sind nicht ambivalent, sondern multivalent. Der Mensch reagiert auf das Phänomen des Todes in vielfältiger Weise.

Bevor wir mögliche Sinngebungen des biologischen Sterbens erörtern, sei noch einmal daran erinnert, daß vom Tode auch im übertragenen Sinn[1] die Rede sein kann. Der Begriff „Tod" wird zur Möglichkeit, Leben zu deuten. Wenn man von Menschen sagt, sie seien „geistig tot", wird damit ausgedrückt, daß sie zwar physisch und psychisch leben; aber ihre Möglichkeiten, die Welt durch frisches Nachdenken und mit Hilfe der Vernunft zu begreifen, ist nicht mehr gegeben. Sie sind geistig erstarrt. Wenn verfeindete Menschen voneinander meinen, der andere sei für einen „gestorben", wollen sie damit sagen, daß der andere nicht mehr beachtenswert ist. – Als tot kann auch jemand bezeichnet werden, der sich bestimmten Lehren oder Lebensweisen verschließt. Bei den Stoikern z. B. sind diejenigen, die die Tugend verachten, tot: „Ist die Eigentlichkeit des Lebens nicht vom Tode bedroht, so vom Verfall der in der unphilosophischen Lebenshaltung, in der Preisgabe der Arete (Tugend), in der Hingabe an das äußere Leben und seine Güter besteht. Und da dies alles eben die Bedrohung des eigentlichen Lebens ausmacht, wird es selbst als Tod oder als Sterben bezeichnet, und werden der Leib und die äußeren Güter tot genannt. Ja, die Menschen, die nicht zum philosophischen Leben erweckt sind, und ihre Lebensverhältnisse werden als tot ... bezeichnet."[2] – Doch wenden wir uns nun den Deutungen zu, die den Tod, als biologisches Ereignis verstanden, betreffen.

2.2.1. Typologie einer Sinngebung des Todes

Nicht jeder sucht dem Tode einen Sinn abzugewinnen, weil er ihn – den Tod – nicht verspürt hat. Er hat wohl Phänomene registriert – welcher Mensch täte das nicht? –, spürt aber nicht die Nötigung, sich dem Tod unter dem Aspekt der Sinngebung auszusetzen. Es bedarf oft vieler Umwege, bis einer beginnt, sich dem Todesgeschehen zu stellen; aber irgendwann bricht die Frage wohl bei den meisten auf. „Wir sind alle zum tode gefoddert und wird keiner fur den andern sterben, sondern ein jeglicher in eigner person muß geharnischt und gerüstet sein fur sich selbs mit dem Teufel und Tode zu kempffen."[3]

Es kommt auch vor, daß in bestimmten Perioden der gesellschaftlichen Entwicklung die Todesfrage offiziell umgangen wird. Sie bleibt unter einem Tabu verschlossen. Grundprobleme des menschlichen Lebens werden verschwiegen. Das kann hier die Sexualität sein, wie es im Zeitalter der Prüderie üblich war; dort der Friede, vor allem in besonderen Kriegszeiten. G. Gorer sagt für die Situation in der westlichen Welt: „Unseren Urgroßeltern sagte man, daß die kleinen Kinder unter Kohlblättern gefunden oder vom Klapperstorch gebracht würden; unseren Kindern wird man vielleicht erzählen, daß sich die ‚Dahingegangenen' in Blumen verwandeln oder irgendwo in lieblichen Gärten schlummern. So werden die häßlichen Tatsachen unweigerlich verschwiegen; die Kunst des Einbalsamierens ist zu einer Kunst des vollständigen Wegleugnens geworden ... Der natürliche Tod ... erstickt mehr und mehr an einer neuen Form der Prüderie, wogegen der gewaltsame eine immer größere Rolle in den Phantasieerzeugnissen spielt, die dem Massenpublikum dargeboten werden."[4] Ohne Zweifel ist eine derartige Verdrängung ungesund. Tabuisierte Existenzbereiche verführen zu Unsachlichkeit und Qualhaltungen. Rückt der Tod ins Bewußtsein, wird seine Realität persönlich spürbar, gilt es, ihn anzuerkennen und sich mit ihm auseinanderzusetzen. Das ist immer wieder in dreifacher Richtung versucht worden: Was ist der Tod? Gibt es etwas, das die Grenze des Todes überschreitet? Welches Licht fällt von der Deutung des Todes auf das Leben zurück?

2.2.1.1. Vom Wesen des Todes

Der Mensch als ein Naturwesen ist wohl besonders kompliziert und vielzellig differenziert aufgebaut; aber als Einzelwesen ist er eines Tages der Verwesung ausgesetzt wie die Pflanzen und die Tiere. Er unterliegt dem biologischen Tod und damit einem deutlichen Ende. Dem gilt es standzuhalten. Gottfried Keller hat diesem Sachverhalt einen dichterischen Ausdruck verliehen:

„Nun erst versteh' ich, die da blühet,
O Lilie, deinen stillen Gruß,
Ich weiß, wie hell die Flamme glühet,
Daß ich gleich dir vergehen muß."[5]

Den gleichen Klang finden wir in der Bibel: „Alles Fleisch ist nur Gras und alle seine ‚Anmut' wie Blüten auf dem Feld. Das Gras verdorrt, die Blüte verwelkt ... wahrlich, Gras sind die Leute" (Jes. 40,6.7, vgl. auch Ps. 90,5.6). Der Tod ist Ausdruck der Vergänglichkeit des Menschen.

Neben diese Deutung tritt eine andere. Der Tod ist etwas Erschreckendes, ein Quälgeist. In mythologischer, dichterischer oder religiöser Sprache wird der Tod zum letzten Feind und Terroristen des Menschen, der sich von seinem unheimlichen Schatten bedroht fühlt. Maler aller Zeiten stellen den Tod als Würger dar, der in erschreckender Gewalt eine grauenvolle Ernte hält. „Da wir im Unterschied zu allen anderen Lebewesen als Menschen um unseren bevorstehenden Tod wissen, gewinnt für uns bereits dieses physische Sterben den Charakter einer letzten Bedrohung ... Wir werden ... des endgültigen Seinsverlustes ... gewahr."[6] Auch die Evangelien stellen das Sterben Jesu als etwas Schweres dar. Er muß den „Kelch des Todes" (Matth. 26,37ff.) trinken. Mit dieser Formulierung wird bekräftigt, daß der Tod ein Ereignis des Schreckens ist.

Dritte sehen im Tode nichts Grauenerregendes, sondern ein heiter zu nehmendes Ereignis. Man kann sich mit ihm leicht arrangieren. Der Tod gleicht dem Freunde – ein altes Bild, das die Freundlichkeit menschlichen Endes ausdrückt. Matthias Claudius drückt dies im Gedicht „Der Tod" aus:

> „Gib deine Hand, du schön und zart Gebild!
> Bin Freund und komme nicht, zu strafen.
> Sei guten Muts! Ich bin nicht wild,
> Sollst sanft in meinem Arme schlafen!"[7]

Ebenso kann Wolfgang Amadeus Mozart sagen: „... da der tod ... der wahre Endzweck unsers Lebens ist, so habe ich mich seit ein Paar Jahren mit diesem wahren, besten Freunde des Menschen so bekannt gemacht, daß sein Bild nicht allein nichts erschreckendes mehr für mich hat, sondern recht viel beruhigendes und tröstendes! ... Ich lege mich nie zu Bette ohne zu bedenken, daß ich vielleicht (so jung als ich bin) den andern Tag nicht mehr seyn werde – und es wird doch kein Mensch von allen die mich kennen sagen können, daß ich im Umgang mürrisch oder traurig wäre – und für diese Glückseligkeit danke ich alle Tage meinem Schöpfer und wünsche sie von Herzen Jedem meiner Mitmenschen."[8] Auch für das Alte Testament kann der Tod ein „freundliches Gesicht" tragen. Allerdings wird das seltener gesagt.[9]

Eine vierte Weise, den Tod zu deuten, tritt bescheiden auf: Wir wissen nicht, wer er ist. Er ist ein zu nehmendes Schicksal, das sich eines Tages erfüllt. Warten wir ab, was er bringt. „Was fürchtest du den Tod, Väterchen? Es hat ja noch keiner erlebt, daß er gestorben ist."[10] Agnostischer Fatalismus nimmt das Todesgeschick an, ohne es deuten zu wollen. Es ist zu bestehen, aber nicht mit Sinn zu erfüllen. Der Mensch kennt weder den Sinn noch das Ende. Es ist wohl ein Aufhören des Lebens, ein Nicht-mehr-Sein; aber diese negative Umschreibung kann nicht in eine positive Aussage verwandelt werden, weil das Erleben des Todes retrospektiv durch niemanden gedeutet werden kann. Alle prospektiven Aussagen sind abzulehnen. Man warte auf ihn, aber enthalte sich der Stimme, bis es soweit ist. „Wer auch nur ... über die Mittel nachsinnt, mit denen wir Weltbeziehung suchen und finden – wer das in tiefstem Ernst tut, der erfährt, daß er an Grenzen des Aussagevermögens anlangt, jenseits deren die Sätze, die wir formulieren, nichts Gewisses ... aussagen. In diesen Grenzbezirken geschehen auch alle unsere Aussagen über die Fragen von Anfang und Ende."[11] Hier wird auf Grund der Begrenztheit der Erkenntnis die Frage nach dem Sinn des menschlichen Endes als unlösbar deklariert.

2.2.1.2. Vom Überschreiten des Todes

Die Leere des Todes bietet keinen Ausblick. Man kann nur zurückschauen. Das hat dem Menschen keine Ruhe gegeben. Besteht die Möglichkeit, den Tod zu „transzendieren"?

Daß die Frage nach einer Fortexistenz für den im Bereich des Vorbewußten ruht, der vom Tode nicht angerührt worden ist, ergibt sich von selbst. Wer sich mit dem Tod als Frage noch nicht eingelassen hat, fragt auch nicht nach seiner „Transzendenz". Es wäre töricht, das zu verlangen. Wo der Tod noch nicht eingeschnitten hat, sollte man darum keine abstrakten Dogmen oder Bekenntnisse für oder gegen ein Weiterleben aufzwingen. Sie werden in der Tiefe doch nicht begriffen.

Das Problem der Transzendenz kann bewußt angesichts des Todes für unbeantwortbar erklärt werden: „Ich betone die Bedeutung dieser Grenze nicht, um mich einer Stellungnahme schwächlich zu entziehen ... Es ist im übrigen meine Überzeugung, daß eine wirkliche Aussage über diese Grenzfragen des lebendigen Seins überhaupt nicht von der Forschung geleistet werden wird."[12] Eine derartig bescheidene Stimme weist unzählige Pendants auf anderer, oft auch schlichter Ebene auf. Die Bereitschaft abzuwarten, um sich einmal überraschen zu lassen oder nicht, ist bei unzähligen Menschen ausgeprägt: ignoramus, ignorabimus. Skeptiker, Agnostiker aller Spielarten sind sich darin einig.

In einer vom naturwissenschaftlichen Denken geprägten Atmosphäre, in der allzu üppiger Unsterblichkeitsglaube fühlbar abkühlte oder ganz verging, wuchs das Bedürfnis, die Möglichkeit des Fortlebens im Rahmen natürlich-biologischer und geschichtlich-menschlicher Prozesse zu erwägen. Biologisch ist feststellbar, daß mit dem Sterben alter Zellen neue geboren werden. So ist menschliches Dasein und Sterben eingebettet in den unauhörlichen Werde- und Wandlungsprozeß des Lebens. Carl Ludwig Schleich versuchte, auf Grund der naturwissenschaftlichen Erkenntnisse seiner Zeit, eine biologisch begründete Unsterblichkeitslehre zu entwerfen. „Verwesen, Verdauen, Sterben ist eben nichts, als die Zurückforderung der im Lebenskampf gesteigerten, im Dienste des Individuums höher geprägten Ursubstanz an die kosmische Funktion der Lebenssteigerung überhaupt ... Leben ist also nicht nur langsames Sterben, sondern auch stets Neugeborenwerden bis zur Erschöpfung der Wiederersatzfähigkeit der Zellen ... Das Persönlichkeitsleben ist also zwar passager, aber das Universelle ist permanent."[13] Biologisches Leben wird in anderen organischen Formen weitergereicht und steht im Dienste der Höherentwicklung. Weniger differenziert, aber darum um so spürbarer haben Eltern es immer wieder als Überlistung des Todes empfunden, wenn sie das Gefühl hatten, in ihren Kindern weiterzuleben. – Doch nicht nur ein biologisches Weiterbestehen ihrer selbst sehen sie auf diese Weise am Werk. Auch geistige und seelische Werte werden so über den Tod hinaus verlängert. Das betrifft dann nicht nur leibliche Eltern, sondern auch alle die Menschen, die auf andere einen starken Eindruck hinterließen. Viele unbekannte Lehrer ebenso wie prägende große Denker beeinflußten den Geist der nachfolgenden Generationen. Gedanken leben über den Tod ihrer Besitzer hinaus und durchbrechen damit die Schranke, die die Zeit dem Individuum setzt. Doch auch menschliche Scheußlichkeit, aber auch große Opfer wirken in Familien, Völkern, bestimmten Kreisen und Berufen, ja in der Menschheit nach. Man möchte im Ruhm der Nachwelt fortleben. Nicht nur einzelne, auch kollektive Aktionen – Urbarmachung von Ödland, Bau von Palästen, wirtschaftliche und kulturelle Neuordnungen in der Gesellschaft – wirken über das Vergehen einer Generation hinaus auf nachfolgende Geschlechter. Für viele bestehen Befriedigung und eine sinnvolle Antwort auf die Transzendenzfrage des Todes darin, individuelles oder kollektives, einzelliges oder vielzelliges Fortleben von leiblichen, geistigen oder seelischen Werten zu erstreben. Es gibt dann ein Fortleben im Sinne des Überdauerns des Todes innerhalb der materiellen und geistigen Welt.

Daneben besteht heute sowohl bei hochgebildeten als auch bei schlichteren, unkomplizierter denkenden Menschen die Annahme, daß es ein Weiterleben jenseits der Schranken der Immanenz gebe: – ein Überschreiten des Todes in eine Welt, die den Erfahrungsbereich der Immanenz überzieht; ein Überschreiten des Todes, das sich nicht im Diesseits der Welt und des Lebens fortsetzt, sondern noch darüber hinausführt. Verstehen die einen das als ein persönliches Weiterleben nach dem Tode als Einzelwesen in einer jenseitigen Welt, so sind andere der Ansicht, daß sie zwar nicht als Einzelwesen, wohl aber in einer Gesamtexistenz transindividueller Art fortbestehen werden. Sie gehen in ein jenseitiges All ewiger Existenz auf. Dabei denken erstere materiell – es wird eine neue materiell bestehende Welt existieren –; letztere ideell – es wird ein Reich unsterblicher Geister entstehen. Und wieder andere sagen, daß sie nur symbolhaft in materiellen oder ideellen Vorgängen dieser Erde die todes- und weltjenseitige neue Existenz beschreiben könnten. Sie meinen, „ewiges Leben" nur analog zu bestehenden Verhältnissen dieser Welt andeuten zu können (analogia entis positiva). Oder sie wollen nur negativ von ihm reden (analogia entis negativa): Es gibt eine nicht vom Tode bestimmte Fortexistenz, ein unverwesliches Leben jenseits menschlicher Welterfahrung, in das die einzelnen oder die Menschheit nach ihrem Tode eingehen werden. Es wird eine transmortale individuelle oder universale Realität entstehen.

Die, die den Gedanken an eine Todesüberschreitung ablehnen, behaupten, daß der Mensch weder individuell noch kollektiv-universal, weder materiell noch ideell, weder diesseits noch jenseits fortbestehe. Nichts bleibe von ihm übrig. Der Tod sei die Pforte zum Nichts. Wer sie durchschreite, sei vernichtet. Darum wäre es sinnlos, in irgendeiner Weise dem Tode eine Position abgewinnen zu wollen. Der Nihilismus nährt sich vom Erlöschen im Sterben.

2.2.1.3. Vom Reflex des Todes auf das Leben

Trägt der Tod etwas zur Deutung des Lebens, das ihm vorausläuft, aus? Diese Frage wird oft negativ beantwortet. Das Leben birgt so viel Werte in sich, daß es genügt, um lebendiges Menschsein in sich selbst sinnvoll zu gestalten. Ein „memento mori" macht das Leben nicht anders. Der Tod als Lebensausgang soll nicht dazu dienen, dem Leben Sinn und ethischen Halt zu verleihen. Es ist an sich lebens- und liebenswert.

Mit dieser Ansicht hat man sich nicht zufriedengegeben. Leben ist nicht ohne den Tod verstehbar. Es wird gerade erst dadurch erfüllt, daß es vom Tode bedroht ist. Durch seine Negation wird der Wert des Daseins offenbar. „Freut euch des Lebens, weil noch das Lämpchen glüht, pflücket die Rose, eh sie verblüht." – Dieser optimistischen Lebensanschauung steht eine pessimistische gegenüber. Gerade weil das Leben ein Sein zum Tode bedeutet, hat es wenig Sinn, sich viel von diesem Leben zu versprechen, denn am Ende steht doch nur ein negativer Ausgang, der alles wieder herunterreißt, was vorher unter unsäglichen Mühen aufgebaut wurde. – Vertreten wird auch die Meinung: Leben ist zwar vom Tode bedroht; aber es gilt, aus ihm das zu machen, was sich eben daraus machen läßt. Seine Realitäten sind anzuerkennen und nüchtern zu bewältigen.

In diesem Einbeziehen des Todesgeschehens in die Sinngebung des Lebens (auf optimistische, pessimistische oder realistische Art) liegt immer die Möglichkeit beschlossen, daß die jeweilige Haltung sich auf die Gestaltung des Lebens auswirkt. Diese Auswirkungen können freilich auch hier wieder ganz unterschiedlich sein, denn es ist nicht von vornherein ausgemacht, daß diese oder jene Art, die Tatsache des Todes in die Sinngebung und Gestaltung des Lebens miteinzubeziehen, auch die gleiche ethische Konsequenz nach sich zieht. Hier wird ganz verschieden gewertet. Jede Lebensinterpretation auf dem Hintergrund des Todes kann zu aktivem und zielvollem Handeln oder zum passiven, ziellosen Verhalten veranlassen. Weil Leben vor dem Tode Freude ist, darf man es mit genußreichem Nichtstun oder mit hingebungsvoller Aktivität verbringen: beide Haltungen hat es gegeben, und sie finden sich auch heute. – Ebenso steht es mit der pessimistischen Seinsinterpretation: Gerade weil das Leben angesichts des Todes wenig Sinn hat, muß man das wenigstens vorübergehend in einer ausfüllenden Arbeit vergessen. Die gegenteilige Konsequenz lautet: Das Sein zum Tode macht alle Arbeit aussichts- und ergebnislos. Darum ist es das beste, die Hände in den Schoß zu legen. – Der Realist kann zum passiven Lebensabnehmer werden. In nüchterner Zustimmung zur Vergänglichkeit ist das Leben hinzunehmen, ohne daß man ihm Impulse verleiht. Und umgekehrt: Man muß trotz seiner ausweglosen Todverfallenheit das Beste aus ihm machen, solange es möglich ist. Man kann also den Tod als Ausdruck letzter Vergänglichkeit, als Schrecken oder agnostisch fatales Geschehen, aber auch als Freund denken und hinsichtlich der Erwartungen an ein Weiterleben im Diesseitigen oder Jenseitigen einen agnostischen oder nihilistischen, materiellen oder ideellen Standpunkt vertreten – dennoch ergibt sich daraus nicht notwendig eine positive oder negative ethische Konsequenz für die Gestaltung dieses Lebens. Es kann heißen: „Lasset uns essen und trinken, denn morgen sind wir tot" (1. Kor. 15,32). Gerade weil wir sterben müssen und entweder weiterleben oder auch nicht, ist es richtig, ohne ethische Verantwortung zu existieren. Oder es besteht die Möglichkeit, auf Grund derselben Sinngebungen zu der entgegengesetzten Ansicht zu kommen: Es lohnt sich, human zu leben. Das gleiche Wissen, daß das Leben begrenzt ist, ruft beides, Verantwortung oder Verantwortungslosigkeit, hervor. Der Tod hat ambivalente Wirkungen auf das ethische Verhalten. Die seit der Aufklärung immer noch von Christen vertretene Ansicht, daß nur der Glaube an eine Unsterblichkeit die Moral hüte, ist nicht beweiskräftig, ebensowenig die Meinung, daß ethisch nur verantwortlich leben könne, wer dauernd den Tod vor Augen habe. Doch auch das Gegenteil läßt sich nicht behaupten.

Mit dieser Typologie sollte deutlich gemacht werden, daß der Christ unbefangen den verschiedenen Weisen, den Tod nach seinem Wesen, seinem Nachher und Vorher zu deuten, gegenübertreten darf. Wer als Seelsorger mit dem Problem des Todes zu tun hat, muß für die verschiedenen Sinngebungen offen sein, weil er nur so vorurteilslos verstehen lernt, welche Fragen Sterbende und Trauernde bewegen. Gerade die letzte Bindung an das Evangelium macht ihn frei, in Liebe Mit-Mensch sein zu können mit denen, die ihm begegnen, und macht ihn frei, ihre Todesinterpretation verstehen zu wollen. Wer als Seelsorger sein eigenes Todesverstehen und -erleben, ohne das er gewiß nicht existiert, anderen gewaltsam aufdrängen will, erliegt nicht nur theoretischem Fanatismus, sondern verstößt auch gegen die vorurteilslose Liebe Jesu Christi. Keine der verschiedenen Todesdeutungen, die in der Typologie zusammengestellt wurden, stehen von Natur aus dem Evangelium näher oder ferner. Diese These buchstabieren zu lernen scheint eine für viele Theologen und Christen völlig neue Aufgabe zu sein, weil sich gerade im Zusammenhang mit dem Thema „Tod" eine Fülle von Theorien mit dem Evangelium liiert haben, die man für besonders „christlich" gehalten hat.

2.2.2. Theologie vom Tode

Zur theologischen Deutung des Todes gibt es auf systematischem[14], aber auch auf exegetischem Gebiet[15] einige neuere Literatur. Es fällt auch auf, daß darüber hinaus Seelsorgeliteratur, in der die Sterbehilfe thematisch wird, oft mehr allgemeine theologische als praktische Erwägungen anstellt. Ohne uns mit der vielseitigen Literatur ausführlich auseinanderzusetzen, sind einige theologische Aussagen zu entfalten.

2.2.2.1. Zweifache Rede

In der Bibel ist vom Tod im psychophysischen, aber auch im metaphorischen Sinn die Rede. Tod ist ein kreatürliches Erleben, das vor allem im Alten Testament vielfältig geschildert wird: Todesfurcht, Annahme des Todes, Vergänglichkeit und Protest dagegen.[16] Doch auch das Neue Testament berichtet vom Sterben.[17]

Wieweit das Alte Testament vom Tod im metaphorischen Sinn redet, ist noch nicht ausreichend geklärt worden.[18] Auf jeden Fall geschieht das im Neuen Testament häufig.[19] Im übertragenen Sinn ist der Tod Zustand völligen Getrenntseins von Gott. Die Sünde setzt diesen „Tod" als Verderbensmacht aus sich heraus. „Folgt man Paulus, so erscheint der Tod als Definition der Wirklichkeit des Menschen unter der Sünde."[20] Das Vergehen des Menschen in seiner Totalität wird zum Bild völligen Vergehens der Beziehung Gottes zum Menschen.

2.2.2.2. Christologischer Einsatz

Wer zu einer richtigen Einordnung und Zuordnung dieses doppelten Todesverständnisses gelangen will, muß christologisch einsetzen, und das heißt, mit dem Wort von Tod und Auferstehung Jesu Christi, seinem Sterben und Leben, beginnen.[21] Jesus hat den Tod als psychophysisches Geschehen in seiner ganzen Tiefe geschmeckt.[22] Zugleich erlebte er hilflos den Tod als Konsequenz und Zeichen gesellschaftlicher Ächtung. Er wurde als Verbrecher verlacht und hingerichtet.[23] Weil nun Gott selbst in Jesus Christus war, hat er in Jesus Sterben und Tod erfahren.

Zugleich war das Sterben Jesu unbefleckt vom „Tode" im Sinne der Gottesentfernung. Jesus hielt als der Gehorsame im Sterben am Kreuz an seinem Vater fest und verfiel dadurch nicht dem „Tode" der Trennung von Gott.[24] Das hatte zur Folge, daß Gott sich zu dem sterbenden Jesus bekannte und ihn durch die Auferweckung zu einem dauernden Leben mit sich vereinte, das über den gesellschaftlich und biologisch erlittenen Tod hinaus bleibt. Der gestorbene Jesus Christus lebt mit Gott vereint und umfängt seine Gemeinde und die Welt mit seiner Liebe für immer und ewig.[25]

2.2.2.3. Soteriologische Folgen

Das christologische Geschehen hat soteriologische Konsequenzen. Wer Jesus Christus sein Vertrauen schenkt, erkennt, daß es eine Befreiung von der Existenz, die unter der Wirklichkeit der Sünde steht, gibt. Der „Tod" als Metapher der Gottesferne, von der unsere menschliche Realität gekennzeichnet ist, ist für ihn „getötet“[26] und wird für die gesamte Welt besiegt werden. Der letzte Feind, der aus dem Sattel gehoben wird, ist dieser „Tod“.[27] Die Spitze des Evangeliums von Jesus Christus richtet sich also primär nicht auf das Thema des psychophysischen Vergehens des Menschen im biologischen Tode, sondern auf das Thema der Überwindung der Distanz zwischen Mensch und Gott. Hier hat Jesus Christus die entscheidende Antwort eingeleitet und wird sie vollenden. Des Menschen Feindschaft gegen Gott, sein „Tod“ ist besiegt. Es gilt damit Ernst zu machen, indem der Christusangehörige diese Überwindung des „Todes“ täglich selbst nachvollzieht. Er darf sich „töten“ lassen in seinem Gotteshaß, um statt dessen ein Leben der Liebe zu führen.[28]

2.2.2.4. Theologische Interpretation des Wesens des Todes

Das große Thema des Sieges über den „Tod“ im metaphorischen Sinn hat noch ein Unterthema. Wie ist angesichts der Befreiung vom ewigen Tode nicht nur das Leben, sondern auch der psychophysische Tod theologisch zu deuten? Wie wird unter dem Wort von der Befreiung aus der selbstverschuldeten Gottesferne das Verhältnis zum Sterben als biologischem Ausgang eines menschlichen Lebens gesehen? Hier muß nicht nur eines, sondern mehreres gesagt werden; und zwar so, daß wir die Phänomene und Deutungen des Todes mit dem sprachlich unterscheidenden, aber auch christologisch und soteriologisch fundierten Evangelium in Kontakt bringen. Ohne damit alle gegebenen Fragestellungen systematisch voll ausarbeiten zu können, sei doch die Grundbewegung zwischen Evangelium und menschlicher Todesinterpretation angedeutet.

Freiheit unter Gott gewährt Freiheit zum Sterben als psychophysischem Prozeß. Gott hat in Christi Befreiung seine Gegenwart zugesagt. Darum ist jeder, der daraus lebt, bei ihm auch im Sterben geborgen; ebenso wie die Trauernden. Der Christ stirbt seinem Herrn nach. Nachfolge geht bis in den natürlichen Tod hinein und findet in ihm ihren Abschluß.[29] Weil Jesus Christus das Tor des Todes durchschritten hat, darf das auch der Mensch, ohne hierbei allein zu sein. Durch Jesus Christus hat Gott selbst erfahren, wie ungeborgen der Tod sein kann. Darum bietet er in Christus für seine Nachfolger Geborgenheit im Tode (als natürlichem Sterben) an. Paulus kann auch darum bezeugen, daß Sterben für ihn ein Gewinn sei.[30]

Die Freiheit aus dem Leben Jesu Christi weckt auch die Bereitschaft, *alle* Gestalten des Sterbens anzunehmen; frühes oder spätes, schnelles oder langsames, schweres oder leichtes. Jesus lehrt im leichten Sterben, den Vater allen Erbarmens dankbar am Werk zu sehen. Wer Jesus sieht, sieht den Vater aller Güte. Die durchschnittliche Verlängerung und das Hinausschieben des Todes dagegen rufen Dank gegenüber dem Vater hervor, der den Menschen das Vermögen gab, ihr Leben auszudehnen. Wer Jesus sieht, sieht

Gott jedoch auch da anwesend, wo das Sterben so schwerfällt, wie es Jesus schwerfiel. Der Glaube befähigt, auch die mit dem Tode verbundenen Leiden zu übernehmen und auf die Nähe des Vaters Jesu Christi selbst gegen die Erfahrung zu hoffen.

Es ist nicht zu übersehen, daß zwar nicht in der Geschichte vom Sündenfall,[31] wohl aber bei Paulus das psychophysische Sterben unter dem Vorzeichen der Gottesferne zum Zeichen des Gerichts werden kann: „Der Tod ist der Sünde Sold."[32] Hier ist nicht nur vom Tode im metaphorischen Sinne die Rede. Alle Dinge des Lebens werden, wenn sie in der Gottesferne und aus der Lieblosigkeit heraus gebraucht und erlebt werden, zur Qual und zum Gericht: Essen, Sexualität, Trinken, Arbeit. Davon ist das Sterben nicht ausgenommen. Das ist nicht so zu verstehen, als wenn bestimmte schwere Todeserlebnisse an sich und von vornherein auch Zeichen eines besonderen Gerichtes Gottes wären. Wer das von sich zu sagen wagt, wenn er schwer zu leiden hat, darf das tun – etwa auch im Sinne von Kol. 1,24 –; aber er darf das nicht immer und überall im Blick auf andere. Dennoch ist alles, was im Unglauben geschieht, von der Sünde gezeichnet, also auch das Sterben. Es ist nicht die einzige Auszahlung für die Sünde. Gott vermag viele Quittungen dafür auszustellen; aber das psychophysische Sterben kann „der Sünde Sold" werden, wenn es vom Tode als Gottesferne begleitet ist. Die theologische Rede vom Tod des Menschen läßt somit verschiedene Möglichkeiten zu. Tod ist Gottesferne oder psychophysisches Sterben. Beides ist getrennt voneinander zu sehen. Zugleich kann es auch ineinander gedeutet und aufeinander bezogen werden. Das heißt, daß die Überwindung des „Todes" als Gottesferne die Freiheit zum psychophysischen Sterben einschließt. Das heißt aber auch, daß das psychophysische Sterben als ein Ausdruck der Sündenverfallenheit des Menschen ausgelegt werden kann. Der Glaubende, der sich Jesus Christus ausgeliefert hat, deutet so den Tod als Ereignis zwischen Gnade und Sünde, zwischen Gott und Mensch.

Die Freiheit zur Annahme des Sterbens in jeglicher Form und im Vertrauen auf Jesus Christus, weil der Mensch nicht allein ist, muß nun auch angesichts der Wesensbeschreibungen menschlicher Art[33], die für den Tod vorhanden sind, ebenso bewährt werden wie die Aussage vom Tod als Anzahlung für die Gottesdistanz. – Erinnern wir uns: Tod ist Ausdruck menschlicher Vergänglichkeit. Diese darf um Jesu Christi willen als Gabe Gottes dankbar angenommen werden. Sterben wird dann zum Gewinn. Das Vergehen ist aber zugleich auch Zeichen göttlichen Zorns über die menschliche Sünde.[34] – Wird der Tod als Schrecken und Würger verstanden, ist er unter dem Anruf Gottes im Rechtfertigungsgeschehen ambivalent vertieft zu deuten. Die Härte des Hinweggerissenwerdens wird dann zum Zeichen göttlicher Ungnade.[35] Für den, der Jesus Christus in allem und über allem sieht, kann der harte und brutale Tod jedoch nicht ohne ihn, sein Leiden und seine Präsenz gesehen werden: „Erscheine mir zum Schilde, zum Trost in meinem Tod, und laß mich sehn dein Bilde in deiner Kreuzesnot ...“[36] – Wie verhält es sich mit dem Tod, wenn er als freundliches Widerfahrnis den Menschen begegnet? Er schließt die Frage nach der Gottesferne nicht selbstverständlich aus. Man kann in ihr auch freundlich sterben. Doch der freundlich aussehende Tod mit Jesus Christus darf als Gehilfe zur vollen Gemeinschaft mit Gott angesehen werden. Weil Jesus Christus den Tod zu seinem Freunde gemacht hat, darf er auch unser Freund sein. Säkulare Bilder vom „Freund Hein“ sind so theologisch von der Rechtfertigung her zu interpretieren. – Und das gilt auch vom agnostischen Fatalismus. Weil der Vater Jesu Christi der Herr des psychophysischen Sterbens ist, kann der Mensch ihm diesen Vorgang getrost überlassen, ohne ihn total mit seinem Verstehen zu durchdringen. Gottes Zeitmaß steht über dem Tode, und darum hat er einen von ihm verfügten Kairos[37]; aber zugleich darf ihn der Christ als Phänomen betrachten, das dem Menschen um Christi willen vom Schöpfer zur Erforschung freigegeben ist. Freigabe der Möglichkeiten zur Erhaltung der Welt schließt in sich die Freigabe zur Erforschung des Todes als biologischem, gesellschaftlichem und physischem Phänomen.

2.2.2.5. Theologische Interpretation des Überschreitens

Ist es aus theologischen Gründen erforderlich, etwas über eine Transzendenz des psychophysischen Sterbens auszusagen? Metaphysische Spekulationen kann sich der christliche Glaube versagen; aber zwingt nicht Gottes Offenbarung dazu, seine Anwesenheit über den Tod hinaus zu bekennen? Diese Frage ist zu bejahen. Im Tode gibt es kein Entrinnen aus der Beziehung zu Gott, die unter dem Vorzeichen von Gericht und Gnade zu sehen ist. Das Alte Testament hat den Toten die Möglichkeit zum Lobe Gottes und zum Kontakt mit ihm weithin abgesprochen;[38] aber das Neue Testament bezeugt, daß Gott seiner Gemeinschaft mit dem Menschen durch den Tod kein Ende setzt. Der Herr des Todes hält die Verbindung auch dann noch aufrecht, wenn menschliches Leben endet. Der Mensch kann Gott, wenn er in den Sarg gebettet wird, nicht entkommen. Steht er in der Gottesferne, fällt er im Sterben in die Richterhand Gottes.[39] Die einzige Rettung ist, daß der auferweckte Jesus Christus als Gekreuzigter und Versöhner diesem Gericht beiwohnt. Der christliche Glaube bleibt an einer über den Tod hinaus währenden Verbindung mit Gott nicht aus egoistischen Motiven interessiert, sondern um die bleibende Gewalt der Gnade zu rühmen. Auch im Tode vergeht die Güte des Herrn nicht.

Um die dauernde Auslieferung an Gottes Gericht und Erbarmen – auch durch das Sterben hindurch – zu bezeugen, bedarf es weniger Worte. Unser zur abstrakten Rede neigendes Denken verführt nicht dazu, das Bleiben in Gericht und Gnade auszumalen. Doch parallel zu einem biblischen Vorgang der Entmythisierung außerbiblischer apokalyptischer Jenseitsvorstellungen haben auch heute christliche Theologen zu verfahren. An Anschauungen von einer Unterwelt des Todes, z. B. Scheol[40] oder Gehenna[41], von Zwischenzustand[42], Verwandlung[43] und Entrückung[44], die seinerzeit auch außerhalb des christlichen Glaubens gang und gäbe waren, wurde damals sprachlich angeknüpft. Zugleich aber erfuhren diese Einstellungen und Vorstellungen theologische Kritik und Bändigung, so daß sie darüber ihre religiöse Eigengewalt verloren. Ebenso darf sich – methodisch gesehen – der Glaube an Christi Versöhnungswerk im Gericht Gottes angesichts heutiger todestranszendierender Deutungen bewähren.

Dem skeptischen und agnostischen Argument wird darin zuzustimmen sein, daß sich das über den Tod hinaus währende ewige Leben einer näheren Beschreibung entzieht: „Et nondum apparuit, quid erimus."[45] In kritischer Absetzung wird zugleich die Gewißheit des Bleibens in Jesus Christus und das währende Stehen unter der Krise festzuhalten sein. – Die Fortdauer des Lebens im Zellwachstums- und Zellumwandlungsprozeß darf der Christ als eine, durch die Schöpfung gegebene Möglichkeit ebenso dankbar bedenken wie die Möglichkeit, leiblich, geistig und seelisch zu überdauern, so daß daraus Segen und Hilfe für andere erwachsen. Zugleich aber steht dieses Fortdauern auch unter der Möglichkeit eigener Verschuldung. Was wird aus seelischen und geistigen Werten, die weitergereicht werden, gemacht? Sie alle bedürfen der Rechtfertigung in Jesus Christus. Wo Undankbarkeit gegenüber dem Geber und Schuld durchbrechen, bleibt diese Fortdauer vom Horizont des Gerichts umschlossen. Christus, der Bringer des Heils, muß sie der Gewalt der Selbstrechtfertigung entreißen, um sie durch seine Stellvertretung vor Gott zurechtzurücken. Das aber ist möglich, wie gegen jede einseitige Polemik, die bei rigoristischen christlichen Bestattungen zu hören ist, festgehalten werden darf. – Universalistische oder individuelle Unsterblichkeitsvorstellungen als kreatürliche Möglichkeit werden von der Bibel nicht geteilt und sind auch für den christlichen Glauben keine natürlichen Verbündeten, wie viele Christen und Theologen meinen. Die Lehre von der unsterblichen Seele ist auf dem Boden des Griechentums gewachsen, in der alten und mittelalterlichen Kirche weithin vertreten und wieder besonders vom Idealismus des 19. Jahrhunderts aufgewertet worden. Gewisse Spielarten eines idealistischen Christentums haben diese Vorstellung übernommen, so daß sie noch in Bestattungsliedern auftaucht. Sie ist endgültig beiseite zu lassen, weil der Idealismus nicht mehr in Geltung steht. „Ob es ... bekannt ist, daß das Wort ‚Unsterblichkeit' im Alten Testament überhaupt nicht, im Neuen nur zweimal vorkommt? Schon das ist doch sehr auffallend ... der Mensch an sich und als solcher ist mit allem, was er ist und ausrichtet, nach dem Zeugnis der Bibel sterblich und also gerade nicht unsterblich."[46] Hier gibt es darum nur eine kritische Distanzierung von allen

Versuchen des Menschen, sich über das Sterben opiathaft hinwegzusetzen. Das gilt auch von allen Anschauungen der Volksreligion, die mit einem Weiterleben der Toten rechnet. Weder der Idealismus noch die Volksreligion können heute als Verbündete des christlichen Glaubens dienen, obwohl sie sich oft so gebärden und fühlen.[47] Wenn sich der christliche Glaube dennoch zum Bleiben unter Gottes Gericht und Erbarmen über den Tod hinaus äußert, dann nur, weil diese Möglichkeit als Möglichkeit *Gottes* – aber nicht des Menschen – enthüllt und verheißen ist. Einmal nur bezeugt die Bibel die Unsterblichkeit Gottes: „Es wird nämlich 2. Tim. 6,16 nicht vom Menschen, sondern von Gott gesagt, daß er Unsterblichkeit habe."[48] Um das Bleiben vor Gott auszudrücken, übernimmt Paulus an einer Stelle von den Korinthern die Vorstellung der Unsterblichkeit, aber nicht unbesehen: „Von der Auferweckung der Toten als von einer neuen, freien Tat Gottes an allen Menschen ist dort (sc. 1. Kor. 15,53) die Rede, in deren Kraft ihr ‚Sterbliches' (sie selbst als die ganz und gar Sterblichen, die sie sind) Unsterblichkeit als ein von vorher und an sich gar nicht eigenes Kleid ‚anziehen' wird."[49] Das Faktum genügt. Es steht dabei jedem frei, das „Wie?" analog zu der Art zu bedenken, wie er die Welt versteht. Analogie und Negation sind die Denk- und Sprachmittel, unter denen das Bleiben unter Gottes Urteil in Gericht und Gnade je nach Denkbereitschaft oder dichterischer Phantasie ausgemalt werden darf. – Wo der Tod als Pforte zum Nichts proklamiert wird, kann sich der christliche Glaube das zu eigen machen. Der Tod macht ein Ende mit dem Menschen; aber darin und darüber hinaus lebt der Herr, der aus dem Nichts etwas Neues schaffen kann und will, weil er nicht allein, ohne die Menschheit, die doch seine Schöpfung ist, sein möchte. Die ins Nichts des Todes fallenden Menschen werden völlig neu in ein Sein im Gegenüber zu Gott gesetzt. Sie werden in das Sterben und neue Leben Jesu Christi hineingenommen.

2.2.2.6. Theologische Interpretation des Reflexes

Gibt es theologische Urteile angesichts des Reflexes des Todes auf das vorangehende Leben? Sofern das vom Tode als psychophysischem Ereignis gezeichnete Leben unter dem Gesetz des Getrenntseins steht, hat der Pessimist recht: Die Welt ist von Gott getrennt und insofern nicht gut;[50] und wenn sich in ihr Erscheinungen des Guten bemerkbar machen, dann deshalb, weil Gott sie nicht fallenläßt. Sofern das vom Tode als leib-seelischem Geschehen gezeichnete Leben unter der Verheißung göttlicher Güte steht,[51] hat der Optimist recht: Die Welt ist sehr gut. Sofern aber das vom Tode gezeichnete Leben unter Gericht und Gnade, Zorn und Güte, Schuld und Vergebung steht, ist es realistisch zu beurteilen: Gottes Sache will in ihm zum Zuge kommen. Darum ist es trotz des hereinbrechenden Lebensendes für jeden Menschen nicht aussichts- und hoffnungslos. Christlicher Glaube gibt Impulse zur Hoffnung. – Daraus erwächst die Verantwortung, sich nicht gegen, sondern für diese Welt und dieses Leben einzusetzen. Gegen „Jenseitsdrückeberger", die sich dem Diesseits entziehen, polemisiert bereits die Bibel[52]: „Wenn jemand nicht will arbeiten, soll er auch nicht essen." Derjenige, der weiß, daß er nicht mehr unter dem göttlichen Zornesgericht, sondern unter der Liebe Jesu Christi leben darf, ist in der Nachfolge zum Heil und Wohl der Welt tätig, solange es Tag ist.[53] Da, wo im Moment nichts zu tun ist, bewährt sich der vom Tode bedrängte Christ ebenso wie die Gemeinde in der Passion und in der Geduld. Wo aber etwas zu tun ist, beflügelt die Aussicht auf die endgültige Gemeinschaft mit Gott schon heute, ihr zu entsprechen – für andere zu leben und, wenn es sein muß, für andere langsam oder schnell zu sterben. Der Heidelberger Katechismus drückt das für den Christen so aus: „Was ist dein einiger Trost im Leben und im Sterben? Daß ich mit Leib und Seele, beides, im Leben und im Sterben, nicht mein, sondern meines getreuen Heilands Jesu Christi eigen bin ... Darum er mich auch durch seinen Heiligen Geist des ewigen Lebens versichert und ihm forthin zu leben von Herzen willig und bereit macht."[54]

Aus seelsorgerlichen Gründen ist noch eine Anmerkung zu machen: Wen die Frage nach dem Tod und dessen Transzendenz nicht so umtreibt, daß er die Verheißung der über den Tod hinaus währenden Verbundenheit mit Gott für wichtig hält, sollte nicht mit Gewalt überredet werden, in dieser Sache seine Meinung zu ändern. Er darf unter der befreienden Wirkung der Versöhnung hier und heute leben, sich ihr hingeben und sie realisieren bis in den Tod als dem leibseelischen Ende. Daß unter dem Aspekt der christlichen Wahrheit mehr zu sagen ist, bleibt davon unberührt.

2.2.2.7. Freiheit in der Fürsorge

Vom Sterben und seiner Sinngebung war die Rede. Es fehlt noch ein Wort zur prä- und postmortalen Hilfe. Ist es legitim, sich an ihr aus christlicher Verantwortung zu beteiligen? Wie alles ethische Handeln steht auch das unter dem Angebot der Freiheit eines Lebens aus dem Evangelium. Als Freiheit zur Liebe Gottes darf, ja muß dem Nächsten auch dort geholfen werden, wo er dem Sterben ausgeliefert ist oder ein Todesfall die Angehörigen bewegt. Die Gemeinde des Alten wie des Neuen Testaments hat sich bei den Sterbenden aufgehalten und Tote begraben. Diese Arbeit wurde als Werk der Barmherzigkeit willig getan.[55] Die Gemeinschaft mit dem Menschen hört in der Nähe des Todes nicht auf. Freilich wird die Art und Weise, in der zu helfen ist, davon bestimmt sein, wie es sich in Übereinstimmung mit der Nachfolge Jesu als am sinnvollsten herausstellt. Gepflogenheiten, Sitten und Bräuche werden bejaht, wenn sie hilfreich sind; jedoch verneint, falls sie mit dem Glauben und der Liebe Jesu nicht in Einklang stehen. Deshalb lehnt die Gemeinde die Sterbens- und Trauerpraktiken des

Aberglaubens ab. Wenn sich auch für die Sterbe- und Trauerhilfe keine total negative Entscheidung in der Bibel findet, so doch in einem Fall für die Bestattungshilfe. Wo sie nämlich als pietätvolle Einrichtung die konsequente Nachfolge blockiert, ist ihr nicht zuzustimmen: „Laß die Toten ihre Toten begraben."[56] Die Predigt von Gottes Herrschaft geht vor. Daß dieses Wort nicht gesetzlich und rigoristisch gegen jede Art von Begräbnispraxis der Christen oder der christlichen Gemeinde ausgespielt werden darf, muß deutlich bleiben. Was im Konfliktfall zu Recht besteht, darf nicht zur ungeschützten Norm des Normalfalls erhoben werden. Wie die evangelische Freiheit zur Nachfolge Jesu in der Liebe für die Sterbe- und Trauerfürsorge auszusehen hat, hat die christliche Gemeinde im Ansatz stets gleich und doch immer auch wieder neu so zu bedenken, wie es die jeweiligen Bedingungen erforderlich machen. Davon soll nun im Blick auf die heutige Situation die Rede sein.

3. GELEIT ZUM TODE

Die bisherigen Überlegungen konnten infolge ihres theoretischen Charakters nur knapp und keineswegs vollständig sein. Doch sind sie in einer praktisch-theologischen Untersuchung nicht zu entbehren. Nun ist der Frage nach dem Geleit, das die christliche Gemeinde den Sterbenden (3.1.) und den Trauernden (3.2.) zuteil werden lassen möchte, mit größerer Ausführlichkeit nachzugehen.

Dabei ist zu beachten, 1. daß das Leben unter dem Evangelium in der Freiheit vom Gesetz zum sinnvollen Handeln vor Christus anregen will, ohne dafür absolut verbindliche Vorschriften zu erlassen. Es können nur begründete Empfehlungen gegeben werden, die infolge der Geschichtlichkeit des Evangeliums nicht in jeder Zeit und in jedem Fall gelten; – 2. daß das Leben unter dem Evangelium in der Freiheit von der Situation doch auch darauf aus ist, die jeweilige Lage nicht zu verfehlen, sondern die konkrete Situation möglichst genau zu treffen. Abstrakte Lehren sind durch lebensoffene Überlegungen abzulösen. Praktisch-theologische Arbeit hat konkret zu werden, ohne einer engen Kasuistik zu verfallen; – 3. daß das Evangelium sich im Handeln der christlichen Gemeinde auswirken will. Darum ist es angebracht, gegenüber einseitigen individualistischen Überlegungen die soziale und ekklesiologische Sicht im Auge zu behalten.

3.1. Begleitung der Sterbenden (Prämortale Hilfe)

3.1.1. Aus der Geschichte

Die Geschichte der Seelsorge ist noch nicht in dem Maße erforscht, wie es wünschenswert wäre. Das gilt speziell für den Bereich der Sterbeseelsorge, obwohl wir bei Bruno Bürki neuerdings viel Material finden.[1]

Das Neue Testament redet offen vom Sterben. Es wird sehr deutlich gemacht, daß es ein Sterben gibt, das von Schuld gezeichnet ist[2] und nicht unter der Barmherzigkeit Gottes steht.[3] Im Unterschied dazu ist es gut, „im Herren" zu sterben.[4] Wenn es sein soll, muß man auch bereit sein, „für ihn" so zu sterben,[5] wie er für die Menschen gestorben ist. Eine direkte Paränese zur Sorge um Sterbende kennt das Neue Testament nicht. Es wird nur berichtet, daß Jesus zu Sterbenden gerufen wurde, um zu helfen,[6] und daß sich seine Nächsten bei ihm unter dem Kreuz aufhielten,[7] um ihm nahe zu sein. Daß in die Aufforderung an die Gemeinde, sich der Kranken anzunehmen, auch die Todkranken mit eingeschlossen waren, ist wahrscheinlich.[8] – Man wird angesichts dieser spärlichen Andeutungen sagen müssen, daß die Gemeinden zur Zeit des Neuen Testaments ein ungleich größeres Interesse daran bekundet haben, den Tod im metaphorischen Sinn zu bedenken. Angesichts des leiblichen Sterbens ist besonders das eschatologische Problem akut: Sterben in der Sünde ohne den Herren – oder: Sterben im Herren.

Diese Grundfrage wird zum eigentlichen Anliegen der Sterbebetreuung in der Alten Kirche. Soweit die wenigen dazu bekannten Quellen reden,[9] ist die Sorge um die ewige Rettung vordringliches Thema. „Ihr müßt den Kranken ... zu Hülfe eilen und ... sie ... vom Tode erretten.“[10] Neben den freien Fürsorgern in der Gemeinde sind die Bischöfe verpflichtet, den Sterbenden beizustehen. Wenn Todesgefahr besteht, können Diakone und Presbyter dabei helfen.[11] Die Mittel, die vom Verderben retten sollen, sind die immer mehr sakramental aufgefaßten Buß- und Abendmahlshandlungen, die besonders auch für Neubekehrte im Sterbefall vorzunehmen sind, damit diese nicht verlorengehen. Viele zögerten auch mit ihrer Bekehrung und Taufe bis zum Sterben, um nicht wieder sakramentsunwürdig zu werden. Das Für und Wider dieses Brauches ist heftig diskutiert worden.[12] Auch in den Klöstern sollten den Schwerkranken die Sterbesakramente gereicht werden. Während die Sterbeseelsorge immer mehr sakramentale und episkopale Strukturen erhält, ist die karitative Fürsorge für die Sterbenden wohl immer Sache von Angehörigen und nahestehenden Gemeindemitgliedern gewesen. Nur in Notzeiten übten die Christen in größerer Zahl Sterbehilfe aus, z. B. aus Anlaß einer Pest im Jahre 312, „indem jeden Tag sich die einen der Versorgung und Bestattung der Sterbenden (zahllos waren die, um die sich niemand kümmern mochte) unablässig widmeten ...“[13]

Im Mittelalter breiteten sich drei Formen der Sterbezurüstung aus. Voran stand die sakramentale Praxis. Neben Eucharistie und Absolution gewann die Letzte Ölung als drittes Sakrament immer stärkere Anerkennung.[14] – Außerdem entstanden „Commendationes animae“, Sterbegebete, in denen „das Abschiedswort für die sterbende Seele, die Bitte um ihre Befreiung und die Bitte um ihre Aufnahme bei Gott“[15] ausgesprochen werden. Liturgisches Handeln durch Sakramente und Gebet in Todesnähe haben das Rituale Romanum bis heute geprägt. – Doch daneben gab es auch das Bestreben, eine innerliche Todesbereitung für den Christen anzuregen. Aus der konkreten Begleitung von Sterbenden erwuchsen viele Sterbebüchlein, die die Ars moriendi lehren. Im 14. Jahrhundert entstand eine – für damalige Verhältnisse – Hochflut von Literatur, die die Bereitung zum Sterben sorgfältig bespricht. Es sind „mit die ersten Bücher gewesen . . ., die die Buchdruckerkunst in Massen verbreitet“[16] hat. Gersons „Ars moriendi“ um 1400 beschreibt den Gesprächsgang des Seelsorgers und der Umstehenden mit dem Sterbenden: Er soll dem Tod entgegenblicken lernen. Dann soll er sich dankbar unter die Barmherzigkeit und die Vergebung Gottes stellen. Die augenblickliche Qual soll als Verdienst willig getragen werden, um dem Fegefeuer zu entrinnen. Darum sind auch alle falschen Erdensorgen gegenüber dem Ringen um das Heil der Seele zurückzustellen. Der Seelsorger soll durch Ermahnungen diese Einstellung fördern, Gebete sprechen, den Sakramentsempfang vorbereiten, ernste Texte verlesen, z. B. die Zehn Gebote, und das Kreuz oder Heiligenbilder zeigen.[17]

Obwohl sich Martin Luther[18] über den Wert der Sterbeseelsorge skeptisch äußerte, hat er sich doch nicht abhalten lassen, bereits 1519 einen „Sermon von der Bereitung zum Sterben“[19] zu schreiben, der zwanzig Empfehlungen enthält: Regelung der zeitlichen Güter (1); Versöhnung mit allen Menschen (2); Ertragen der Todesangst im Blick auf Gott (3); Empfang der Sakramente zur Stärkung des Glaubens (4); Festhalten an ihrer Autorität (5); Standhalten den drohenden Bildern von Tod, Sünde und Hölle (6–8); Überwindung ihrer drohenden Gewalt durch den Blick auf Christi Werke (9–12); auf alttestamentliche Texte (13) und sein Leiden (14); Gottes Handeln und Trost in den Sterbesakramenten (15); Abwehr des Zweifels und Glauben an ihre Kraft (16 und 17); Verbindung durch die Sakramente mit Gott und der ganzen Christenheit (18); Bitte um Glauben (19); weil Gott alles im Sterben tut, darf der Tod überstanden werden (20). – Dieses Büchlein enthält fast nur geistliche Aspekte und betont die Gewalt des Werkes Christi und des Glaubens, den die Sterbesakramente vermitteln.

Diese evangelisch uminterpretierte, dennoch deutlich an mittelalterlichen Vorbildern orientierte Sterbelehre hat im evangelischen Raum viele Nachfolger gefunden. Die Krankenseelsorge wurde in den lutherischen Kirchenordnungen weithin als Sterbezurüstung aufgefaßt. Von den Sterbesakramenten rückte das Abendmahl in den Mittelpunkt. Ob der Sterbebesuch bei Aufforderung oder aus eigener Initiative des Seelsorgers geschehen soll, ist umstritten.[20] „Da es sich in dem Kapitel der lutherischen KOO (Kirchenordnungen), das von Besuchung der Kranken spricht, nur um die Besuchung zum Zweck der Bereitung auf das Ende handelt, so erklärt es sich leicht, daß sie fast alle in Verbindung hiermit eine Anweisung erteilen, wie mit den zu Tode verurteilten Missetätern zu handeln sei.“[21] Die reformierte Tradition setzte die Sterbeseelsorge von Anfang an stärker von der Krankenseelsorge ab, sie soll durch Gemeindeglieder und Pastoren wahrgenommen werden und ist weniger auf die Abendmahlsfeier konzentriert.[22]

In der Orthodoxie nahmen mit dem Anwachsen von aszetischer Literatur auch Anweisungen zur Sterbevorbereitung zu. Sie enthielten öfters als früher

Ratschläge zur menschlichen Hilfe und zur Beurteilung des Sterbens. Die Möglichkeit, daß auch besondere Mitarbeiter der Gemeinde dafür einzusetzen sind, um die Pfarrer zu entlasten, wurde wohl mehr erwogen als durchweg praktiziert.[23]

In seiner Weise hat der Pietismus diesen Gedanken zu realisieren versucht. Während gegen das orthodoxe Beichtinstitut als mißbrauchtes Seelsorgemittel lebhaft polemisiert wurde, ist das gegenüber der Sterbeseelsorge nicht der Fall. Sie sollte offensichtlich weitergeführt werden, wobei auch hier die persönliche Buße besonders thematisch wird, wogegen die Abendmahlsfeier nicht mehr in dem Maße für wichtig gehalten wurde. A. H. Francke kritisiert, „daß insgeheim Prediger alsdann erst zu den Patienten gehen, wenn ihnen der Tod nahe, aber doch keine Hoffnung zur Besserung mehr übrig ist, daß sie ihnen das heilige Abendmahl reichen sollten".[24] So wird die Seelsorge an den Lebendigen für wesentlicher gehalten als an den Scheidenden. Damit wurde der besonders im lutherischen Raum häufig vorhandene Primat der Sterbeseelsorge, der aus dem Mittelalter übernommen worden war, endgültig zerbrochen. Die „geistliche Betreuung" von Delinquenten führten unter dem absolutistischen Staat Pietisten und Aufklärer Hand in Hand mit der juristischen Fallbearbeitung durch: Verhör, Folter und intensives geistliches Umkehrbemühen – oft durch mehrere Geistliche auf einmal – laufen erschreckend durcheinander.[25]

Es ist das Verdienst der Aufklärung, die Sterbeseelsorge nach „psychologischen Gesetzen"[26] versucht zu haben. So positiv die Betonung von Einfühlung und seelischer Anpassung ist, setzte doch auch eine Verharmlosung im Verhalten gegenüber dem Tode ein. Man sollte von ihm nur „mit Delikatesse und Urbanität"[27] reden, keine Todesangst erwecken, sie im Gegenteil beseitigen. Ein Prediger sollte niemals mitteilen, daß der Tod nahe bevorsteht. „Während in älterer Zeit der Krankenbesuch wesentlich als Bereitung zum Sterben betrachtet wurde ... wird jetzt wenigstens für den Sterbenden die Anwesenheit des Geistlichen als kaum wünschenswert betrachtet."[28]

Es ist daher kein Wunder, daß D. F. Schleiermacher feststellt, „... der geistliche Zuspruch bei Kranken und Sterbenden ... hat wenig erfreuliches und erhebendes".[29] Das christliche Sterbegeleit wurde dann nicht mehr zur allgemeinen Praxis der Evangelischen Kirche, wenngleich das Sterbeabendmahl in Erweckungsgegenden bis zum zweiten Weltkrieg vielfach gereicht wurde und Berichte vom seligen Sterben in der Erbauungsliteratur des vorigen Jahrhunderts vielfältig aufklingen. Auch die Seelsorgelehren und Praktisch-Theologischen Handbücher[30] enthalten im Zusammenhang der Krankenseelsorge einen Abschnitt über die *cura mortis*, der freilich gegenüber den Darstellungen anderer seelsorgerlicher Tätigkeiten nur knapp ausfällt. Menschlicher und geistlicher Beistand durch Wort und Gebet wird klug und lebenserfahren besprochen, ohne daß liturgische und sakramentale Interessen vordringlich spürbar werden. Das Krankenabendmahl wird als Möglichkeit erwähnt, aber nicht annähernd so stark betont wie auf katholischer Seite die zur selben Zeit eifrig geübte Praxis der Letzten Ölung. Einer auf römisch-katholischem Gebiet streng durchgeführten Sakramentspraxis steht eine weniger und häufig gar nicht wahrgenommene Wort- und Gebetsübung auf evangelischem Boden gegenüber.

In der Orthodoxen Kirche spielt der Empfang des Abendmahls auf dem Sterbebett noch heute eine Rolle. Priester, aber auch Angehörige beten am Sterbelager. Die Sterbegebete enthalten legitime christliche Motive, sind aber auch von bedenklichen mariologischen und apokalyptischen Vorstellungen durchsetzt.[31]

3.1.2. Begleiter

Hans Falladas Satz „Jeder stirbt für sich allein"[32] ist zum geflügelten Wort geworden. Die Unvertretbarkeit im Sterben ist damit deutlich ausgedrückt. Über jedem Todeskampf liegt eine letzte Einsamkeit. Dennoch braucht der Sterbende Menschen, die versuchen, eine Brücke zwischen ihm und ihnen zu schlagen. Es beginnt mit leiblicher Hilfe und geht fort zu seelischer Hilfe und Trost durch Gottes Wort. Indem man auf diese Weise mit dem Hilfsbedürftigen verbunden bleibt, soll zum Ausdruck kommen, daß der Mensch den Menschen im Sterben nicht allein lassen will und darf. Der Sterbende ist, äußerlich gesehen, mehr denn je „ganz auf die angewiesen, die mit ihm den letzten Kampf erleben".[33]

Besprechen wir nacheinander die einzelnen Gruppen, die es besonders mit der Begleitung von Sterbenden zu tun haben. Die Angehörigen des medizinischen Personals werden am meisten unter allen Berufstätigen mit dem Tode konfrontiert. Für Schwestern gehört darum eine Verhaltenslehre gegenüber Sterbenden zur Ausbildung.[34] Grundsatz ist, daß beim Sterbenden alle pflegerischen und therapeutischen Hilfen zu geben sind, auch wenn sich dennoch ein negativer Ausgang abzeichnet. Der Mensch hat Anspruch auf Hilfe bis zuletzt. Stärkung des Lebenswillens, Vermeidung von körperlicher Anstrengung und Aufregung, Versorgung in einem kleinen Zimmer des Krankenhauses, bequeme Betten, physiologische Beobachtungen, Körperpflege und Gabe von Mahlzeiten, Erfüllung sinnvoller Wünsche, Linderung des Todeskampfes durch leibliche Erfrischungen, Kontakt mit Angehörigen: das alles sind Maßnahmen, die einzuleiten sind. – Der Arzt ist nicht weniger als die Schwester vom Sterben seines Patienten betroffen. Daß er dabei nicht nur medizinische und physische Hilfe zu geben hat, ist Allgemeingut heutiger Medizin: „Die Haltung des Arztes gegenüber dem Sterben, seine Auffassung über den Tod werden von der Wissenschaft und Praxis bestimmt. Der Arzt versucht alles, um das Leben des Kranken zu retten oder zumindest zu verlängern ... Unsere Auffassung vom Tod ist jedoch vom menschlichen

Gesichtspunkt ... aus noch zu ergänzen."[35] Der Arzt ist angesichts des Sterbens auch als Mensch gefordert. Er selbst ist „unteilbar"[36] und zeigt darum nicht nur, wie er als Wissenschaftler, sondern auch als Mensch zum Sterben steht: Welche Bildung besitzt er, um fachlich und persönlich dem Sterbenden gerecht zu werden? So ist auch die Hilfe „unteilbar", weil der Arzt nicht nur für den Leib, sondern für den ganzen Menschen verantwortlich ist. In der medizinischen liegt auch eine humane Aufgabe beschlossen.

Neben die beruflichen Sterbehelfer treten die Angehörigen. Hier sind es vor allem die nächsten Verwandten, die in unermüdlichem, oft alles andere in den Schatten stellenden Einsatz Tag und Nacht für ihren Sterbenden da sind. Wochen- und monatelang verzehren sie sich oft bis zur gesundheitlichen Schädigung in der Verrichtung aller Arbeiten, die zu einer guten Betreuung gehören. Sie nehmen Urlaub oder opfern ihre übrige Freizeit. Die Pflege geschieht einerseits mit besonders großem Einfühlungsvermögen, weil Verwandte die Besonderheiten des anderen gut verstehen lernen; aber es bleibt nicht selten doch auch eine Blindheit gegenüber bestimmten Phänomenen des Sterbegeschehens, die Fernerstehende eher erfassen: die Schwere der Krankheit, ihre deutlichen Begleiterscheinungen, die Zeichen des Verfalls. Der Respekt, den diese aufopferungsvollen Kinder, Eltern, Eheleute oder Enkel abnötigen, läßt die vielen vergessen, die ihre Angehörigen trotz möglicher Hilfe und räumlicher Möglichkeiten an die öffentliche Hand in Krankenhaus oder Feierabendheim lieblos fortgeben, sie auch nicht einmal dann besuchen, wenn das Ende da ist. – Neben nächsten Verwandten werden oft Pfleger aus der Nachbarschaft, die Alte oder Kranke jahrelang gegen ein Pflegegeld versorgt haben, zu willigen oder unwilligen Sterbehelfern. Vom versprochenen Erbe, von menschlicher oder christlicher Liebe getrieben, entwickeln sie aus der Notsituation heraus, die entsteht, weil niemand anders da ist, oft eine ungelehrte Hilfsfähigkeit, die erstaunlich ist. Manchmal spricht es sich in bestimmten Orten oder Straßen herum, daß sich Menschen darauf verstehen, Sterbende zu pflegen und Nachtwachen zu halten. – Auch Fernerstehende aus Nachbarschaft, Bekanntschaft, Haus oder Straße kommen ab und zu einmal, um nach dem Sterbenden zu schauen. Sie tun vielleicht einen Gang zur Entlastung der Pfleger, nehmen aufrichtig Anteil oder erscheinen aus Neugierde. „Man wehre nicht bloß der rohen Neugierde, die zuweilen, namentlich auf dem Lande, im Sterbezimmer eindringt ..., oder der frommen Neugierde, die an dem Sterbenden eine Seelen- und Augenweide machen will, sondern auch ... der überlieferten Martha-Sorge, die auf den Kranken ... mit Erquickungen eindringt."[37]

Unter kirchlichen Mitarbeitern sind besonders Diakone, Diakonissen und andere kirchliche Schwestern mit der Sterbefürsorge konfrontiert. Sie leisten diese nicht nur in Heimen und Krankenhäusern der Diakonie, sondern oft – und noch ausgedehnter – als Sterbehelfer in der Ortsgemeinde. Tagelanger Einsatz, der mit Nachtwachen und medizinischer Hilfe verbunden ist, verdeutlicht diesen Sterbedienst, den die christliche Gemeinde heute wahrnimmt, besonders klar. – Daß Pfarrer weithin von ihren eigenen Gemeindegliedern nicht zum Sterbenden gerufen werden und ihr Erscheinen oft nicht erwünscht ist, weil sie als Boten des Todes gelten, ist eine abergläubische oder seit der Aufklärung vielerorts bestehende volkskirchliche Tradition. Nur von bewußten Seelsorgern wird diese Schranke durchbrochen, so daß es sich allmählich in der ganzen Gemeinde herumspricht, daß es gut sein kann, den Pfarrer zu benachrichtigen oder zu holen. Die meisten Pfarrer übernehmen mehr oder weniger stumpf die volkskirchliche Tradition, statt bei der schwindenden Zahl der Gemeindeglieder die Chance einer Neubelebung der Sterbeseelsorge mutig anzugreifen. Dabei böten sich gute Gelegenheiten dazu, weil es schon immer einen kleinen Kreis von Gemeindegliedern – zumeist besonders wache oder aus Erweckungsgegenden stammende Christen – gegeben hat, die nicht ohne den Besuch eines Seelsorgers sterben wollen. Und wo eine wirklich lebendige Krankenbesuchsarbeit stattfindet, erwächst aus ihr auch die Nötigung, Sterbegeleit zu geben. Die häufige Aversion, Trägheit und Hilflosigkeit der Pfarrer ist durch eine systematische Ausbildung und Anregung im Vikariat, Pastoralkolleg und Konvent zu überwinden. Vikare, die nicht an einer einzigen Nachtwache unter der Aufsicht eines anderen kirchlichen Mitarbeiters teilgenommen haben, sind ungenügend angeleitet worden. Es bedarf im Grunde nur der Bereitschaft, menschlich helfen zu wollen. Das wird dann schon im Laufe der Zeit zum Verständnis führen, wie man dem Sterbenden recht begegnen kann.

Hat die christliche Gemeinde insgesamt den Auftrag, sich der Sterbenden in ihrer Mitte oder in ihrer Umgebung anzunehmen? Die Frage ist eindeutig positiv zu beantworten. „Es ist weihin herkömmlich geworden, dem seelsorgerlichen Handeln an ... Sterbenden einen ausschließlich persönlichen Charakter beizumessen: Das Geschehen spielt sich zwischen dem Pfarrer und dem Leidenden ab. Demgegenüber wird entsprechend dem neutestamentlichen und altkirchlichen Vorgang die grundsätzliche Erkenntnis neu zur Geltung gebracht werden müssen, daß der Dienst an ... Sterbenden ein Dienst der ganzen Gemeinde ist.“[38] Die Ansätze, die es in der christlichen Kirche stets gegeben hat und die oft zu einer breiten Institutionsbildung geführt haben, sind heute neu zu vertiefen.[39] Potentiell ist jeder Christ um der Liebe Jesu Christi willen dazu aufgefordert, Sterbenden zur Seite zu stehen. Wenn auch die Gaben verschieden sind, kann doch jeder in irgendeiner Weise seine Bereitschaft zeigen. In dem Maße, wie er die Gelegenheit dazu wahrnimmt, wird auch seine Erfahrung wachsen, wie er am besten helfen kann: „... geistliche Sterbehilfe müßte jeder Christ verrichten können“.[40]

Heute gibt es kein Charisma in der Gemeinde, das nicht, wenn es auf die Dauer fruchtbar wirken soll, der Ausbildung bedarf. Was ist hier in der

Kirche zu tun, damit die Sterbeseelsorge wieder belebt werden kann? – Für alle Christen, die es damit zu tun haben, bestehen gleiche Grundbedingungen, die sich aus dem Ineinander von geistlicher und menschlicher Verantwortung ergeben. Wer mit Sterbenden umgeht, muß versuchen, sein eigenes Sterben zu verstehen. Damit ist man nie fertig; aber trotzdem bedarf es einer Grundeinstellung, die sich mit Offenheit und ohne Absicht, sich zu verstecken, dem Tode und seinem Phänomen stellt, aber auch seine Deutungen für sich persönlich akzeptiert. Hier gilt das Wort von Fritz Reuter: „Trösten ist das leichteste Geschäft für den, der mit Redensarten über das Herz hinweg einem Traurigen einen Beweis seiner Höflichkeit geben will; aber es ist das schwerste Geschäft, wenn einer sein Herz, bis an den Rand voller Liebe, in ein anderes Herz ausgießen möchte und dabei fühlt, daß alle Liebe ... nicht ausreicht, um das arme Herz zu neuer Hoffnung lebendig zu machen; und dieses schwere Geschäft wird zu einer Unmöglichkeit, wenn einer an seinen eigenen Trost nicht glaubt."[41] Nur eine persönlich verantwortete Haltung zum Tode kann trösten. „In der Wahrheit zu seinem eigenen Tod steht noch nicht, wer oft an den Tod denkt. Dieses Denken kann aus der Furcht kommen ... In der Wahrheit zu seinem eigenen Tod aber steht auch nicht, wer über das Sterben gute und treffende Gedanken zu formulieren versteht, wer also über den Tod nachdenkt. Dieses Nachdenken kann aus der kühlen Distanz heraus geschehen ... In der Wahrheit zu seinem Tode steht der Mensch, der gelernt hat, die vielen Tode mitten im Leben ... zu erkennen und zu bestehen."[42] Gewiß geht es hier um einen inneren Vorgang im Menschen, der dem pädagogischen Zugriff entzogen ist. Was hier nicht wächst, kann nicht äußerlich aufgeprägt werden. Dennoch haben die Christen miteinander zu versuchen, den Tod ihrem Leben zu integrieren, und zu überlegen, wie sie dazu anderen verhelfen können. – Wer mit Sterbenden umgehen will, bedarf auch der Belehrung darüber, welche äußeren Bedingungen und Kenntnisse nötig sind, damit er technisch richtig und wissend tut, was er tut. Die Gemeinde sollte hier durch erfahrene Glieder und Fachleute aus ihrer Mitte in Seminaren oder anderen Formen des Erwachsenenkatechumenats Hilfen vermitteln, damit keine groben Fehler gemacht werden. Das Bemühen um geistlichen Beistand, wenn es nicht durch psychologische oder medizinische Kenntnisse aufgelockert ist, kann leicht in einen bigotten und unnatürlichen Bekehrungseifer umschlagen. – Zu den Fachleuten, die die Gemeinde anzuleiten haben, gehört auch der Theologe. Er hat die Gemeinde als einer, der über das Wort am meisten nachgedacht haben sollte, mit allen wichtigen biblischen und theologischen Kenntnissen auszurüsten, die zu einer Theologie des Todes gehören. Darüber hinaus sollte er als Pastor aus eigener Erfahrung etwas dazu beisteuern können, wie christliche Sterbehilfe in guter Weise wahrgenommen wird. Dabei muß er von erfahrenen Gemeindegliedern beraten werden.

Somit entsteht die Frage nach einer Neuordnung der Sterbeseelsorge als Funktion im Leben der Gemeinde. Wo geistliches Leben und Verantwortungsbewußtsein für die Welt entstehen, ist auch die Frage nach der institutionellen Wahrnehmung des Auftrages zu stellen. Daß sie zeitgemäß eingebettet werden muß und die sozialen Strukturen des heutigen Zusammenlebens der Menschen zu beachten sind, ist dabei wichtigstes Gebot. Der Dienst Jesu wird im Alltag an der Stelle getan, wo einer als Christ steht. Da geschieht nichts Extravagantes. Das bedeutet, daß Sterbehilfe zuerst einmal auf den Wegen geleistet wird, die heute üblich sind: Die Gemeinde wird also aktiv werden, wenn christliche Angehörige, Freunde und Nachbarn dort einspringen, wo sich in ihrer Umgebung die Notwendigkeit zur Hilfe ergibt. Wo christliche Ärzte und Schwestern ihren medizinischen und wissenschaftlich begründeten Sterbedienst in humaner Weise versehen, ist in ihnen auch verborgen der Dienst der Gemeinde Jesu Christi zur Stelle. Sie wird aber auch direkt durch diakonische und theologische Mitarbeiter tätig. Auch werden Gemeindeglieder dort zur Hilfe bereit sein, wo niemand sonst da ist und weder geeignete Nachbarn noch Angestellte zur Stelle sein können. Predigt, Unterweisung von Jugendlichen und Erwachsenen, aber auch die Seelsorge werden die Verantwortung für die Sterbenden zu wecken haben. Darüber hinaus muß die Gemeinde durch Abkündigungen, persönliche Gespräche, am besten aber durch guten Einsatz deutlich machen, daß sie zum Sterbedienst bereit ist. Ihre Praxis wird sich dann, wenn sie in guter Weise stattfindet, von allein durchsetzen und bekannt werden.

Die Gemeinde, ihre Mitarbeiter und Organe, haben an Ort und Stelle genau zu überlegen, wann, wie und wo die Zurüstung zur Sterbehilfe und diese selbst am besten geleistet werden können. Der Pfarrer wird nur in dem Maße mittun, wie er es schafft. Als indirekte Frucht wird seine Verkündigung und Seelsorge dabei mehr Vollmacht gewinnen, denn wer sich angesichts des Todes menschlich und geistlich bewähren lernt, lernt auch für sein übriges Leben. Noch wichtiger wird es sein, daß der Pfarrer alle freien und hauptamtlichen Sterbehelfer der Gemeinde in ihrem Dienst begleitet, ihre oft nicht leichten Erlebnisse klären und sichten hilft, so daß dadurch eine Entlastung zum neuen Dienst geschieht. Er muß Zeit für die Sterbehelfer der Gemeinde haben und alle wichtigen theologischen, aber auch praktischen Verantwortungsbereiche von Angehörigen und medizinischen Sterbehelfern kennen.

3.1.3. Orte

Während früher fast nur die Wohnung der Ort des Sterbens war, ist es heute besonders das Krankenhaus. Darum muß die Seelsorge mehr denn je daran interessiert sein, die Bedingungen ihrer Arbeit unter differenten räumlichen Verhältnissen zu beachten.

Der Wunsch, in heimischer Umgebung heimzugehen, ist in der Regel groß. Bekannte Personen und Gegenstände breiten ein Fluidum der Geborgenheit aus. Die „gewohnte" Umgebung strahlt Frieden aus, wenn man sich in ihr wohlgefühlt hat. Freilich setzt die häusliche Sterbepflege eine große Hilfsbereitschaft der Angehörigen voraus, besonders dann, wenn das Sterben lange Zeit dauert. Im Sterbezimmer soll es freundlich aussehen. Blumen, gute Bilder und einige zueinander passende Möbel können dazu beitragen, das Gefühl verlassener Enge zu verhindern. Was vom Krankenzimmer gilt, sollte auch für das Sterbezimmer zutreffen: „Dem Mißbrauch, die schlechteren kleineren Zimmer der Wohnung zu Schlafzimmern zu bestimmen, muß wenigstens im Falle einer ernstlichen Erkrankung entgegengetreten werden. Das Krankenzimmer sei das *beste* Zimmer."[43] Es ist auch immer wieder festzustellen, daß die Luft in Sterbezimmern verbraucht wirkt. Darum sollte man sie bewußt frisch halten. Gegen Hitze und grelles Licht sind die Fenster abzublenden. Die lästigen, besonders auf dem Lande zahllosen Fliegen sind fernzuhalten. Zu viele Geräusche von außen wirken störend, so daß Räume, die zur lauten Straße hin liegen, nicht besonders geeignet sind.

Christliche Angehörige halten es für eine gute christliche Sitte, ihren Sterbenden Sprüche, Bilder oder ein Kreuz sichtbar aufzustellen. – Für den Dienst der Gemeinde hat die häusliche Umgebung seit alters Chance und Grenze gebildet. Zeitlich gesehen, kann der Seelsorger jederzeit kommen oder gerufen werden. Ein Haushalt kann sich auf einen Besuch recht schnell einstellen. Im Hause sind die Familienangehörigen mit zugegen. Sie können an der Andacht oder Abendmahlsfeier teilnehmen, so daß der Pfarrer nicht allein mit dem Sterbenden zu tun hat. Das Alleinliegen im Sterbezimmer ermöglicht ein ruhiges Gespräch. Angehörige freuen sich außerdem, wenn sie einmal durch andere Glieder der Gemeinde eine Entlastung in der Pflege ihres Sterbenden erhalten. Die Grenze liegt darin, daß Sterbende wegen der Nähe ihrer Angehörigen oft gehemmt sind, dringende Fragen, Zweifel oder Schuldbekenntnisse zu äußern.

Unter den wenigen bisher vorhandenen Bemerkungen zum Sterben im Krankenhaus herrschen negative Urteile vor.[44] Das ist schade, weil das die Sterbeseelsorge im Krankenhaus von vornherein als aussichtslos erscheinen lassen könnte und lähmend wirkt bei dem Versuch, sich darauf einzustellen, daß viele Menschen dort ihre letzten Stunden verbringen. Befreiend wirkt daher die Meinung, daß nur dem „äußeren Anschein nach die Lage der Kranken im Krankenhaus eine andere ist".[45] Das betrifft auch Sterbende. Gewiß ist die äußere Umgebung eine andere. Weil Sterbende seltener allein in einem Zimmer liegen, ist die Gelegenheit zum vertrauten Gespräch nicht immer gleich günstig. Gegenüber anderen Kranken soll jedoch der kleine Raum verwandt werden: „Das Bett des Sterbenden ist in ein möglichst kleines Zimmer zu stellen und durch einen Wandschirm zu isolieren, um andere

Patienten nicht zu beunruhigen. Es soll aber auch vermieden werden, den Sterbenden ins Bad zu fahren."[46] Der Seelsorger wird sich auch dem Rhythmus des Krankenhauses und dessen Lebensbedingungen zu fügen haben.[47] Er kann nicht wahllos zu jeder Tages- und Nachtzeit erscheinen, auch nicht in einem kirchlichen Krankenhaus. Auf jeden Fall ist ein guter Kontakt mit dem Pflegepersonal zu suchen, um keinen Ärger hervorzurufen. Mit Recht fragen Ärzte und Schwestern, ob ein Patient durch das Kommen eines Pfarrers in Angst versetzt oder ruhig wird.[48] Im Grunde gilt hier C. Palmers Ansicht: „Noch ist zu erwähnen, daß die Pastoren ihr Nichtgerufenwerden nicht selten dem Einfluß von Concurrenten zuschreiben ... Wir meinen die Aerzte. Wäre der Geistliche freilich der Mann, der darauf sein Absehen hätte, dem Kranken noch die Hölle möglichst heiß zu machen, um ihn als einen recht zerknirschten armen Sünder in die Ewigkeit zu schicken; wäre es geistliche Praxis, den Leidenden ... zur Angstbank zu schleppen, ihm Sünden- und Glaubensbekenntnisse in möglichstem Umfang und möglichster Inbrunst abzupressen, und aus dem Krankseyn, aus dem Sterben ein frommes Schauspiel zu machen: – dann hätten nicht nur die Aerzte Recht, den Geistlichen vom Krankenbette wegzuwünschen, weil er die Heilung hindere, sondern jeder Menschenfreund müßte den Kranken bedauern, der zu seinem Leiden hin noch solch geistliche tortur auszuhalten bekäme. Aber erstlich ist das nicht die Praxis eines seinen Beruf verstehenden evangelischen Pastors; was er mit seinen Kranken redet, das dürfte jeder Arzt mit anhören. Zweitens aber ... die Fixierung der Gedanken auf die Wahrheit auf Gottes Ernst und Gottes Güte hat noch niemanden kränker gemacht."[49] Ein Pastor, der zu einem Sterbenden gerufen wird, hat sich nicht besonders privilegiert zu fühlen, sondern steht unter denselben äußeren Bedingungen in seinem Verhältnis zum Sterbenden wie die Angehörigen. Er hat sich darum den Ordnungen eines Krankenhauses zu fügen. Dazu gehören viel Takt und Einfühlungsvermögen. Das betrifft auch die Einhaltung von Hygienevorschriften. Was I. Hardi für die Ungarische Volksrepublik berichtet, gilt im allgemeinen auch in der DDR: „Wir billigen den in den ungarischen Krankenhäusern gegenwärtig üblichen Brauch, daß das Herbeirufen eines Geistlichen ... keineswegs bindend (ist). Die Kranken können sich frei dafür oder dagegen entscheiden."[50]

Die Seelsorge in Feierabend- und Pflegeheimen steht unter ähnlichen Bedingungen wie in Krankenhäusern. Auf den Wunsch eines Sterbenden oder der Angehörigen hin wird der Seelsorger immer benachrichtigt.

Zum Ort des Scheidens kann auch irgendeine Stelle im Freien werden; dann nämlich, wenn ein plötzlicher Tod eintritt. Neugierige, die zusammenströmen, sind meist recht hilflos. Erste Hilfeleistung besteht darin, den Sterbenden an einen ruhigeren Ort zu schaffen und Arzt, Polizei und Angehörige zu benachrichtigen. Ein Christ sollte auch auf einem Zettel in seiner Brieftasche vermerken, daß er in plötzlicher Todesgefahr das Herbeirufen eines Seelsorgers und dessen Beistand wünscht. Freilich werden auch die Seelsorger lernen müssen, für plötzliche Sterbehilfe bereitzustehen.

3.1.4. Mittel

Es soll nun von den Möglichkeiten und Aufgaben gesprochen werden, die die Sterbefürsorge hat. Wir gebrauchen den Begriff der „Mittel“ und behandeln den Besuch, das Gespräch, das liturgische Angebot, die Lösung, das Mahl und die diakonische Assistenz.

3.1.4.1. Besuch

Da wir keinen besonderen Abschnitt über die Zeit der Sterbeseelsorge haben, soll darüber im Zusammenhang des Besuches gesprochen werden. Daß bestimmte Jahreszeiten auch manche tödlichen Krankheiten begünstigen, ist erwiesen: „Fragen wir endlich noch nach den Jahreszeiten und ihrer Sterblichkeitsziffer, so ist darauf hinzuweisen, daß Krankheiten der Atmungsorgane, die letal enden, sonderlich in den Wintermonaten auftreten und typische Infektionskrankheiten den Sommer bevorzugen.“[51] Diese Beobachtungen sollten auch Theologen berücksichtigen. Über Zeiten der Mortalität im Laufe des Tages gibt es keine völlig einhelligen Meinungen.[52] Doch scheinen in der Nacht, am Abend und in der Frühe mehr Menschen zu sterben als am Tag. Das heißt für den Seelsorger, daß er auch des Nachts zur Verfügung stehen muß. Sterbende müssen jederzeit einen Seelsorger erreichen können. Darum dürfen reisende Pfarrer nicht, ohne einen Vertreter bestimmt zu haben, abfahren. Darin ist eingeschlossen, daß auch ein erfahrener Laie die Vertretung übernehmen kann. Vielfach sind ja Laien in der Seelsorge wirksamer als die Theologen. Also ist das auch in diesem Fall möglich.

Richtig ist es, wenn der Seelsorger an das Sterbebett geholt wird. Angesichts der traditionellen Haltung, ihn nicht zu bitten, ist es bereits viel, wenn das wieder in einer Gemeinde geschieht. Die geringer werdenden Zahlen von Gemeindegliedern ermöglichen auch kräftemäßig wieder einen Besuch bei sterbenden Christen, und die damit gegebene Besuchschance soll auch genutzt werden. Daß man sich dabei nicht in falscher Weise aufdrängt, ist selbstverständlich. Dieses Gefühl wird aber weder bei den Angehörigen noch bei dem Sterbenden entstehen, wenn vorher ein näheres Band der Bekanntschaft geschlossen ist. Sterbeseelsorge wird aus der Sorge um die Gesunden organisch erwachsen.

Wird der Seelsorger gerufen, sollte er sich unverzüglich auf den Weg machen: „Wer zu einem Sterbenden gerufen wird, lasse seine andern Geschäfte liegen und gehe. Es ist ungemein schmerzlich, zu einem Sterbenden zu spät zu kommen.“[53] Folgende fünf Stufen des Besuches lassen sich unterscheiden: die Vorbereitung, der Vorkontakt mit den Angehörigen, der Besuch selbst, der Nachkontakt mit den Angehörigen, die Nachbereitung. Sobald die Nachricht eintrifft, daß ein Besuch erbeten wird, hat sich der Seelsorger innerlich zu rüsten (1). Der Schrecken eines früher erlebten Sterbens darf ihn nicht mehr schrecken. „... alles ängstliche Grauen muß ihm ... ferne sein."[54] Es geht nicht um ablehnende Gefühle und Bedenken, sondern um den Dienst, auf den ein anderer wartet. Es ist ein kurzes Gebet zu halten und das, was in der noch zur Verfügung stehenden Zeit an Wissen über den Sterbenden und seine Angehörigen aus dem Gedächtnis oder persönlichen Notizen bzw. Nachfrage bei anderen kirchlichen Mitarbeitern zu erfahren ist, ist zusammenzutragen. Genaue Kranken- und Seelsorgeblätter sollte es in der Evangelischen Kirche allerdings nicht geben, wie es vor zweihundert Jahren häufig gefordert wurde,[55] höchstens eine Besuchsliste des Pfarrers, in der nur die äußeren Lebens- und Besuchsdaten ohne persönliche Anmerkungen notiert sind. – Bevor der Seelsorger das Sterbezimmer betritt, ist ein Kontakt mit Angehörigen und Pflegern erforderlich (2), um zu erfahren, wie es um den Patienten steht: Wie weit ist sein Leiden vorangeschritten? Ist er noch geistig aufnahmefähig? Kann er noch etwas zu sich nehmen? Weiß er, ob sein Ende naht? Ist ihm bekannt, daß der Seelsorger kommt? Antworten auf diese und ähnliche Fragen sind zu erschließen oder direkt zu erfragen. Das ist wichtig, weil es dadurch möglich wird, sich schon auf die geratenen Formen des Umgangs mit dem Sterbenden vorzubereiten. Letztlich muß freilich der Augenblick ergeben, was zu tun ist.[56] Sosehr also Intuition und Erfahrung im Augenblick lehren, was zu tun, zu sagen oder zu lassen ist, bedarf es dennoch einer möglichst redlichen Vorbereitung, um eine Entscheidung treffen zu können. Dazu gehört eben auch das Vorgespräch mit den Nächsten. Daß es nicht so laut vor sich gehen darf, daß der Sterbende alles mithören kann, ist selbstverständlich, wird aber nicht immer befolgt. Sterbende besitzen oft wider Erwarten ein besonders feines Gehör. Es verliert sich als letzter von allen Sinnen. – Über einen möglichen Verlauf des Gespräches beim Besuch selbst (3) wollen wir in diesem Zusammenhang nicht nachdenken. Auf jeden Fall ist darauf zu achten, wie der Seelsorger von dem Sterbenden angenommen wird. Erwacht in diesem Angst oder eine sofortige Bereitschaft, sich dem Wort zu öffnen? Das Ziel wird sein, dem Sterbenden Ruhe zu geben – schon durch die äußere Art des Auftretens. Wenn sich kein Gespräch empfiehlt, kann man sich auch für einige Zeit still zum Sterbenden setzen und kurz dessen Hände oder Stirn berühren, um deutlich zu machen, daß jemand da ist. Die Dauer des Besuches richtet sich nach dem Zustand des Besuchten, sollte aber eher kürzer als zu lang ausfallen. Für uns hat sich die Erfahrung ergeben, daß die Besuche um so kürzer ausgefallen sind, je todestiefer der Patient betroffen war. Hier oder da mag auch die Empfehlung gelten: „... sieht er bei einem Besuche selbst, daß es dem Ende zugeht, so ist es geziemend, daß er dableibt und dasselbe abwartet."[57] Wollen Angehörige den letzten Augenblick mit ihrem Sterbenden allein sein, sollte man sich still fortbegeben. Allerdings ist während des Besuches die Gelegenheit zu suchen, einmal für kurze Zeit mit dem Sterbenden allein zu sein, damit er die Möglichkeit hat, etwas zu sagen, was er sonst nicht über die Lippen bringen mag. Daß man ihm eine Spruchkarte gibt, wenn er dadurch gestärkt wird, empfiehlt sich. Doch muß der Spruch passend sein. – Das Nachgespräch (4) mit den Angehörigen, u. U. auch mit Ärzten und Pflegern, wird zurückhaltend ausfallen, aber doch so, daß diese neuen Mut zum Umgang mit dem Sterbenden bekommen. Wenn die Angehörigen hilflos lamentieren oder laut jammern, sind sie eventuell einmal energisch zurechtzuweisen, bedürfen aber oft auch eines ebenso starken Beistandes wie die Sterbenden. Hier denkt Ludwig Köhler zu schroff: „Wenn man zu einem Sterbenden kommt, halte man sich nicht zu lange bei seiner Umgebung auf."[58] Angehörige sind durch langes Wachen und die Härte des Erlebens oft gereizt, so daß sie sehr der Beruhigung bedürfen, um wieder die Kraft zu erhalten, für den Sterbenden in richtiger Weise dazusein. Geht der Seelsorger, muß er Nachricht hinterlassen, wo er zu erreichen ist. Bei längerem Sterbelager hat er seine regelmäßigen Besuche durchzuhalten und nicht zu resignieren, wenn auch äußerlich gesehen nicht viel „dabei herauskommt". Die Bezeigung treuer Anteilnahme sollte nicht von der rechnerischen Frage nach dem „Ergebnis" überschattet werden. Ärzte können durch die Treue ihrer Besuche bei Sterbenden manchen Theologen beschämen. Wenn es auch nicht in unserer Sprache gesagt ist, gilt es dennoch: „... komme doch nach kurzen Pausen ... wieder, setze dich mit ans Sterbelager, stille betend, bereit, den Sterbenden mit ewigem Wort zu begleiten, wenn sein Blick dich streift, den Schmerz zu dämpfen, der sich nicht halten kann."[59] – Daß jeder Sterbebesuch emotional durch Überlegung und Gebet zum Abklingen zu bringen ist, sei nur kurz erwähnt. Es empfiehlt sich, eine abschließende Meditation (5) über das an Sterbebetten Erlebte zu halten. Dazu gehört Zeit.

3.1.4.2. Gespräch

Nicht immer ist ein Gespräch möglich. Wo es sich jedoch ergibt, ist es bewußt zu führen und nicht als unsachgemäßes Geschwätz. In der Nähe des Todes fangen nicht nur Menschen, sondern auch Worte an, ihr wahres Gewicht zu erhalten. Was vorher gewichtig zu sein schien, wird leicht – und umgekehrt. So gewinnt von daher das Gespräch mit Scheidenden eine besondere Bedeutung. Das muß sich nicht immer in tiefen Worten ausdrücken. Nuancen des Ausdrucks und Verstehens, Andeutungen oder knappe Feststellungen genügen oft, um sich verständlich zu machen. Nicht selten begreifen ein fernstehender Seelsorger und der Sterbende auch ohne viel Worte einander genauer als die stets nahen Angehörigen, ohne daß diese es bemerken. Freilich kann es auch so sein, daß sich der Seelsorger täuscht und ein für ihn nicht spürbares Band des Verstehens zwischen Angehörigen und Sterbendem geknüpft ist.

Hat man das Sterbezimmer betreten, muß der Sterbende im Zentrum der Begegnung stehen. Alle Aufmerksamkeit ist auf ihn zu konzentrieren. Nach der Begrüßung darf die Anteilnahme am Zustand des Patienten ihren Ausdruck finden. Es braucht nicht lang und breit dessen Befinden analysiert zu werden, aber doch so, daß die wesentlichsten Umstände, die ihn emotional und gedanklich bewegen, zu Wort kommen. Es ist erstaunlich, wie auch Sterbende ihrerseits öfter am Befinden des Seelsorgers teilnehmen. Er soll sich nicht scheuen, wenn es angebracht ist, knapp vom Leben der Gemeinde oder anderen Geschehnissen zu berichten. Hinweise auf menschliche Möglichkeiten einer Veränderung zum Guten sind nur zurückhaltend zu geben. Manche pflegen den Sterbenden vom Frühjahr und seinen Besserungsaussichten zu berichten; von den guten Folgen, die nach einer Operation auf jeden Fall eintreten werden. Die an dieser Stelle auftauchende Versuchung zu optimistischem Geschwätz sollte besser schweigend bestanden werden.

Vielleicht will der Sterbende über frühere Zeiten und besonders auch über seine Vergangenheit sprechen; nicht nur, um in der Erinnerung zu versinken und zu klagen, sondern auch um sie zu klären. Hier sollte der Seelsorger genauer hinhören, um durch Problemspiegelung und Fragen zum Reden anzuregen oder auf bestimmte Themen hinzulenken, die der Sterbende offensichtlich nicht allein zu bewältigen vermag: Erlebnisse mit Fremden, Kindern oder sonstigen Angehörigen, Urteile über die Welt und ihre Zustände, Erbschafts- und Besitzangelegenheiten. Soweit es der Seelsorger versteht, hat er hier mitzugehen und ein Stück abschließender Lebensberatung wahrzunehmen.

Ein weiterer Schritt des Gesprächs kann die Ausrichtung auf das Evangelium sein, so daß der Name Jesu Christi als der wesentliche Sinn des Lebens ausdrücklich bezeugt oder indirekt angedeutet wird. Das kann jedoch nicht erzwungen werden. Gewiß wird der Seelsorger versuchen, in dieser Situation das Evangelium zum Klingen zu bringen; aber massive Bekehrungsversuche auf dem Sterbebett können unfair sein und Ablehnung hervorrufen. Was nicht bereits vorher gesät worden ist, wird in der Sterbestunde kaum aufgehen können. Abrupte Bekehrungen in der Sterbestunde sind selten. So wichtig das Angebot des Evangeliums in dieser Lage ist, weil jetzt die letzte Möglichkeit für den Menschen gekommen sein kann, sich Gott zuzuwenden: Es ist nicht erzwingbar, was Gott nicht selbst gibt. Darum wird immer neu zu entscheiden sein, ob das Gespräch über den Glauben vom Seelsorger aktiv in Angriff zu nehmen ist, wenn der Patient nicht von selbst beginnt; ob man noch abwartet, bis nach mehreren Besuchen das menschliche Vertrauen gewachsen ist und der Sterbende von allein darüber zu sprechen beginnt, oder ob bereits die Anwesenheit eines Menschen, von dem man weiß, daß er um Gottes und darum um des Menschen willen gekommen ist, genügt, um unausgesprochen eine Hinwendung zum Evangelium zu bewirken. Es muß ja nicht alles, was geschieht, ausgesprochen sein. Jenseits der Worte gibt es einen Bereich emotionaler Zuwendung oder Ablehnung, in dem sich die Beziehung zum Evangelium auch auswirkt. Kommt es aber doch zu einem Gespräch, ist unsere grundsätzliche Besinnung über das Wesen des Todes, über das Weiterleben und seine Konsequenzen für das Leben zur Grundlage zu nehmen. Nur wenn erspürt wird, welche Haltung der Sterbende zu diesen Themen einnimmt, kann ihm das Wesen des Todes, des bleibenden Lebens mit Jesus Christus und der Vergangenheit evangelisch gedeutet werden. Das theologisch Gesagte ist dabei immer wieder situationsbezogen auszulegen.[60] Sterbestunden sind nicht dazu geeignet, zu abstraktem Katechismusunterricht oder nachgeholten Konfirmandenstunden zu werden.

Es ist etwas Großes, wenn Bekundung menschlicher Gemeinschaft, Lebensabklärung und rechtes Hören auf das Evangelium als Grundmotive des Gesprächs zum Tragen kommen; aber es gelingt nicht immer und ist nicht in immer gleicher Intensität oder Reihenfolge zu erreichen. Wenn sich mehr als Mitmenschlichkeit ereignet, Beratung und Glaubenshilfe einsetzen, geschieht immer etwas Besonderes. Nicht selten bleibt vieles unausgesprochen und offen. Und das gar nicht einmal deshalb, weil Sterbende falsch verschlossen sind und etwas verbergen wollen, wie moralisch Witterungssüchtige annehmen möchten. Es ist sehr schwer, letzte Wahrheiten zu formulieren. Wer kann das, wenn er sich sein Leben lang nicht darin geübt hat? Albrecht Bengel meint: „Es gibt ... Leute, die können ihren wahren Grund, den sie aus Gott in sich haben, nicht ausdrücken, weil sie nicht von Jugend auf dazu angewiesen sind.“ Doch dann fährt er fort: „... und bei solchen zeigt es sich gerne erst in den letzten Stunden: Gott läßt seine Kinder nicht so ganz *incognito* absegeln“.[61] Wo einer jedoch das Geheimnis seines Glaubens auch angesichts des Todes wahrt, weil er keine Sprachmöglichkeit besitzt oder eine letzte Scheu in sich trägt und deshalb schweigt, ist menschliches Urteilsvermögen außer Kraft gesetzt; auch dort, wo man das Gefühl haben möchte, daß sich ein Sterbender ablehnend verhält. Solange das nicht ausgesprochen wird, kann man sich täuschen. Und auch da, wo Zweifel oder Ablehnung zur Sprache kommen, kann dahinter eine Sehnsucht nach Befreiung stehen.

3.1.4.3. Liturgisches Angebot

Heute wird viel vom Gespräch als Möglichkeit menschlicher Kontaktaufnahme geredet. Das ist wichtig. Dennoch ist es in gewissen Situationen schwer, das rechte Wort zu finden, das Gemeinschaft stiftet. Besonders im Angesicht des Sterbens zeigt sich, wie klein frei gewählte Worte werden können. Es fällt um so schwerer, ein persönliches und doch zugleich sachgerechtes Wort zu finden, wenn mehrere Sterbende oder Kranke sich in einem

Zimmer aufhalten und die Agonie dem einen oder anderen bereits das Bewußtsein getrübt hat. Eins bleibt dann immer: Liturgische Stücke können zum Dienst werden und erlangen trotz ihrer offensichtlich unpersönlichen Sachlichkeit eine indirekte und gerade darin direkte Gewalt.[62] Die Situation wirkt so stark, daß das mehr „objektiv" gehaltene und liturgisch gebundene Wort von allein zu klingen beginnt. Es muß nicht erst aktualisiert werden, weil sich die Situation im liturgischen Wort von allein bricht.

Die Verlesung von Bibeltexten gewinnt eine neue Würde. Weil der Hinweis darauf oft erfolgt, daß bekannte Bibelworte in der Sterbestunde besonders wirksam sind – bis dahin, daß Sterbende für kurze Zeit aus der Agonie erwachen –, soll er nur noch einmal und nachdrücklich bestätigt werden. Es ist jedoch damit zu rechnen, daß Schrifttexte nicht mehr so bekannt sind wie früher und deshalb auch nicht mehr so stark im Gedächtnis heutiger Menschen haften, so daß sie dann im Sterben kaum noch so deutlich wiedererkannt werden. Also muß man mit der These heute doch wohl zurückhaltender sein. Auf jeden Fall hat sich der Sterbehelfer eine Liste von Texten anzulegen, die für diese Situation geeignet sind. Nicht immer ist das Wort: „Wen der Herr liebhat, den züchtigt er"[63] für Sterbende und ihre Angehörigen tragbar. Nicht in jedem Fall reicht der 90. Psalm aus, der zudem im Sinne einer falschen natürlichen Religiosität mißverstanden werden kann, zumal wenn er in der alten Übersetzung von Martin Luther (V. 10) verlesen wird. Agende, Verkündigungsdienst und eigenes Schriftstudium helfen dazu, das eigene Reservoir von geeigneten Bibeltexten aufzufüllen.

Häufig sind Lieder aus dem Gesangbuch hilfreicher als längere Textlesungen. Von gesungener Verkündigung am Sterbebett geht oft eine besondere Wirkung aus. Daß auch die wichtigsten Lieder des Gesangbuches auswendig gesungen werden sollten, ist wohl keine unbillige Forderung. Der Sterbeseelsorger soll sich über das Liedgut des Evangelischen Kirchengesangbuches hinaus auch geeignete Texte anderer Gesangbücher aneignen. Wenn etwa Glieder der landeskirchlichen Gemeinschaft im Sterben liegen, wird man ihnen in der letzten Stunde in dem Verkündigungsstil dienen, den sie in ihrem übrigen Leben bevorzugt haben. Es gehört zur Vorbereitung eines Besuches, sich ein vermutlich passendes Lied zu überlegen.

Gebete sind oft geeigneter als das direkte Gespräch und das Wort des Zuspruchs. „Viele Kranke denken an ihren nahen Tod, aber sie reden davon nicht, um ihre Angehörigen zu schonen. Oft merkt man nicht, was bei solchen Kranken in der Tiefe vorgeht, und wo es der Seelsorger merkt, da ist es ja auch nicht seine Aufgabe, das Verborgene ... breitzutreten. Hier hat das Gebet seine besondere Aufgabe. Es soll der heimlichen Sorge wie der Gewißheit des Lebens Raum geben."[64] Hier kann man frei beten, dort empfiehlt sich mehr das liturgisch gebundene Gebet. Sammlungen von Sterbegebeten sind vorhanden. Evangelisches Kirchengesangbuch[65] und Allgemeines

Gebetbuch[66] bieten einige Hilfen an. Eine wichtige Fundgrube stellt die Handreichung zum seelsorgerlichen Dienst dar.[67] Man kann in ihnen viel Material finden, das allerdings einer z. T. gründlichen Überarbeitung und Umgestaltung bedarf, um situationsgerecht angewandt werden zu können. Ihre liturgisch „hochkirchliche" Prägung wird auch nicht jedermann zusagen. Ruth Fuehrers Gebetshilfen sind leider nicht mehr zeitgemäß. Ihre Ausführungen jedoch haben auch heute noch einen Wert, weil sie vom Laien als Sterbeseelsorger sprechen. Darüber hinaus wird das rechte Verhalten gegenüber einem in der Wohnung und im Kreise seiner Angehörigen Sterbenden besprochen. „Unsere Vorfahren hatten die Sitte, am Bett des Sterbenden laut aus der Bibel zu lesen oder Gesangbuchstrophen zu beten ... Dieser Brauch ist in unseren evangelischen Häusern geschwunden ... Es hilft nichts, wir müssen das letzte Geleit selbst in die Hand nehmen, müssen uns rüsten, unseren Sterbenden selbst die letzte Wegweisung mitzugeben."[68] Laienseelsorge beginnt in Familie und Nachbarschaft und ist auch bei Sterbenden gefordert. Dazu die nötigen Hilfsmittel bereitzustellen ist Aufgabe der Gesamtkirche. Das derzeit vorhandene Material reicht jedoch nicht aus. Das gilt auch für die im übrigen anregende Handreichung von Willy Quandt[69].

Die Scheu, liturgische Formen bei der Seelsorge an Menschen auf dem Sterbelager anzuwenden, ist groß, und zwar nicht nur bei Laien, sondern auch bei Theologen. Sie kann Ausdruck legitimer Zurückhaltung, aber auch letzter Ungeübtheit und Hilflosigkeit sein. Ein bereits seit mehreren Monaten im Krankenhaus liegender, todkranker Pfarrer wurde von vielen Brüdern im Amt besucht; aber nur einer wagte es nach Wochen, Schriftworte zu lesen und mit ihm zu beten. Dieses Beispiel steht nicht einmalig da.

3.1.4.4. Lösung

Jede gute Schrift über Sterbehilfe erwähnt sie mit wenigen Sätzen. Die altkirchliche Praxis der Buße und die Beichte als mittelalterliches und heutiges römisches Sterbesakrament sind eine beschämende ökumenische Anfrage an die „evangelischen" Kirchen, ob nicht auch in ihnen die Beichte angesichts des Todes ihren Platz hat. So richtig es ist, daß das Evangelium mittels der Beichte besonders deutlich erkannt werden kann: Die derzeitige Winkelposition der Einzelbeichte in der evangelischen Kirche und der geistliche Zustand der Gemeinden machen die persönliche Beichte in Todesnähe praktisch zum seltenen Fall.[70] Erst eine breite Vorarbeit und geistliche Erneuerung, der ein neu erwachendes Verlangen nach persönlich zugesprochener Vergebung entspricht, können hier Wandel schaffen. Erneuerung der Sterbeseelsorge hat darum nicht mit dem Drängen auf die Beichte zu beginnen. Denn wie überall gilt auch hier die Wahrheit: Wie einer gelebt hat, so stirbt er. – Als Vorbereitung zum Heiligen Abendmahl wird die Allgemeine Beichte am Sterbebett allerdings häufiger begehrt und geübt.

3.1.4.5. Mahl

Während in der römisch-katholischen Kirche die Tendenz besteht, die Eucharistie als Viaticum mit der Letzten Ölung und Beichte stärker zu verbinden,[71] und die Evangelisch-Johannische Kirche ein Sakrament des Sterbens kennt,[72] gilt für die evangelische Kirche das Urteil von Claus Harms in verschärftem Maße: „Ich habe noch einen Prediger gekannt, von dem mir erzählt worden, er hinge jeden Abend seinen Summar (sc. liturgisches Gewand) zur Hand und setze das Abendmahlskästchen jeden Abend zurecht auf den Fall, wenn er Nachts würde zu einem Kranken gerufen werden. Die Zeiten sind nicht mehr.“[73]

Seit etwa einer Generation hat sich in der Theologie der evangelische Grundsatz wieder durchgesetzt, daß Wort, Taufe und Abendmahl gleichwertige Wirkformen des einen Evangeliums sind; aber im Blick auf das Sterbeabendmahl ist das keineswegs überall beherzigt worden.[74] Hier muß sich erst noch eine richtige theoretische theologische Erkenntnis den Weg in die kirchliche Praxis bahnen. Freilich, erst wenn der Wunsch nach dem Abendmahl überhaupt wieder stark wird, kann auch die Zahl derer, die es in Todesnähe empfangen wollen, wieder größer werden. Es ist darum erforderlich, eine Belebung des Familienabendmahls herbeizuführen. Wo eine Familie die Mahlfeier für Alte und Kranke oder zu Höhepunkten ihres Zusammenlebens kennt und man es nicht nur im Sonntagsgottesdienst begehrt, wird auch eine Hausfeier in der Nähe des Todes als sinnvoll gelten. Dann wird auch die unangenehme Verquickung von Abendmahlsangebot und Sterbeprophezeiung, die vielfach noch gefürchtet wird, sich endlich einmal lösen lassen. Vermutlich wirkt hier die lutherische Tradition nach, nach der die Seelsorge auf die Sterbeseelsorge und auf den Abendmahlsempfang beschränkt war. Es muß wieder klarwerden, daß Abendmahlsempfang und Sterben nicht identisch zu sein brauchen. Damit diese Verwechslung nicht mehr eintritt, ist es günstig, daß die lutherische Agende den Unterschied zwischen einer Kommunion bei einem Kranken und bei einem Sterbenden kennt; ein theoretisch richtiger Ansatz, dem freilich noch ein besseres Verständnis dieses Anliegens in der Gemeinde entsprechen muß. Das Formular enthält auch eine ganze Reihe von wichtigen praktischen Vorschlägen.[75]

Damit das Mahl auf dem Sterbebett keine stille und rein individuelle Feier wird, sondern seinen Gemeinschaftscharakter behält, sollten die anwesenden Verwandten oder Nachbarn daran teilnehmen. In Krankenhäusern wird das nicht immer möglich sein; aber die Regel ist doch, daß sich eine kleine Sakramentsgemeinde um den Sterbenden versammelt. Vielleicht ist es gut, wenn der Seelsorger vorher den Patienten besucht, um mit ihm über den Sinn des Mahles zu sprechen. Das läßt sich aber auch kurz vor der eigentlichen Austeilung einrichten, wenn es eilig ist. Jedoch sollte man das Mahl keinesfalls blind und ohne vorhergehendes Gespräch spenden. Es könnte sein, daß der Patient durch das Einnehmen von Beruhigungsmitteln oder durch den Eintritt der Agonie nicht mehr bei Bewußtsein ist. Um das zu verhindern, sollten die Beteiligten das Mahl rechtzeitig erbitten. „Wer hätte als Seelsorger nicht die bedrückende Erfahrung gemacht, daß es zu spät war."[76] Über die Möglichkeit einer Verweigerung des Mahles in extremen Situationen wird in der neueren Literatur nicht gesprochen. Man sollte es aber nicht spenden, wenn es nicht aus dem Glauben an das Heil Jesu, sondern aus Angst begehrt wird, oder wenn ein falsches Werkdenken bzw. abergläubische Vorstellungen, daß etwa das Abendmahl gesundheitsfördernde Wirkungen hervorrufe, vorhanden sind. „Leute, die nie um geistliche Dinge sich gekümmert haben, wollen noch communiciren, um daran eine Einlaßkarte in den Himmel zu haben ... Aber noch Schlimmeres knüpft sich daran, sofern es dem Kranken und seiner Umgebung ... um einen leiblichen Effekt zu thun ist. Es herrscht die Ansicht, daß die Communion immer eine Entscheidung herbeiführe, sei's zum Leben, sei's zum Tode; dauert nun eine Krankheit lange ..., so wird von Zeit zu Zeit die Communion begehrt, um jene Krisis herbeizuführen. Welch eine unwürdige Stellung muß der Geistliche da einnehmen."[77] In solchen Fällen kann das Mahl nur gereicht werden, wenn durch ein Gespräch die Erkenntnis über dessen eigentlichen theologischen Sinn geweckt wurde. Weil sich mit dem Sterbeabendmahl manche falschen Vorstellungen verbinden können, ist es eine gute Regel, nicht auf den Sakramentsempfang zu dringen, sondern nur auf dessen Möglichkeit als Hilfe zur Befestigung der Gemeinschaft mit Jesus Christus hinzuweisen.

3.1.4.6. Diakonische Assistenz

Heute wird üblicherweise von der christlichen Gemeinde und ihren Pastoren nur rein „religiöser" Dienst erwartet: Bekundung von Anteilnahme durch den Besuch und Stärkung durch das Wort Gottes. Eine Ausnahme bilden die wenigen kirchlichen Mitarbeiter im diakonischen Dienst, die praktische Sterbehilfe leisten. Früher hatte der Pfarrer auch juristische Funktionen im Zusammenhang des Todes auszufüllen. Er hatte die staatliche Registrierung eines Sterbefalles vorzunehmen und war befugt, ein Testament aufzusetzen: „Ist ein Testament zu machen, wie das ja in mehreren Gegenden unseres Landes der Prediger macht, so werde Predigerwürde dabey bewiesen."[78] Noch früher hatte der Priester wie im Alten Testament medizinische und „hygienepolizeiliche" Aufgaben inne. Durch die allmählich entstandene Arbeitsteilung in der Gesellschaft ist der Pfarrer in dieser Sache heute entlastet. Das hat den Vorteil, daß er für den ihm eigentlich aufgetragenen Dienst ganz dasein kann. Dennoch ist es gut, wenn er eine allgemein menschliche Beratungsfähigkeit entwickelt, die ihm – wenn er wach durch das Leben geht – aus seiner Erfahrung erwächst. Auch wird er einige medizinische Kenntnisse besitzen müssen, um dann, wenn es nötig ist, sterbepflegerische

Arbeiten verrichten zu können. Zwar sollte er nicht andere Spezialausbildungen und -berufe ersetzen wollen; aber für seine Arbeit und dem Dienstcharakter des Evangeliums entsprechend ist es von Vorteil, nicht nur verbal, sondern auch manuell wirksam werden zu können. Darüber hinaus – wir erwähnten es bereits – wird es in jeder christlichen Gemeinde einige erfahrene Sterbehelfer geben müssen, um im erbetenen oder dringenden Notfall anderen Gemeindegliedern auch äußerlich in der Nähe des Todes diakonisch so weit zu helfen, wie es erforderlich ist. „Ärztliche Kenntnisse können dem Seelsorger aber auch gefährlich werden, wenn er den Reiz verspürt, selbst den Arzt zu spielen.“[79]

3.1.5. Spezialprobleme

Obwohl bereits viele materiale Fragen, die im Zusammenhang mit dem Sterben stehen, verhandelt sind, sollen noch einige besondere Probleme angeschnitten werden. Es geht um wesentliche Fragen, die auf der Grenze zwischen Seelsorge und Ethik von Interesse sind.

3.1.5.1. Vorbereitung in Todesgefahr

Im Grunde ist jeder Mensch zeit seines Lebens vom Tode bedroht. Jeder hat mit ihm zu leben. Freilich muß er nicht immer an ihn denken. Dennoch gibt es Todeszonen im engeren und weiteren Sinn, in denen die Frage aufbricht, wie man sich in ihnen zurechtfindet. In Friedenszeiten[80] sterben aus beruflicher Direktgefährdung nur wenige, wenn man einmal von Überlastungen absieht, die ein Näherkommen des Todes mehr oder weniger beschleunigen. Verkehrsteilnehmer – vom Fußgänger bis zum Fluggast – stehen in Gefahr, tödlich zu verunglücken; aber auch die Zahl solcher Unfälle hält sich in Grenzen. Alte Menschen sind dem Tode näher als junge.[81] Diese Tatsache wird von den meisten alten Menschen ernst genommen – ob sie davon reden oder nicht –, indem sie sich auf das Sterben rüsten. Bestattungskosten werden gespart, die Erbschaftsangelegenheiten geregelt, die Art des Begräbnisses wird bestimmt, mit Menschen abgeschlossen. Christen versuchen, auch mit Gott ins reine zu kommen.[82] Es wird Aufgabe der Seelsorge sein, alte Menschen in guter Weise anzuleiten, ihr „Haus zu bestellen“.

Neben dieser Todeserwartung im weiteren Sinn besteht sie auch aus akutem Anlaß. Bis in unser Jahrhundert hinein nimmt die Begleitung von Menschen, über die ein Todesurteil verhängt wurde, in seelsorgerlichen Überlegungen einen breiten Raum ein.[83] Heute ist davon nicht zu sprechen, weil Todesurteile in unserem Land kaum gefällt werden. Die darum selten auftauchenden seelsorgerlichen Probleme sind sehr spezieller Natur. Ältere Pfarrer, die im letzten Kriege zum Tode Verurteilte zu begleiten hatten, sind nicht selten darüber ergraut.[84] Das Todesrisiko bei einer Entbindung ist auf Grund der geringen Müttersterblichkeit so gut wie ausgeschlossen.

Damit engt sich das hier zu besprechende seelsorgerliche Problem heute faktisch auf das Modell der Vorbereitung auf eine schwere Operation ein. Selbstverständlich werden hier rationale Überlegungen eine Rolle zu spielen haben. Rät ein Mediziner zur Operation, ist das zu akzeptieren. Religiöse Aversionen zu äußern wäre dann töricht: „Es fehlt nicht an solchen, die religiöse Bedenken gegen die Operation haben. Solche Gedanken müssen wir unter allen Umständen zu zerstreuen suchen. Es ist nicht Unfrömmigkeit, sondern Gehorsam gegen Gottes Führung, wenn ein Kranker auch in diesem Stück dem Rat eines gewissenhaften Arztes Folge leistet; und es ist überdies eine Liebespflicht, die er den Seinen schuldig ist, daß er sein Leben so lange als möglich erhält."[85] Daß bestimmte Krankheiten, z. B. Herzleiden und Schilddrüsenbeschwerden, Angsthemmungen hervorrufen, ist bekannt. Der Seelsorger hat hier nicht mit geistlichen Mitteln die physische Disposition zu vergewaltigen, sondern trotz der Angstzustände und in ihnen den Patienten ruhig zu begleiten. Bei Krebsfurcht z. B. oder Angst vor einer schweren Operation ist nicht mit medizinischem Wissen zu argumentieren, das der Theologe doch nicht besitzt. Doch ist dem Betroffenen zu raten, den Arzt zu befragen und ihm seine Besorgnisse mitzuteilen. Beruhigungen auf Grund von Statistiken haben nur relativen Wert, weil der einzelne nie vorher weiß, ob er zu den Prozenten von Menschen gehört, bei denen eine Operation positiv verläuft.[86] Wenn der Seelsorger es mit gutem Gewissen kann, sollte er das Vertrauen zum Operateur stärken und im übrigen alle Eventualitäten offen ansprechen, wenn er das Gefühl hat, daß das einem Patienten hilft. Die Bereitschaft, mitzuwarten, ist in menschlicher Weise zu bekunden. Daß sie unter Christen von Gebet und stetiger Stärkung des Gottvertrauens begleitet ist, ist eigentlich eine Selbstverständlichkeit, obwohl das nicht überall so gehandhabt wird. Liturgische Hilfen direkt zur Vorbereitung auf eine Operation sind nicht vorhanden, können aber aus Kranken- und Sterbegebeten geformt werden.[87]

3.1.5.2. Wahrheit am Sterbebett

Kaum eine Seelsorgelehre geht an dieser Frage vorüber. Sie wird auch in vielen Ethiken besprochen, weil hier ein Modell der Wahrheitsfindung vorliegt, das höchst konfliktreich und kompliziert ist. Freilich ist dieses modisch anmutende Thema in der Praxis schwer genug zu bewältigen. I. Hardi sagt mit Recht: „Allgemeingültige Regeln lassen sich in dieser Beziehung nicht aufstellen."[88] Ebenso sagt es E. Ansohn: „In Wirklichkeit gibt es nur wenige Ärzte, die sich eindeutig, fast dogmatisch für ein Ja oder Nein entscheiden. Die meisten sagen: je nachdem. Es kommt alles auf den Kranken an, um den es sich jeweils handelt, und auch auf den Arzt, der jeweils beteiligt ist."[89]

E. Ansohn bietet eine gute Zusammenfassung aller Argumente im Für und Wider. Sieben Argumente werden dafür angegeben, daß der Patient

„über seinen ernsten Zustand nichts erfahren“ soll[90]: seine Schonung; daß er die Wahrheit nicht wissen will; daß ihm die Hoffnung nicht zerstört werden darf; die Natur hat einen Schleier um das Bewußtsein des Sterbenden gelegt; die Unsicherheit der Prognose; die wissenschaftliche Bescheidenheit des Arztes; die Sicherung eines leichten Sterbens. Daß der Patient im Gegensatz dazu über seinen wahren Zustand etwas erfahren soll, wird dreifach begründet: die Achtung vor der Person des Kranken gebietet, die Wahrheit zu sagen; das setzt gerade die Aktivität und Widerstandskraft frei; die Autorität des Arztes wird nicht durch Unwahrhaftigkeit zerstört.[91]

Ohne Zweifel trägt der Mediziner als der, der die Situation am besten einzuschätzen vermag, in der Bewältigung dieses Problems die schwerste Verantwortung und wird darum die Belastung ganz besonders fühlen. Der Seelsorger als Pfarrer oder Laie wird nur einen Teil der Verantwortung mitzutragen haben. Dazu seien einige Hinweise gegeben, die zwar die ethische Seite des Problems nicht umfassend darstellen können, aber dessen seelsorgerlichen Aspekt konkreter machen wollen:

1. Der Seelsorger, der kein medizinischer Fachmann ist, darf dem Urteil des Arztes nicht vorgreifen. Selbst Schwestern werden als nicht kompetent angesehen, wenn ihnen geboten wird: „Der Patient darf keine Mitteilung über seinen Zustand erhalten.“[92] Und für den Seelsorger gilt: Er „hat keine ‚Todesurteile‘ auszusprechen“.[93]

2. Es gibt in der Fülle der Möglichkeiten eine doppelte Grenze, die nicht überschritten werden darf: Es ist unmenschlich, wenn die Lüge aus Bequemlichkeit völlig bedenkenlos waltet oder die Wahrheit zynisch und rücksichtslos, kalt und unbarmherzig laut wird.

3. Es kommt auf den Menschen an, ob ihm die Wahrheit hilft oder nicht. Da aber die Menschen sehr verschieden auf die Tatsache der Unausbleiblichkeit ihres Todes reagieren, muß man sie erst einige Zeit kennen, um zu sehen, wie ihr Lebenswille und ihre Haltung zum eigenen Tod ausgeprägt sind. Erst dann kann über Art und Grad der Wahrheitsvermittlung entschieden werden.

4. Jeder Sterbende geht psychisch, aber auch physisch einen Weg zum Zustand des vollen Todes. Dabei wachsen meist das Wissen um das eigene Sterben und eine reifere Haltung dazu nur allmählich. Dieser Prozeß ist zu begleiten. Hierbei ist Geduld aufzubringen, bis der Patient die Erkenntnis, daß auch er sterben muß, zum Ausdruck bringen will. Dann erst ist darüber zu sprechen.

5. Wenn der Seelsorger gebeten wird, mit einem Sterbenden über dessen eventuellen Tod zu reden, sollte er sich dem im Rahmen des bereits Möglichen (vgl. 1–4) nicht entziehen. Dabei hat er ganz verschiedene Möglichkeiten, das Gespräch zu führen, und er wird die wählen, die ihm am günstigsten erscheint: das Bezeigen einer stillen Übereinkunft, ohne daß ein Wort

fällt; die indirekte Andeutung; das indirekte Gebet; die verallgemeinernde Feststellung (z. B. „Jeder Mensch muß sterben“), die Gegenfrage (z. B. „Warum wollen Sie wissen, ob Sie sterben?“); die Andeutung einer vermutlichen Bewegung auf das Ende zu (z. B. „Ich bin kein Arzt, aber häufig endet Ihr Leiden mit dem Tod. Ob es bei Ihnen so sein wird, kann keiner genau sagen, aber vielleicht müssen Sie damit rechnen“); die spiegelnde Antwort; die eindeutige Rede.

6. Wo die Erkenntnis, daß das Ende nahe sein kann, angenommen wird, ist die Bahn frei, das Evangelium angesichts des Todes als Gabe der Versöhnung zu bezeugen. „Unser Tun kann im letzten Grunde nur das Angebot der Gnade sein. Daß ein Mensch sie empfängt, ist das Ziel aller Seelsorge am Sterbebett. Und dafür Vermittler zu sein, ist in erster Linie der Sinn, die Wahrheit am Krankenbette zu sagen ... das heißt in keiner Weise, daß dadurch das Sterben erleichtert würde ..., aber im Hintergrunde steht das Wissen darum, ... daß wir aus dem Tode ins Leben herübergekommen sind.“[94]

3.1.5.3. Selbstmord

Als ethisches Problem ist er nicht ausführlich zu erörtern. Es hat immer wieder Zeiten und Denkweisen gegeben, in denen der Suizid ethisch legitimiert wurde. Plato und die Stoa fanden aus idealistischen Motiven zu einer Bejahung. Der Leib als Kerker der Seele kann seine Aufgabe unter bestimmten Umständen erfüllt haben. Friedrich Nietzsche vertrat das Postulat der totalen Freiheit des Menschen auch zu seiner Selbstvernichtung. Als in der bürgerlichen Gesellschaft um die Jahrhundertwende die Selbstmordziffer stieg, erklärte der „Psychiater Reinhart Gaupp kurzerhand 95 % aller Selbstmörder zu Geisteskranken“. Das wurde „mit großer Befriedigung und Erleichterung zur Kenntnis genommen“.[95] Die christliche Ethik hat sich stets gegen den Selbstmord ausgesprochen: „Sein Leben von ihm zu nehmen, ist Sache dessen, der es dem Menschen gegeben, nicht seine eigene Sache. Wer hier nimmt, was ihm nicht gehört – in diesem Fall, um es wegzuwerfen, der tötet nicht nur, der mordet. Es gibt keinen Grund, der ihn dazu berechtigen und ermächtigen könnte.“[96] Gewiß ist vom Selbstmord das Selbstopfer in Verantwortung vor Gott und den Menschen zu unterscheiden (Joh. 15,13). Märtyrer hat es im Leben der Kirche stets gegeben. Doch davon soll hier nicht die Rede sein.

An die Gemeinde ist hier die Frage gerichtet, wie sie Lebensmüde vor dem Suizid bewahren kann. Voran steht die prophylaktische Arbeit, d. h. der Versuch, Selbstmordgedanken zu verhindern oder zu zerstreuen. Der Grad der Gefährdung kann unterschiedlich sein: Unmittelbare Gefährdung ist vorhanden, wenn bereits ein Plan vorliegt. Mittelbar Gefährdete erwägen erst den Gang aus dem Leben als Möglichkeit. Verzweifelte, die keinen

Ausweg sehen, können in diese Gefahr geraten, auch wenn sie noch keine Suizidtendenzen haben. Ratlose sind weniger gefährdet, selbst wenn sie mit einem bestimmten Leid noch nicht fertig sind.[97] Die Aufgabe wird sein, auf die mittelbar Gefährdeten und Verzweifelten zu achten. Unmittelbar Gefährdete sind in der Regel nur noch schwer zu bewahren, weil sie ihre Absicht oft verbergen.

Der eigentliche Grund für Selbstmordabsichten ist mangelnde Liebe. Ob sie objektiv nicht gegeben ist – vielleicht schon in Kindheitstagen[98] – oder in der subjektiven Vorstellung als nicht vorhanden empfunden wird, kann verschieden sein. Tom Sawyer sieht sich – in seinen Schwermutsüberlegungen – so verlassen, daß es heißt: „Ihm schien, das Leben sei im besten Fall nur Mühsal ... Ach, könnte er doch vorübergehend sterben."[99] Er glaubt, schlecht behandelt worden zu sein. Wenn ein Mensch sich isoliert, ist er dem Gedanken an Selbstmord stärker ausgeliefert. Wo Menschen sich Liebe und Wärme geben, rückt er ferner. Darum ist es wichtig, Menschen aus der Einsamkeit zu befreien und zum Sprechen zu bringen. Neben Einsamen sind noch Pubertierende besonders bedroht. Auch sind bestimmte Zeiten schwerer zu ertragen: der Morgen, besonders „in den frühesten Morgenstunden"[100], dunkle Tage und Perioden der Entspannung, in denen das Gefühl der Leere, Langeweile und Stagnation aufbricht. Es sind gerade nicht die Zeiten hoher Belastung, in denen der Suizid unternommen wird. Mit Schwermütigen, die besonders gefährdet sind, ist in ruhigen Zeiten Kontakt zu halten. Soweit es sich um krankhaft Depressive handelt, sind sie einem Arzt zuzuschicken: „Ein guter Kontakt, fürsorgliche Beschäftigung mit ihnen sind ... von großer Bedeutung ... Auf diese Weise kommen sie oft von ihren Suizidabsichten los."[101]

In all dem aber ist es nötig, den Menschen mit dem Evangelium bekannt zu machen: Er ist nie allein und ohne die Liebe des Vaters, der dem Menschen zuliebe das Gebot der Selbstbewahrung gegeben hat. „Der am Rande des Selbstmordes Stehende hört kein Verbot oder Gebot mehr, er hört nur noch den gnädigen Ruf Gottes zum Glauben, zur Errettung, zur Umkehr. Den Verzweifelten rettet kein Gesetz, das an die eigene Kraft appelliert, es treibt ihn nur noch hoffnungsloser in die Verzweiflung; dem am Leben Verzweifelnden hilft nur die rettende Tat eines anderen, das Angebot eines neuen Lebens, das ... aus Gottes Gnade gelebt wird."[102] In vergangenen Zeiten hat man durch die totale Beeinflussung der gesamten Gesellschaft dem Suizid zu wehren gesucht. Wer sich das Leben nahm, galt als ehrlos und wurde außerhalb des geweihten Friedhofs und ohne Geleit durch die Gemeinde still beigesetzt.[103] Die Kirche als Wahrerin der gesellschaftlichen Moral versuchte, das Gesetz mit Hilfe gesellschaftlicher Sanktionen zu stützen. Heute, wo sie nicht mehr Hüterin der öffentlichen Moral auf „gesetzlichem" Wege zu sein braucht, ist diese Aufgabe vorüber. Es ist gewiß nicht auszuschließen, daß „gesetzliche“ Maßnahmen früher eine positive Wirkung hatten; aber der eigentliche Dienst der Gemeinde ist heute ein anderer. Die Kirche hat das Erbarmen Gottes für Lebensmüde immer wieder weiterzusagen und zu praktizieren.

Nicht alle Selbstmordversuche gelingen. Wie soll man sich zu denen verhalten, die nach mißglücktem Versuch wieder in das Leben hineingestellt sind? Menschlich gesehen, kann ein derartig radikaler Versuch zur Lösung eines bedrängenden seelischen Konfliktes beitragen. Es kann aber auch ein tiefer seelischer Schaden übrigbleiben, so daß der Psychotherapeut tätig werden muß, um einen Menschen wieder zum rechten Leben zu befähigen. Wichtig ist auch eine erneute gute gesellschaftliche Eingliederung. Die Gemeinde wird auch hier die Menschen nicht allein lassen oder moralisch verurteilen. In ihrer Mitte steht das Wort von der Vergebung, das anzubieten ist. „Behandeln und heilen können wir nur auf menschliche Weise. Die endgültige Heilung bleibt Gott überlassen.“[104]

Der Übergang zwischen einem akuten, schnellen und einem schleichenden, langsamen und unmerklichen Selbstmord ist nicht zu übersehen. Frühere Generationen kannten den Heimwehtod, der durch das Gefühl der Heimatlosigkeit entstand. Der sogenannte Pensionstod tritt ein, wenn ein alter Mensch den Dienst aufgibt und sich innerlich nicht auf das Rentnerdasein vorbereitet hat. Nach wenigen Monaten stirbt er. Seelische Mangelempfindungen können also – oft unbewußt – dem Leben gegenüber zu totaler Gleichgültigkeit führen, so daß darüber die psychische Existenz zerbricht. Auch hier haben Beratung und Zeugnis neue Lebensmöglichkeiten des Menschen mit Gott zu eröffnen, damit es nicht zu diesem letzten seelischen Mangel kommt.

3.1.5.4. Euthanasie

Der vielschichtige Begriff bezeichnet den „guten Tod“ und betrifft unter medizinischem Aspekt fünffach die Wirklichkeit des Sterbens. Eine zusammenfassende Literaturübersicht zur Diskussion in der evangelischen Ethik und Seelsorge der BRD bieten Ernst Wolf und Elfriede Kracht.[105] Gut und hilfreich sind die Hinweise von Klaus Zechmeister, die sich mit unseren Aussagen positiv berühren.[106]

Ist es erlaubt, schmerzstillende Mittel zu geben, um dadurch Sterbehilfe im Sinne der Erleichterung von Leiden zu leisten? Was für die gesamte Medizin anerkannt ist, daß nämlich Schmerzen gelindert werden dürfen, trifft auch für den Weg zum Tode zu. Wo ein Schmerzmittel im Glauben als Gabe Gottes erkannt und im Nachvollzug des Erbarmens Christi verantwortlich gehandhabt wird – wozu selbstverständlich zuerst einmal möglichst gründliches medizinisches Wissen und Erfahrung gehören –, wird keine Sterbeseelsorge Bedenken haben dürfen. Die damit gegebene Bewußtseinstrübung ist in Kauf zu nehmen. Eine heute noch in der Kirche vorhandene Polemik gegen die „Morphiumspritze als dem Sterbesakrament des modernen Menschen“, hinter der oft ein geistliches Minderwertigkeitsgefühl steht, sollte endlich in ihrer Undifferenziertheit verschwinden. Wo Seelsorge als Hilfe verstanden wird, den Sterbenden unter das Erbarmen Gottes zu stellen, kann diese vor dem Einsatz von bewußtseinstrübenden Mitteln wahrgenommen werden, wenn nur der Seelsorger bereit ist und rechtzeitig kommt. Es gibt kein Gesetz, nach dem ein Mensch mit vollem Bewußtsein sterben muß.

Darf das Leben eines schwer Leidenden verkürzt werden, um ihm dadurch ein leichteres Ende zu verschaffen? Diese Frage wird verneint. Lebensverkürzung ist Tötung und widerspricht damit dem göttlichen Gebot der Lebenserhaltung. Eine Differenzierung der gleichen Frage kann dadurch entstehen, daß der Wunsch eines Patienten vorliegt, ihm das Leben zu verkürzen. Ist eine Tötung auf Verlangen statthaft? Die damit entstehende Problematik einer Mischung von Mord und Selbstmord wird ebenso negativ zu entscheiden sein. Leben ist auch dann Gottes Gnadengabe, wenn es nach menschlichem Ermessen keinen Wert mehr hat – und damit dem Zugriff des Menschen entzogen.

Die in der Zeit des deutschen Faschismus hemmungslos durchgeführte Tötung von „lebensunwertem Leben“[107] hat allgemein ein scharfes negatives Echo gefunden. Dennoch ist die Frage vor etwa fünfzehn Jahren noch einmal in vorsichtigerer Form in der Bundesrepublik diskutiert worden, allerdings mit negativem Ausgang. Der Mediziner Werner Catel[108] möchte keiner Euthanasie aus ökonomischen oder politischen Gründen zustimmen, forderte aber eine gesetzlich ermöglichte Freigabe der Tötung von idiotischen Kleinkindern auf Wunsch der Eltern oder der Tötung von Sterbenden auf Verlangen und bei Vorliegen einer unheilbaren Krankheit. Christliches Ethos wird dem nicht zustimmen können, weil auch hier die Person, um die es sich handelt, dennoch ein Mensch ist, der unter dem Schutz des göttlichen Gebotes, auch der Menschenrechte steht.

Die moderne medizinische und technische Entwicklung bietet immer mehr die Möglichkeit, Menschen durch große technische und zum Teil aufwendige Apparaturen physisch am Leben zu erhalten, ohne daß ihr Bewußtsein noch vorhanden wäre. Diese Möglichkeit einer Verlängerung des physischen Lebens macht völlig neue Überlegungen in der Ethik notwendig. Abgesehen davon, daß es vom Wohlstand einer Gesellschaft abhängt, wieweit sie es sich leisten kann, Menschen physisch am Leben zu erhalten, ist die Frage noch nicht ausdiskutiert, was in diesem Fall geschehen darf und was nicht. Die christliche Gemeinde wird in dieser Frage noch zu lernen haben und muß sich der Frage stellen, was denn eigentlich menschliches Leben sei. Seine Konturen werden dort, wo ein Mensch gezeugt und empfangen wird oder aus dem Leben geht, in mancher Beziehung unscharf.

Das Ganze läßt sich so zusammenfassen: Euthanasie als Sterbehilfe unter dem Aspekt der Sterbeerleichterung ist zu bejahen. Unter dem Aspekt der Sterbeverkürzung ist sie zu verneinen.

Es wäre möglich, noch weitere Randprobleme der Sterbefürsorge zu besprechen: den Scheintod, den früher üblichen Zweikampf, den Abort. So akut das letzte Stichwort ist: In der Sexualseelsorge hat seine Behandlung einen besseren Platz als in der Sterbeseelsorge.

Diese wird als Beratung, als stummer Erweis menschlicher Verbundenheit, als fachmännische Hilfe und als Bezeugung des göttlichen Erbarmens in Jesus Christus wirksam werden und das Wort Gottes deutlich werden lassen. „... der geliebte Mensch kann seine Schuld aushalten und akzeptieren. ... der Mensch, der der empfangenen Liebe sicher ist, kann die Erfahrung des Todes – und den Tod selbst – aushalten und akzeptieren."[109]

Wer sich als ein immer wieder von seinem fragmentarischen Tun bescheiden gewordener und gerichteter Seelsorger anregen läßt, über den Tod und sich selbst nachzudenken, reift in der Möglichkeit, darüber auch mit anderen, vor allem mit Trauernden, zu reden. Aus dem Sterbeseelsorger – ob Laie oder Theologe – kann ein Bestatter werden. Indem er sich letztlich über die Zweifel am eigenen Vermögen hinwegsetzt, um für den sterbenden anderen zu leben, fügt er sich dem Ruf Jesu Christi.

3.2. Begleitung der Trauernden (Postmortales Geleit)

3.2.1. Vorüberlegung: Bedürfnis und Hilfe

Bevor wir die Hauptanlässe der Begegnung zwischen der Gemeinde und ihren trauernden Gliedern, die den Verstorbenen zur letzen Ruhe bringen und selbst zur Ruhe kommen müssen, bedenken, sei eine Überlegung eingeschoben, die für das gesamte Handeln der Gemeinde wichtig ist: Was kann und darf die Gemeinde ihnen geben? – Die Frage nach der Erwartung ist in ihrer empirischen Weite gern unterschlagen worden. Indem die Gemeinde bzw. ihre Vertreter einseitig die Objektivität des Wortes Gottes betonten, stellte man fest: Wir haben keine Bedürfnisse zu befriedigen, sondern nur Gottes Wort zu verkündigen. So richtig daran ist, daß Gott keine Anknüpfung braucht, um sich durchzusetzen, und sein Wort nicht irgendwelchen „Bedürfnissen" des Menschen verfälscht angepaßt werden darf: Diese verbreitete Formulierung ist abstrakt, einseitig und kann der Lieblosigkeit Vorschub leisten. Wer die Frage nach dem Bedürfnis unterschlägt, handelt im luftleeren Raum. Wer nicht danach fragt, was die Menschen brauchen, wird arrogant, zynisch, wenig menschlich und bleibt im Abstrakten. Die Gemeinde und ihre Amtsträger können darüber überflüssig werden. Darum ist zu versuchen, die Bedürfnisse der Trauernden zu erkennen, um sie mit den Möglichkeiten der Gemeinde ins Benehmen zu setzen.

1. Was erwarten die Christen, die aus Anlaß einer Bestattung mit ihrer Gemeinde in Verbindung treten? Dreierlei ist darauf zu antworten. Es soll eine gesellschaftliche Funktion wahrgenommen werden. Der Verstorbene muß unter die Erde gebracht werden, und zwar öffentlich. Man erwartet auch heute noch von der christlichen Gemeinde, daß sie das vermag.[1] Darum zahlen viele ihre Kirchensteuern, um ein kirchliches Begräbnis, d. h. das dieser Situation angemessene menschliche Verhalten, zu erhalten. Die Kirche hat darin eine große Erfahrung durch jahrhundertealte, ausgewogene Tätigkeiten gesammelt und hat traditionellerweise seit Menschengedenken die Vorfahren zur letzten Ruhe gebracht. Sie hat die Form der öffentlichen Rede kulturvoll geübt, Zeremonien und Sitten gepflegt, Friedhöfe in Ordnung gehalten und als gesellschaftlich anerkannte Instanz die Totenmoral gehütet. Obgleich Gesellschaft und Kirche öffentlich auseinandergetreten sind, ist die Kirche in ihrer gesellschaftlichen Bestattungsfunktion bei einer großen Zahl der älteren Gemeindeglieder noch ungebrochen anerkannt. Mag die Kritik kirchlicher Vertreter gegenüber der Bestattung groß sein: Es ist ein Faktum, daß diese aus vielfältigen Gründen begehrt wird und als solche gesellschaftlich anerkannt ist. – Die Trauernden erwarten, daß sich über dem institutionellen Handeln etwas Persönliches, Menschliches ereignet. Sie wünschen, daß ihnen in einer Weise begegnet wird, die ein Stück Klärung ihrer Trauer ermöglicht – ob Abklärung im Sinne positiver Trauerarbeit oder Verklärung, sei dahingestellt. Man möchte „Seelsorge", wie man sagt. – Die Trauernden erwarten auch, daß über dem institutionellen und personalen Tun Worte und Taten des christlichen Glaubens zum Ausdruck kommen. Sie nehmen es hin, halten es für selbstverständlich oder erwarten es mit starker Leidenschaft, daß eine theologische Funktion einsetzt, die das evangelische Bleiben im Angesicht des Todes, des Trauerns und des Bestattens deutet. Als die Kirche einzig anerkannte Bestattungsinstanz innerhalb der Gesellschaft war, konnte der institutionelle und personale Aspekt den theologischen des Deutens total zudecken – eine Gefahr, die Rudolf Bohren noch für die heutige Bundesrepublik eindeutig erkennen will.[2] In der werdenden Diasporakirche der DDR nimmt diese Gefahr immer mehr ab. Institutionelle und personale Bedürfnisse können auch durch andere gesellschaftliche Einrichtungen befriedigt werden. Unsere sozialistische Gesellschaft ist bereit, hier Verantwortung zu übernehmen. Darüber hat sich die christliche Gemeinde nicht aufzuregen. Sie hat das nüchtern und ohne Konkurrenzneid zur Kenntnis zu nehmen, auch ohne die in dieser Tätigkeit stehenden Redner zu diskriminieren.

2. Was kann die Gemeinde Jesu Christi leisten? Was hat sie ihrem Auftrag gemäß zu geben? Letztlich nichts anderes als das Evangelium, die Nachricht von der schöpferischen Liebe des Vaters im Kommen des Sohnes Jesus Christus, die in der Kraft des Heiligen Geistes wirksam wird, wo der Mensch eigentlich das Gericht verdient hätte. Diese Freude auslösende In-

formation wird greifbar in Wort, Taufe und Abendmahl und wird begriffen im vertrauenden Glauben und in der tätigen Liebe. Vertrauender Glaube und tätige Liebe werden in ganz verschiedenen Funktionen der Gemeinde praktisch wirksam. Es sind in der Hauptsache fünf Arbeitsgänge, in und mit denen das Evangelium gereicht wird, damit es greifbar und begriffen wird. Die Gemeinde bietet zu diesem Zweck an: die Form des öffentlichen Zeugnisses (homiletische Funktion), der Information (katechetische Funktion), des Gespräches mit Gott (liturgische Funktion), der Zuwendung im persönlichen und sozialen Bereich (seelsorgerliche und diakonische Funktion), des geregelten Tuns (ordnende Funktion). Alle Funktionen sind nicht nur in ihrer evangelischen Grundausrichtung verbunden, sondern greifen auch ineinander oder berühren sich. Im Zusammenhang der Bestattung hat man diese verschiedenen Funktionen nicht immer in gleicher Weise durchdacht und angewandt. Ohne Zweifel ist der Dienst in bezug auf seine liturgische Seite und seinen öffentlichen Redecharakter seit dem letzten Jahrhundert besonders bedacht und praktiziert worden. Die seelsorgerliche und ordnende Aufgabe jedoch ist nicht immer in gleicher Weise erkannt, aber nach dem zweiten Weltkrieg mit der Restauration der Volkskirche neu betont worden.[3] Es ist ein Verdienst Rudolf Bohrens, daß er auf die diakonisch tätige und katechetische Aufgabe im Zusammenhang der Bestattung hingewiesen hat.[4] Gegenüber seinen kritischen Äußerungen, daß die volkskirchliche Bestattungssituation nicht mehr haltbar sei, wurde doppelt argumentiert: Der Auftrag der Weitergabe des Wortes sei so wichtig, daß die Probleme der sie begleitenden Handlung und ihres Effektes uninteressant sind.[5] Ein anderer Vorschlag begründet die Teilnahme an der Bestattung vornehmlich unter dem Aspekt der Dienstleistung.[6] Weil der Kirche eine gesellschaftliche Funktion zugewachsen ist, muß sie diese so lange ausüben, wie Menschen ohne ihre diakonische Mitwirkung in Verlegenheit sind. Beide Argumente halten wir für nicht ausreichend.

Werfen wir einen Blick auf die Erwartungen, die normalerweise die Trauernden an die verschiedenen Funktionen der christlichen Gemeinde herantragen, so möchten sie die seelsorgerliche, homiletische und liturgische Funktion wahrgenommen wissen. Die seelsorgerliche Funktion soll institutionell (Bestattungshandlung) und persönlich (Hilfe für Trauernde) zum Zuge kommen. Wieweit über den Formen auch der Inhalt in immer gleicher Bindung an die Wahrheit des Glaubens begehrt ist, ist dabei höchst unterschiedlich. Man hüte sich vor schnellen Urteilen! Die ordnende Funktion wird nur insofern angenommen, als sie den bisherigen Gepflogenheiten der Bestattung nichts in den Weg legt. Allerdings haben sich offensichtlich die Regelungen der Lebensordnungen aus dem Jahre 1955[7] weithin durchgesetzt. Die katechetische Aufgabe wird nicht erwartet. Man möchte aus Anlaß einer Bestattung nicht pädagogisch behandelt werden.

3. Wie ist angesichts dieser von uns beobachteten Begegnung zwischen Bedarf und Angebot zu verfahren? Es ist dringend nötig, daß das postmortale Geleit angesichts der Situation der Trauer mit der Fülle der Gemeindefunktionen in vielseitigen und lebendigen Kontakt kommt. Nur so kann die Gemeinde ihre Arbeit verantwortlich tun und wird darüber dem Menschen, aber auch ihrer evangelischen Sache gerecht. Damit wenden wir uns gegen eine nur einseitige und negative Antwort auf die Bedürfnisse der Trauernden. Alle Funktionen der Gemeinde bieten an ihrer Stelle die Möglichkeit des Einsatzes. Dieser komplexe Einsatz mit seinen Chancen und Gefahren ist in ganzer Breite zu durchdenken und über den engen Bereich der Bestattung hinaus zu überlegen. Angesichts der Veränderung unserer kirchlichen Situation aus der Majorität in die Minorität, von der Volkskirche zur Diasporakirche ist das weite Feld des Dienstes der christlichen Gemeinde an den Trauernden möglichst umfassend zu vermessen.

3.2.2. Das Gespräch vor der Bestattung

Es ist nicht der einmalige Vorgang der traditionell sogenannten „Beerdigungsanmeldung“ gemeint, sondern das Gespräch überhaupt, das die Gemeinde und ihre Beauftragten zwischen Tod und Bestattung mit den Angehörigen des Verstorbenen auf vielerlei Weise zu führen haben. Daß dieses Gespräch seit langem vorbereitenden Charakter trägt, steht außer Zweifel, denn die offizielle Bestattungshandlung muß vorher besprochen werden. Dazu bedarf es einer Reihe von Vorklärungen. Die Gefahr ist, daß dieses – noch oft nur im Pfarrbüro oder durch die Pfarrfrau geführte – Gespräch entweder als bürokratische Maßnahme oder, wenn es hochkommt, als geistliche Ausfragestunde verstanden wird.[8] Hier aber hat mehr und anderes zu geschehen, denn die Gemeinde hat den Trauernden auch schon vor der Bestattung zur Seite zu stehen. Das Evangelium will bereits jetzt aktiv werden. Darum sagt die unierte Lebensordnung mit Recht: „Jeder Sterbefall eines Gemeindegliedes soll möglichst innerhalb 24 Stunden dem zuständigen Pfarrer angezeigt werden. Dieser dient den Angehörigen seelsorgerlich mit dem Trost des Evangeliums und setzt die Stunde der Bestattung im Einvernehmen mit ihnen fest.“[9] Um einem einseitig kirchlich vereinnahmenden und institutionellen Trend zu wehren, halten wir formal eine doppelte Art des Kontaktes mit den Trauernden auseinander, sosehr sie praktisch und faktisch ineinanderliegen, und handeln den kuralen (d. h. den der Lage der Trauernden Rechnung tragenden) und den präparativen (d. h. den Verlauf der Bestattung betreffenden) Aspekt des Dialogs vor der Bestattung nacheinander ab.

3.2.2.1. Der kurale Sinn

1. Der Kreis der Trauernden besteht primär aus den nächsten Angehörigen, engsten Freunden und Verwandten, die mit dem Verstorbenen über längere Zeit ihres Lebens persönlich verbunden waren und mit ihm zusammen menschliches Geschick im Kleinen und Großen bewältigt haben. Vorab sind es Ehepartner, Eltern, Kinder oder Geschwister. Diese nächsten Angehörigen stehen noch im Bann des gerade erst eingetretenen Todes und des Blicks auf den toten Körper. Ein erster Schock tritt ein. Auch wenn der Schnitt des Todes ganz verschieden empfunden wird, je nachdem ob der Todeskampf kürzer oder länger gedauert hat, ist eine frische Wunde da, deren Tiefe weder von den Trauernden selbst noch von anderen sofort erkannt werden kann. Mag auch eine gewisse Entspannung im Augenblick des Hinscheidens des Angehörigen eingetreten sein, so tut doch bereits das erste Erleben der Trennung weh, ohne daß man es schon sehr stark ausdrücken könnte. – Dann erfährt der weitere Kreis vom Tode des Verwandten, Bekannten oder Nachbarn in Dorf, Haus oder Straße. Mündliche Mitteilung, Anzeigen oder Zeitungsinserate informieren. Man denkt an den Tod und seine Weisen, zu kommen, beurteilt den Verstorbenen nach seinen Beziehungen und nach seinem Charakter. – Bald darauf treffen sich nächste und fernere Angehörige. Der Prozeß des Öffentlichwerdens muß durchgestanden werden. Die einen scheuen ihn; die anderen lieben ihn; dritte versuchen, ihn schlecht und recht zu bestehen. Doch in jedem Fall bringt er eine Belastung mit sich: Die Trauer muß sich extravertieren.

Wesentlich ist es zugleich, ihr auch innerlich als Schmerz um Verlorenes standzuhalten, den man zu bewegen und auszudrücken lernen muß. Der Verstorbene wird, auch wenn er jetzt physisch tot ist, zu einer Macht im Menschen, mit der es fertig zu werden gilt. Man kann diese Macht verleugnen, sich hart zeigen und die Verbindung zum Toten gleichsam über Nacht zerreißen wollen; aber das hat immer etwas Gewaltsames an sich und führt zu Verdrängungen, die nicht unwirksam bleiben. Man kann dem Verstorbenen total anheimfallen, im Verlust versinken und den Wunsch haben, auch zu sterben. Dem Versuch, seine Bindung an den Verstorbenen gewaltsam zu zerreißen, steht die Identifizierung gegenüber, ebenfalls ohne eine Lösung zu gewähren. Man kann sich auch auf sich selbst zurückziehen, sich selbst bedauern oder narzistisch in Klage und Melancholie verfallen. Man frönt Schuldgefühlen im Bedenken eigenen Versagens gegenüber dem Toten oder gibt sich der Angst vor dem eigenen Tode hin. Abbrechen, Identifizierung oder Selbstbedauerung stellen keine guten Lösungen dar, und doch müssen vielleicht die meisten Menschen auch durch sie hindurch. Die wirkliche Lösung besteht darin, daß der Mensch in der Auseinandersetzung mit dem Toten den Schmerz verarbeitet, darüber ruhig wird, sein eigenes Leben auf sich nimmt und sein Selbstmitleid überwinden lernt, um Schuld, falsche Todesangst und Zynismus hinter sich zu lassen. Diese menschliche Umstellung oder Reifung ist begleitet vom Bewegen der Sinngehalte des Todes und Lebens. Welchen Sinn hat der Tod? Was wird aus dem Toten und aus uns, wenn wir sterben? Woher soll nun das weitere Leben gedeutet werden? Trauer als Schmerzerlebnis ist begleitet von Zweifel und Anfechtung am jeweiligen Glaubensstand, dem sich der Mensch verschrieben hat.

Kurz nach dem Tod ist das alles frisch und in ersten Durchbrüchen da. Hinzu kommt, daß die Angehörigen im allgemeinen damit beschäftigt sind, den Leichnam in guter Weise unter die Erde zu bringen: Totenfrau, Bestattungsinstitut, Standesamt, Friedhofsverwaltung, Versicherung oder andere Helfer sind in Anspruch zu nehmen. Indem man den Namen des Toten und seine Personalien auszusprechen genötigt ist, wird dabei eine erste Distanzierung möglich. Äußerlich gesehen, bedeutet der Gang zur Anmeldung der Bestattung bei Kirchengemeinde und Pfarrer im Ansatz nicht mehr als eine notwendige Verwaltungsmaßnahme unter anderen.

2. Was kann der Seelsorger – sei es der Pfarrer oder ein anderer kirchlicher Mitarbeiter – tun, damit aus einer notwendigen Verwaltungsmaßnahme ein sorgendes Gespräch wird, in dem man sich menschlich begegnet und umeinander geistig und geistlich kümmert? Der Seelsorger wird lange zuhören, die Meinungen seiner Gesprächspartner spiegeln und nur wenige Fragen stellen, um so den Prozeß des Aussprechens vielleicht ein wenig zu vertiefen oder zu straffen. Darüber versucht er zu erspüren, welche Grundhaltung die Anwesenden und der hinter ihnen stehende Kreis von Trauernden zum Tode einnehmen; wie sie mit dem Verstorbenen in der weiteren (allgemeiner Lebenskontakt) oder jüngsten Vergangenheit (Zeit des Sterbens) verbunden waren; was sie sagen und nicht sagen, was sie erfüllt und was nicht. „Erst wenn er klar sieht, wie die Hinterbliebenen das Leben ihres Angehörigen betrachten und seinen Tod aufnehmen, kann er ein erstes seelsorgerliches Gespräch beginnen."[10]

Es kann schon nach dem gerade hereingebrochenen Tode eine Hilfe eintreten, die freilich erst nach längerer Zeit voll ausreifen wird. Es können nur Möglichkeiten zur Bewältigung sichtbar gemacht werden. Indem die Angehörigen sich unter dem Eindruck des ersten Schmerzes aussprechen, setzt auch die Beschreibung der Wunde ein. Es wird nun deutlicher, was fehlt, weil die ersten Worte gefunden werden, um den Verlust zu beschreiben.

Ein weiterer Schritt wird der sein, nicht nur das Verhältnis zum Toten in den Dialog zu bringen, den die Angehörigen dann noch allein fortsetzen, sondern auch innere Hilfen zur Gesprächsaufnahme mit den weiteren Angehörigen zu vermitteln. Es beginnt mit der Frage, wer zu ihnen gehört, und setzt sich fort in der Klärung, was die ferneren Angehörigen wohl vom Tode des Verstorbenen denken werden. Damit werden die nächsten Angehörigen auf die Begegnung mit dem „Öffentlichwerden" vorbereitet.

In dem allen ergibt sich, wenn es nicht bei einer stummen „Datenverarbeitung“ bleiben soll, eine erste Berührung mit den Fragen nach dem Sinn: Was bedeutet das Evangelium angesichts dieser sich anbahnenden Erstklärung? Oder was geben andere wertvolle menschliche Sinngebungen, die dem Tode und dem Toten beigelegt werden? Auch hier wird der Seelsorger mehr mit Hören als durch Reden reagieren. Indem er sich als Vertreter des Evangeliums und als Bruder in Jesus Christus zur Verfügung stellt, richten sich die Sprechenden über ihn an Jesus Christus aus oder nicht. Denn sie reden nicht mit einer Wand, sondern mit einem bestimmten, besonders gearteten, denkenden und glaubenden Menschen über menschlich Bewegendes. Indem der Seelsorger so Gelegenheit zum denkenden Dialog bietet, können erste Reaktionen eintreten, in denen kleine oder große Steine vom Herzen der Sprechenden fallen. Der Seelsorger wird nur antworten, wo er gute Ansätze zur Befreiung spürt, um abzuwarten, wie sie in der nächsten Zeit wachsen. Er wird aber auch nachgraben, wo oberflächlich oder heuchlerisch geplaudert wird, um eine tiefere Haltung zu bewirken. Daß er das alles nur vermag, wenn er versucht, die Angehörigen wirklich zu verstehen und sie nicht von oben herab ausfragt, sondern gemeinsam mit ihnen eine neu gesprochene Antwort auf den Tod, den Toten und seinen Einfluß auf die Lebenden sucht, ist deutlich. Wird aus dem Suchen bereits ein Stück Finden, ist das immer ein Geschenk.

Neben dem Versuch, erste Antworten zu erahnen, ist auch die Frage nach materieller oder sonstiger Tathilfe zu stellen. Welche praktischen Ratschläge sind zur Vorbereitung und zum Verlauf der Bestattung zu geben? Muß die Gemeinde mit diakonischer Hilfeleistung für längere oder kürzere Zeit einspringen? „Wir haben einen besonderen Barmherzigkeitsauftrag, der uns verpflichtet, den Menschen, die behindert sind – alleinstehenden Alten z. B. –, etwas von dem abzunehmen oder durch Helfer in der Gemeinde abnehmen zu lassen, was an äußeren Dingen ... zu erledigen ist. Davon ein Wort zu sagen ... wird niemals zuviel sein. Vielleicht löst es erstmalig eine Verkrampfung. Vielleicht ist es auch eine Einladung in die Gemeinde hinein ...“[11] Auf die Problematik der weiteren Lebensgestaltung ohne den Verstorbenen wird nicht schon im Gespräch vor der Bestattung ausführlich eingegangen werden können. Sie wird nicht immer so schnell zu lösen sein wie in folgendem Bestattungsgespräch: Einem untröstlichen Ehemann sagt die die Anmeldung vornehmende Pfarrfrau: „Lassen Sie nur. Sie werden schon wieder eine gute Frau finden.“ Der weinende Mann hebt den Kopf und fragt: „Meinen Sie wirklich?“ Auf die bestätigende Antwort wird er sogleich ruhig.

3. Welche Begegnungsformen kennt der kurale Dienst? Daß er nicht erst mit Grab und aufgebahrtem Sarg einsetzen darf, ist deutlich. Es ist zu wenig, wenn Wolfgang Trillhaas fast nur diese generelle cura für die Trauern-

den heraushebt.[12] Ist der Seelsorger in der Todesstunde anwesend, kann er auch erste Worte nach dem Abscheiden finden. Der sogenannte „Abschiedssegen", das Gebet in der Sterbestunde, bietet bereits einige Worte zur Eindämmung der Trauer an. Dank und Bitte klingen auf, und Gottes gute Taten sind in den Kreis der schmerzhaften Überlegungen einbezogen.[13] Ist der Seelsorger genehm, kann er gerade die erste Zeit des ruhigen Verweilens der Angehörigen bei dem Toten dazu verwenden, um Worte von Gottes Treue oder zum Wesen des Verstorbenen und des Verhältnisses der Angehörigen zu ihm zu finden.

Manche, freilich nur wenige Seelsorger, suchen die nächsten Angehörigen daheim auf, um sie in ihrer häuslichen Umgebung kennenzulernen und zu stärken. Die Forderung von Horst Lahr, die Christian Palmer noch für eine „Sitte" hält,[14] hat sich kaum durchgesetzt: „Wir suchen die Familie wohl gleich nach Erhalt der Todesnachricht auf."[15] Man wird Länge und geistlich menschliche Tiefe dieses Besuchsgesprächs ganz verschieden ausgestalten. Hier kann erster Schmerz bereits gelindert werden, dort wird der Seelsorger als Fremdkörper in die gute Stube gesetzt und kommt über die konventionelle Bekundung des Beileids kaum hinaus, so gern er es möchte. Dennoch wäre es gut, wenn er sich grundsätzlich zeigt, wie der Arzt, der kommen muß, um den Sterbeschein auszufüllen.

Das Bestattungsgespräch hat sich immer mehr durchgesetzt und wird von der überwiegenden Zahl der Pfarrer in kleineren Gemeinden gehalten.[16] In sehr großen Gemeinden unterbleibt es oft oder sinkt, wenn es stattfindet, zum möglichst knappen Registraturakt herab. Es ist gut, damit das Bestattungsgespräch seinem kuralen Charakter Rechnung tragen kann, wenn mehrere nächste Angehörige dabei anwesend sind. Auch von daher ist eine vorherige Vereinbarung nötig, damit Zeit füreinander vorhanden ist. Eilige Bestatter sind hier nicht am Platz. – Wie kann man das Gespräch formal gestalten? Es bestehen mehrere Möglichkeiten, die allerdings nur unter Beachtung des kuralen und präparativen Charakters entfaltet werden können. Darum greifen wir nun andeutend bereits dem nächsten Gedankengang ein wenig vor. Möglichkeit 1: In einem ersten Gesprächsgang berichten die Angehörigen und werden nur durch kleine Fragen oder spiegelnde Impulse unterbrochen und zugleich entsprechend gelenkt. In einem zweiten Gang werden die Anmeldeformulare ausgefüllt, Notizen für die Rede festgehalten und Fragen der Ordnung besprochen. Abschließend werden der Verlauf der Bestattung und ihr Sinn erläutert. Der Vorteil dieser Anordnung ist, daß die Anmeldenden sich frei und ungestört aussprechen können. Sie empfiehlt sich jedoch bei sehr schweigsamen oder wenig redegewandten Trauernden nicht so sehr. – Möglichkeit 2: Aussprache und Ausfüllung der Formulare werden zusammen vorgenommen.[17] Im Anschluß daran erfolgt eine Erklärung der Bestattungsliturgie und ihres Sinngehalts. Der Vorteil ist, daß über der Folie eines verwaltungsmäßigen Tuns indirekt eine Selbstklärung der Anmeldenden möglich wird. Der Nachteil ist, daß die Verwaltungsseite des Dialogs hemmend wirkt oder diesen überwuchert. – Möglichkeit 3: Sie geht streng von der zu vertretenden geistlichen und theologischen Sache aus, um dann persönliche Fragen und Verwaltungsnotizen nur soweit wie nötig zu beachten. „Es hat sich als eine Hilfe erwiesen, sich nicht auf eigene Gedanken zu verlassen, sondern sich an die Handreichung Gottes und seiner Kirche zu halten!“[18] Formen des Stoffes, an dem das christliche Zeugnis dargelegt werden kann, sind längere Bibelabschnitte oder kürzere Texte, ein Gesangbuchlied, der Katechismus – soweit er noch bekannt ist –, der Artikel 67 aus der Ordnung für das kirchliche Leben oder das liturgische Formular der Bestattung. Der Vorteil eines solchen Gesprächsablaufes ist, daß er geistlich und theologisch konzentriert angesetzt ist; sein Nachteil, daß zu kerygmatisch überladen geredet wird, so daß darüber die menschliche Situation der Trauernden und die theologische Antwort darauf nicht deutlich genug herauskommen.

3.2.2.2. Der präparative Sinn

1. Leicht gerät der präparative mit dem kuralen Sinn in Konflikt. Einmal überwiegt der eine gegenüber dem anderen und umgekehrt. Doch sind diese quantitativen Konflikte letztlich nicht ausschlaggebend. Indem der Bestattungsredner erfragen muß, was er für seine Rede benötigt, verläßt er die Rolle des unbefangenen, abwartenden Seelsorgers. Peinlich kann es werden, wenn der Verwalter der Gemeinde Ordnungsprobleme regeln muß, so daß darunter sogar die Unbefangenheit des Dialogs leiden kann, und die Trauernden können gehemmt sein, wenn sie befürchten müssen, daß intimere Aussagen des seelsorgerlichen Dialogs in der Bestattungsrede vorkommen könnten. Die Furcht vor der Rede des Predigers kann zur Heuchelei verführen, wenn die Angehörigen über ihr Verhältnis zum Toten sprechen. Es gehören viel Erfahrung, Geschick und liebevolle Offenheit dazu, damit der Prediger auch als Seelsorger angenommen wird. Es ist nicht gut, „alles, was in Gesprächen mit Hinterbliebenen gesagt wird, als bare Münze zu nehmen. Auch wenn es sich nicht um bewußte Verschleierung oder Täuschung handelt, bleibt zu bedenken, daß die Hinterbliebenen eine begreifliche Scheu haben, angesichts des Todes unmittelbar auszusprechen, was einen Schatten auf das Bild des Verstorbenen werfen könnte.“[19]

2. Die Rede muß vorbereitet werden. Dazu ist es nötig, sich ein Bild über das Leben des Verstorbenen zu verschaffen: allgemeiner Lebenslauf; Verbundenheit mit großen Ereignissen der Geschichte; mit Menschen, die er liebte oder ablehnte; Stellung zur Gemeinde und zum Evangelium; besondere Lebensziele, Interessen, Leidenschaften; Familienverhältnisse; Berufsleben; Krankheiten und Leiden. Es wird gut sein, zuerst mehr äußere Fakten zum Gegenstand des Gespräches zu erheben, weil die Gesprächspartner

häufig nur indirekt Urteile abgeben können, wenn diese nicht sehr allgemein ausfallen sollen; z. B. treusorgend, fleißig, liebevoll. Die Ausdrucksfähigkeit der meisten Menschen, geistliche oder menschliche Sachverhalte persönlich zutreffend zu charakterisieren, ist gering ausgeprägt, weil sie es nicht gewöhnt sind. Hier gilt es, barmherzig zu sein und nicht überlegen zu urteilen, wenn bestimmte Klischeeformulierungen sich stereotyp wiederholen. Indem äußere Verhältnisse und Entwicklungen zu Wort kommen, klingen damit für den Verstehenden innere Werte und Verhaltensweisen an. Gewiß wird man nicht alle Bereiche menschlichen Lebens im Sinne einer umfassenden Exploration erfassen wollen; aber es ist gut, sich hin und wieder die Explorationsschemata zur Selbstkontrolle anzuschauen, wie sie für das seelsorgerliche Gespräch vorliegen.[20] Sie sind so zu spezialisieren, daß außer der Anamnese zum Leben des Verstorbenen die Beziehung der Angehörigen zu ihm zugleich erhoben werden kann. Das aber ist nur möglich, wenn auch die Eigenart der letzteren mit erfaßt wird. Es vollzieht sich also über dem Dialog gleichsam eine Dreiecksanamnese zwischen den Angehörigen, ihrem Toten und ihren Beziehungen zu ihm. Welche Aspekte hier im einzelnen zu beachten sind, führt Walter Uhsadel sehr instruktiv aus.[21] Dabei sollte stets der Anschein des neugierigen Ausfragens oder gar „Auspressens" vermieden werden. Anamnese wird auch immer in die Therapie übergehen und vom vertrauensvollen Dialog umschlossen sein, in den sich der Prediger mit hineinbegibt. Das Bestattungsgespräch ist zu schade für ein Haftenbleiben im rein Analytischen. Daß nicht alles, was einem gesagt wird, auch für die Rede zu verwenden ist, ist selbstverständlich. Es ist gut, das den Angehörigen mitzuteilen, damit sie sich offen aussprechen, aber nicht zuviel erwarten. „Vieles, was dem Prediger mitgeteilt wird, muß er für sich behalten. Es soll ihn nur davor bewahren, in der Grabpredigt ein Phantasiebild zu entwerfen."[22] Für manche Hinterbliebene kann es auch eine Hilfe bedeuten, den Lebenslauf oder Erinnerungen an den Verstorbenen aufzuschreiben und dem Pfarrer auszuhändigen. – Soll man auf Wünsche der Angehörigen eingehen? Sofern sie nicht gegen die Wahrheit sind, ist das nicht ausgeschlossen. Seltsam anmutende Bitten wie: „Machen Sie es kurz", sind oft nur aus der Gesamtanamnese richtig zu deuten. Dahinter können etwa die Abwehr sentimentaler Sprüche auf Grund innerer Weichheit, Nüchternheit oder schlechter Erfahrung mit zu lang redenden Bestattern stecken, vielleicht aber auch die Abwehr des klaren Zeugnisses oder die Rücksicht auf das Bestattungspersonal, das schon immer die sich kurz fassenden Prediger geschätzt hat. Es ist auch unangebracht, gegen den Wunsch nach einer „schönen Feier" zu polemisieren. Hier wird Sprachmaterial einer Theologie des 19. und beginnenden 20. Jahrhunderts[23] und der Bibel[24] verwendet, hinter dem oft ein tieferes evangelisches Bewußtsein steckt, als es oberflächliche Sprachkritiker noch spüren. Wenn Gemeindeglieder ihren Glauben in einer alten Kirchensprache artikulieren, zeugt das nur gegen die Wirksamkeit heutiger und für die Kraft früherer theologischer Sprache.

3. Auch die liturgische Abfolge einer Bestattung muß vorbereitet werden. Dazu gehören die sachliche Information über den Ablauf in seiner theologischen Bedeutung; aber auch eine praktische Erläuterung der verschiedenen Gebräuche und ihrer möglichen Deutungen. Hier stoßen katechetische und liturgische Arbeit aufeinander. Die Information kann entsprechend der erstmaligen oder schon häufiger erfolgten Teilnahme an einer Bestattung variabel gehalten werden. Wer einmal die ganze Hilflosigkeit vieler älterer und vor allem jüngerer Menschen während einer Bestattung erlebt hat, wird sich nicht scheuen, sehr schlichte Empfehlungen zum Verhalten während der Bestattung zu geben. Steht die Liturgie in ihrem Ordinarium fest, sind doch Lesungen, Gebete und Lieder auswechselbar. Daß Lieder erbeten werden, kommt häufiger vor. Wenn dadurch nicht immer dieselben und für heutiges Frömmigkeitsempfinden abgestandenen Lieder vorgezogen werden, wird man den Wünschen gern nachgeben und im Konfliktfall wohl auch großzügig entscheiden müssen. Manchmal gelingt es auch, Angehörige von passenden Liedern zu überzeugen. Leider ist es kaum üblich und möglich, Schriftlesungen und erst recht nicht Gebete gemeinsam herauszusuchen. Auch hier sollte sich viel stärker eine gemeinsame Arbeit an der Liturgie einbürgern. Die gemeinsame Klärung dessen, was für eine Bestattung an liturgischem Gut verwendbar ist, muß zwar nicht für alle alten, aber doch für jüngere Menschen, die etwas beweglicher sind, zur Regel werden.

4. Da der Sachgehalt des Bestattungskerygmas im Nachdenken über den Tod bereits angesprochen wurde[25] und im Zusammenhang der Bestattungsrede noch einmal herausgearbeitet werden soll, bleibt im Zusammenhang des Bestattungsgespräches unter präparativem Aspekt nur noch übrig, den sich ergebenden Ordnungsfragen nachzugehen. Daß die Bestattung es auch mit einem Verwaltungsakt der Kirchengemeinde zu tun hat, ist unumgänglich. Eine Bestattung kann nach staatlichem Gesetz nur vorgenommen werden, wenn eine Sterbeurkunde vorliegt. Für die Anmeldung sind passende Formulare anzuschaffen, deren erforderte Angaben für die Gemeindearbeit nützlich sein sollten. Auf jeden Fall sind so viele schriftliche Angaben nötig, daß das Sterberegister der Kirchengemeinde sachgemäß ausgefüllt werden kann.[26] Friedhofsfragen, Bestellung von Geläut und Organist sind mit den Angehörigen ebenso abzusprechen wie genauer Ort und Stunde der Beisetzung. Jeder neu in eine Gemeinde kommende Pastor hat sich nach den örtlichen Gegebenheiten genau zu erkundigen, um Bescheid zu wissen und geben zu können. Die Einhaltung der verschiedenen geschriebenen Ordnungen und ungeschriebenen Sitten ist darum nötig, weil die Gemeinde hier besonders empfindlich ist. Ein ausgefallenes Geläut oder eine vom Pfarrer

vergessene Bestattung wirken nicht nur peinlich, sondern können mitunter großes Ärgernis erregen.

Zu einer sachgemäßen Durchführung der Bestattung wollen auch die kirchlichen Lebensordnungen der unierten und lutherischen Kirchen[27] anleiten. Sie stimmen weithin überein und enthalten beide ähnliche Regeln über Gesang,[28] musikalische Ausgestaltung,[29] Glocken,[30] zusätzliche Reden,[31] Ablehnung von Bestattungen und Ausnahmebestimmungen,[32] Einspruchsinstanzen,[33] Angebot einer Andacht bei Versagung einer vollen Bestattung,[34] Feuer- und Erdbestattung,[35] Bestattung von Selbstmördern[36] und Ungetauften[37]. Die lutherische Ordnung ist ausführlicher und sieht das Bestattungsgeschehen komplexer; einschließlich Sterbeseelsorge,[38] Fürbitte im Gottesdienst[39] und Friedhofsordnung[40]. Die Art der Betätigung der Gemeinde wird genauer beschrieben[41] und ein besonderer Fall der Versagung einer Bestattung für evangelische Gemeindeglieder vorgesehen[42]. Die unierte Ordnung ist weniger umfangreich, enthält aber noch Regeln über die Benutzung der Agende,[43] das Bestattungsgespräch[44] und die Möglichkeit, für bestimmte Tage die Bestattung zu versagen[45]. – Ordnungen sind dann nötig, wenn Mißbrauch droht. Mißbrauch aber droht, wo Leben ist. So ist es kein schlechtes Zeichen, wenn für die Bestattung eine ganze Reihe von Regeln aufgestellt worden ist, die zum Teil eine lange Tradition besitzen.

Bevor einzelne von ihnen zu beurteilen sind, ist noch ein Grundproblem anzuschneiden, das eine gewisse Erregung mit sich gebracht hat und für die Lebensordnung von besonderer Bedeutung ist. Auch in der Volkskirche galt die Bestattung als Gemeindeveranstaltung. Gegenüber liberalen und aufklärerischen Vorstellungen, daß die kirchliche Bestattung eine rein gesellschaftliche Veranstaltung sei, ist energisch polemisiert worden.[46] Sie ist „kirchliche Bestattungsfeier"[47]. Nach den Lebensordnungen handelt es sich um die „kirchliche Bestattung"[48] bzw. um das „christliche" oder „kirchliche Begräbnis"[49]. Neuerdings hat man es nicht für ausgeschlossen gehalten, die Bestattung als ein diakonisches Werk zu verstehen, das Christen für jedermann als „Dienstleistung" ausüben sollten, um Menschen als Christen und Nichtchristen die Gelegenheit zu einem pietätvollen Begräbnis zu geben. Was Ernst Lange literarisch nur vorsichtig[50] andeutet, wird hier und da lautstärker in der Diskussion vertreten. Wenn man die Bestattung nur noch als diakonische und nicht mehr als Gemeindeveranstaltung praktiziert, ist man der Sorge enthoben, auch nur in irgendeiner Weise der häufig fehlenden (oder doch nicht fehlenden?) Unkirchlichkeit der Hörer nachzuspüren. Man kann davon absehen. Zugleich könnte die Kirche als der Welt dienende Kirche mit der Übernahme eines Bestattungsauftrages für jedermann sich der Welt als nützlich erweisen. Abgesehen davon, daß wir diese Argumentation für unsere diasporakirchliche Situation in der DDR als nicht so belangvoll ansehen, weil sich unsere Gesellschaft selbstverständlich selbst helfen kann, wenn keine kirchliche Bestattung möglich ist, ist eine diakonische Bestattungshilfe durch Christen, ja auch durch Pfarrer faktisch nicht ausgeschlossen. Warum sollte ein evangelischer Pfarrer nicht die Bestattung eines atheistischen Angehörigen übernehmen? Es muß nur gelten, daß von Christen übernommene weltliche Bestattungsfeiern keine üblichen liturgischen Formen haben dürfen, die Rede menschlich weit und christlich verantwortbar sein muß. Und die Riten werden durch die anwesenden Christen selbstverständlich christlich interpretiert; z. B. der Erdwurf. Im Regelfall sollte dazu auch die Zustimmung der christlichen Gemeinde vorliegen, damit kein falsches Ärgernis entsteht. Für die Zeit des Umbruchs, in der wir uns befinden, ist diese Überlegung allerdings leider nur erst mehr theoretisch zu bedenken als praktisch realisierbar, weil viele Gemeinden und Älteste noch zu wenig frei sind. Wesentlich beachtenswerter ist darum das Phänomen, daß heute häufig Bestattungen stattfinden, deren Teilnehmer unterschiedliche weltanschauliche Ansichten haben; nicht nur, daß Kinder gegen den Willen ihrer verstorbenen Eltern diese durch einen nichtkirchlichen Bestatter beisetzen lassen. Auch umgekehrt respektieren atheistische Kinder den Wunsch ihrer Eltern nach einem christlichen Begräbnis. Hier hat der christliche Bestatter in toleranter und taktvoller Weise das Evangelium auszulegen und damit zugleich die menschlichen Belange zu vertreten. Daß hier noch genauer überlegt werden muß, ist wichtiger als die vielleicht mögliche rein diakonisch verstandene Bestattungsarbeit durch Christen. Wie kann eine Bestattung als christliche Gemeindeveranstaltung auch atheistischen Teilnehmern gegenüber taktvoll vor sich gehen? Nicht alle christlichen Bestatter haben hier bereits zu der richtigen Einstellung gefunden.

Was nun die Regeln der Lebensordnungen im einzelnen betrifft, ist zu vielen von ihnen nichts weiter zu bemerken, weil sie sich von selbst verstehen: musikalische Gestaltung, Gebrauch von Glocken,[51] Zulassung zusätzlicher Reden, Festlegung von bestimmten Bestattungstagen usw. Ob es freilich angesichts der derzeitigen Situation möglich ist, den Gemeindegesang noch verbindlich zu fordern, ist zu fragen; ebenso ob die „Ordnung der Agende" noch aus Anlaß jeder Bestattung verbindlich sein kann. Bekanntlich war das *jus liturgicum* in bezug auf Amtshandlungen schon immer variabler und freier. Für eine zukünftige Gestaltung der Lebensordnung wäre es gut, bestimmte Tendenzen, die sich in der lutherischen Ordnung zeigen, stärker auszubauen. In ihr werden nicht nur Regeln für Pfarrer und Gemeindekirchenrat aufgestellt, sondern auch Verhaltenshilfen für die Mitbeteiligung der gesamten Gemeinde angedeutet, die der heutigen Diasporalage entsprechend gründlicher und genauer zu durchdenken sind. Wichtig ist auch, die Bestattungshandlung als solche stärker in begleitende Handlungen einzulagern (Sterbesorge, Bestattungsgespräch, Danksagung, Friedhof, postfunerale Hilfe). Die sehr verschiedenen Situationen in den einzelnen Gemeinden verlangen außerdem danach, den Grad der Verbindlichkeit der Regeln im einzelnen nicht zu streng zu formulieren. Es sind auch Aussagen zum Verhalten der Christen bei nichtkirchlichen Bestattungsfeiern nötig, weil sich viele hier unsicher fühlen.

Das schwierigste Problem ist die Ablehnung einer erbetenen Bestattung. Die grundsätzliche Regel wird bleiben, daß der juristisch fixierte Konfessionsstand des Verstorbenen entscheidend ist.[52] Im allgemeinen wird das aber so ausgelegt, daß die Zahlung der Kirchensteuer zum Maßstab der Bestattungswürdigkeit gemacht wird – eine problematische Regel. Findet trotz unterlassener Zahlung eine Beisetzung von Christen statt, liegen dafür verschiedene Motive vor: die Gutmütigkeit des betreffenden Pfarrers oder Gemeindekirchenrates; ein missionarisches oder diakonisches Argument; bzw. die These, daß Kirchenzucht nicht an Gemeindegliedern, die am Rande der Gemeinde leben, zu praktizieren sei, sondern an den ernsten Christen. Die letztere Tendenz, die bereits in der lutherischen Lebensordnung anklingt – Verweigerung der Bestattung für evangelische Christen, die das Bekenntnis zu Jesus Christus nicht ernst nehmen –, betont etwa Gerhard Bassarak: „In der Tat geht die Kirchenzucht fehl, wenn sie bei ‚Randsiedlern' und Konventionschristen ansetzt ... Vielmehr hat das Gericht im Hause Gottes seinen Anfang."[53] Die Frage der Verweigerung einer Bestattung ist heute nicht mehr einheitlich zu klären, weil die Situation in den einzelnen Gemeinden zu verschieden ist. In noch sehr volkskirchlich bestimmten Gemeindeverhältnissen wird man noch stärker entsprechend den bestehenden Lebensordnungen verfahren können. In Minderheitsverhältnissen gilt: „... als die Ausschließlichkeit der Forderung eines klaren Christusbekenntnisses die Schar der bekennenden Christen immer kleiner werden ließ ..., da empfing sie gerade durch die Konzentration auf das Wesentliche eine innere Freiheit und Weite, die sie vor allen ängstlichen Grenzziehungen bewahrte."[54] Großzügigkeit oder Enge in der Gewährung einer Bestattung hängen von der Situation und der inneren Freiheit einer Gemeinde ab. Auf jeden Fall ist auch die Entscheidung des Verstorbenen und sein Bestattungswunsch zu respektieren. Daß die Ablehnung einer Bestattung jedoch nicht darum geschehen darf, weil die Kirche ihren Bestand sichern möchte, sondern nur um die Verkündigung des Evangeliums zu schützen, liegt ebenso auf der Hand wie die Tatsache, daß sich viele Probleme der Bestattungsordnung regeln, wenn die lebendige und evangeliumsgeladene Seelsorge und Predigt in einer Gemeinde von allein sammelt und scheidet.[55]

Alle Ordnungsbemühung ist vergeblich, wenn sie nur von einzelnen versucht wird und nicht vom entscheidenden und tragenden Kern einer Gemeinde verantwortet wird. Pfarrer, die gegen ihren Gemeindekirchenrat sogenannte „Bestattungszucht" üben wollen, sind in der Regel zum Scheitern verurteilt.

Wieweit die Bestimmung, daß eine Andacht für Angehörige nicht zu verweigern ist, wenn eine Bestattung nicht stattfinden kann, ausbaufähig ist, sollte angesichts der heutigen Situation neu bedacht werden. Dabei muß es auch möglich sein, eine öffentliche Andacht in der Kapelle nach einer Beisetzung zu halten. – Die eingrenzenden Bestimmungen über die Bestattungshilfe bei ungetauften Kindern widersprechen nicht nur 1. Kor. 7,14, wo Paulus von der heiligenden Gewalt in der Familie spricht, sondern christlichen Eltern die christliche Bestattung ihres Kindes zu versagen, ist unbarmherzig und verführt nur zu leicht zu kasuistischen Schwierigkeiten, wenn nach Gründen gespürt wird, warum ein Kind nicht getauft wurde.[56] Die juristisch zu erweiternde und faktisch bereits erfolgte Freigabe des Taufalters in der evangelischen Kirche muß auch die Aufhebung aller einschränkenden Bestimmungen für die Bestattung nichtgetaufter Kinder von evangelischen Eltern nach sich ziehen. Die Kirche ist nicht mehr im alten Sinn Volkskirche, in der mit Hilfe von gesellschaftlich anerkannten Normen und Sanktionen die Taufsitte konsolidiert werden könnte. – Das trifft auch für die Bestattung von Selbstmördern zu, deren Ablehnung oder „unehrliche Form"[57] früher offensichtlich auch starke Kirchenzuchtsgründe gesetzlicher Art hatte. Verweigerung, Mitgehen des Pfarrers „ohne Talar", Verweigerung des Geläuts, des Friedhofs oder der Aufbahrung in der Kirche, Dringen auf eine sogenannte „schlichte" Feier[58] sind zu stumpfen Mitteln geworden.[59] Eine Abschreckung dieser Art wirkt in der gegenwärtigen offenen Gesellschaft nicht mehr. Die Kirche hat mehr denn je Ort des Erbarmens zu sein, an dem gewiß nichts verharmlost, aber auch niemand verachtet wird. Auch sind solche Maßnahmen, die eine Umkehr erreichen möchten, an Verstorbenen sinnlos. Entscheidend ist eine klare Verkündigung, die außer dem Hinweis auf Gottes Gebot, Gericht und Erbarmen auch die Bitte um Vergebung und die Erkenntnis der Mitschuld enthalten muß. – Die Aversion mancher Kreise in der christlichen Gemeinde gegen die Feuer- und Urnenbestattung ist verständlich, z. B. in der Auseinandersetzung mit heidnischen Verbrennungsriten der Germanen oder den Krematoriumsbestattungen der Freidenker um die Jahrhundertwende.[60] Inzwischen hat sich aber im Empfinden vieler christlicher Gemeindeglieder die Einäscherung als eine Gestalt der christlichen Bestattung durchgesetzt. So dürfen hier Freiheit und ästhetisches Ermessen herrschen, wie sie in unangefochtenen Situationen für Adiaphora gelten. Apokalyptische – für die Auferstehung des Leibes sei eine Verbrennung keine gute Voraussetzung[61] –, naturmystische – Verbrennung bewirke eine Substanzwandlung ins Anorganische[62] – oder biblizistische Argumente – Hinweis auf Gen. 3,19 oder Jesu Erdbestattung[63] –, die eine Erdbestattung als allein christlich legitim ansehen, sind weltanschaulich und gesetzlich vorbelastet und schränken die christliche Freiheit ein.

5. Nach diesem Exkurs in die Praxis kirchlicher Ordnung, die aus Anlaß des Bestattungsgesprächs ins Spiel kommt, ist abschließend zu fragen, wie die traditionellerweise dem „Pfarramt“ vorbehaltene Aufnahme und Durchführung des Gesprächs vor der Bestattung aufzulockern oder so zu ändern sind, daß die stärkere Mitbeteiligung aller Getauften erreicht werden kann. In Ordnungsfragen wird zwar der Gemeindekirchenrat zu Rate gezogen, und bei der Regelung äußerer Angelegenheiten werden Kirchenbüro oder auch kirchliche Friedhofsverwaltung mit einbezogen, aber das genügt noch nicht. Wo Gemeindeglieder durch besondere Begabung oder persönliche Verbundenheit mit den Trauernden gefordert sind, Seelsorge zu üben, sind sie auch dazu berufen. Damit sie das können, sollen hier durch den Gemeindekatechumenat Hilfen gegeben werden, ohne daß seitens des Pfarrers sogleich Mißtrauen oder Furcht vor Schwärmerei entstehen.

3.2.3. Die Bestattung als gottesdienstliche Handlung

Es muß deutlich bleiben: Die Bestattung ist eine Gestalt des Gottesdienstes der christlichen Gemeinde. Wo das Wort Gottes als Zeugnis von der Befreiung durch Jesu Christi Sterben und Auferstehen laut und darin der Vater Jesu Christi im Heiligen Geist bekannt werden, dient Gott dem Menschen in unermeßlicher Güte. Der Mensch gibt die Antwort darauf, indem er auf diese Botschaft hört, sie empfängt und zur Hingabe bereit wird.

Als Handlung ist die Bestattung ökumenisch verbreitet (1), theologisch möglich (2), wird stets durch Menschen praktiziert (3), besitzt eine liturgische Gestalt (4) und enthält eine Rede (5).

3.2.3.1. Ökumenischer Umblick

Die Ökumene hat ihre gegenwärtige und in die Vergangenheit reichende Dimension. Es ist schwierig, einen Überblick über die heutige Praktizierung der Bestattung in der weltweiten Kirche zu gewinnen. Hier fehlt es an konfessionskundlichen Zusammenstellungen; aber auch die Geschichte der Bestattung ist für die christliche Kirche keineswegs vollständig aufgearbeitet. Es sind wohl Quellen und Zitate vor allem von Georg Rietschel gesammelt worden; eine umfassendere und wichtige Darstellung gibt zuletzt Bruno Bürki[64]. Auch die Akzentsetzung sieht recht verschieden aus. Während etwa die liturgiewissenschaftliche Zusammenstellung von Aimé-Georges Martimort[65] auf das römische Ritual zugeordnet ist, versucht Günther Dehn[66] formal mit dem Schema „positive Entwicklung – anschließender Verfall“, material mit dem Schema „Auferstehungszeugnis (Alte Kirche und Reformation) und Totendienst“ (Mittelalter und Protestantismus) zu arbeiten. Fruchtbarer und differenzierter wirkt der Ansatz von Hugo Maser, der die Geschichte der Bestattung als ein Ringen der christlichen Botschaft mit den Bestattungsformen und Todeseinstellungen einer jeweiligen Zeit zu begreifen sucht.[67]

Wir beschränken uns darauf, neue Motive und Formen, wie sie in der Geschichte der Bestattung auftauchen, zu nennen.

1. Wie die Urchristenheit ihr Verhältnis zur Bestattung herausbildete, ist kaum zu sagen. Vermutlich wird sie die Bräuche der jüdischen und heidnischen Welt praktiziert und dabei Schriftworte und christliche Gebete gesprochen haben. Von der Bestattung eines Christen berichtet das Neue Testament Apg. 8,2: Stephanus wird nach Lukas' Interpretation von Juden[68] nach jüdischem Ritus mit einer Klage beigesetzt.[69] Ähnlich wird es auch sonst gewesen sein. In der Regel haben sicher die Angehörigen der Familie die Bestattung vorgenommen. Die christlichen Gemeindeglieder haben sich daran dann wohl beteiligt, zumal sie ja oft in Hausgemeinden zusammenlebten.

2. Am Ende des 2. Jahrhunderts ist die Bestattung zu einem vollen Gottesdienst geworden. Er wird als liturgischer Dienst vollzogen in der Form von Gebeten, in die der Tote als Mitbetender einbezogen wurde,[70] die jedoch später immer mehr für die Verstorbenen gehalten wurden. Die Totenklage, die bei Juden und Heiden erklang, wird durch Lobgesänge auf die Auferstehung Jesu Christi und die Unsterblichkeit des Christen ersetzt. Der Psalmengesang gewinnt an Bedeutung. – Das Ringen mit der Fülle von Bräuchen, die zwischen Tod, Begräbnis und Nachfeier üblich waren, ist nicht immer glänzend bestanden worden.[71] Riten wurden übernommen (z. B. die Bekleidung des Toten), um der Pietät Genüge zu tun, oder sie erfuhren eine christliche Umdeutung und Umgestaltung, indem etwa an die Stelle eines heidnischen Totenmahles die Eucharistiefeier trat. Oft aber wurde damit der Grund für ein Eindringen abergläubischer Elemente in den christlichen Glauben gelegt. Der Totenkult gewann mittels des Märtyrer- und Heiligenkultes wieder an Einfluß.[72] Bedeutsam scheint die Begräbnishilfe gewesen zu sein, die sich die Christen gegenseitig leisteten. Christliche Begräbnisvereine mit eigenen Friedhöfen entstanden. Die reichen Gemeindeglieder stellten Begräbnisplätze für die ärmeren zur Verfügung, so daß Julian Apostata in der fortschrittlichen Bestattungspraxis der Alten Kirche ein Motiv ihrer Anziehungskraft sah. – Erste Leichenreden (Gregor von Nazianz, Gregor von Nyssa, Ambrosius und Chrysostomus) sind aus dem 4. Jahrhundert überliefert, sind aber mehr als Reden auf die Verstorbenen abgefaßt, weniger als theologisch gehaltvolle Verkündigung. Allerdings fehlt diese nicht ganz. Im großen ganzen gewinnt jedoch die Leichenpredigt keine große Verbreitung und tritt nur beim Tode hervorragender Menschen in Erscheinung.[73] Für die meisten Bestattungen gewinnt die Liturgie die entscheidende Bedeutung. Als wichtige Formen der Gemeindetrauer, um die herum sich einzelne liturgische Gebräuche, Lesungen, Gebete und Gesänge legen, schälen sich heraus das Begräbnis und ein anschließender Gottesdienst (Apostolische Konstitutionen), in dem das Totengedenken und die Fürbitte für sie eine

immer größere Rolle zu spielen beginnen. Schon Cyprian hielt es für nötig, „ein Opfer für ihre Ruhe zu feiern".[74] Die erste überlieferte Form der Totenbestattung ist die von Dionysius Areopagita[75]. Gegen Ende der Alten Kirche gab es dann schon verschiedene Totenmeßformen.[76]

3. Das Rituale Romanum von 1614 hat sich ansatzweise noch in der Alten Kirche entwickelt, wo die römische Bestattungsliturgie eine gewisse Verbreitung fand. Wichtige Partien des römischen Totenmeßritus sind jedoch erst im Mittelalter entstanden, z. B. Introitus und Dies irae. Im Mittelpunkt steht das Requiem, die Totenmesse, die in der Kirche stattfindet. Die Einkleidung des Toten wird zur Angelegenheit der Angehörigen; aber dann soll die Bahre des Toten ursprünglich in feierlichem Zuge und unter Psalmengesang vom Hause zur Kirche gebracht werden. Nach dem Offizium, dem Sprechen von Totengebeten, der Seelenmesse und der Absolution – manchmal mit einer Trauerrede verbunden – führt der Weg der Gemeinde zum Friedhof, wo das Begräbnis unter Gebet und Segen vollzogen wird. Heute wird die Zuordnung von Prozession, Totengeleit und Requiem sehr locker und örtlich verschieden gehandhabt.[77] Im Gebet- und Gesangbuch für das Bistum Berlin wird wohl auf die Möglichkeit einer Feier des Requiems im Zusammenhang der rein liturgischen Bestattungshandlung hingewiesen; aber es wird doch wohl damit gerechnet, daß dieses unabhängig von ihr am Todes- oder Begräbnistag zelebriert wird.[78] – Das Totenoffizium enthält wie die Messe überhaupt viele wichtige Verkündigungsgehalte, die gemeinchristlich sind. Doch steht im Zentrum wie bei jeder Messe die Opferhandlung, so daß sie damit auch zur Opferfeier für den Toten wird.

4. In der orthodoxen Kirche hat sich der westliche und römische Ritus mit seiner Totenmeßhandlung in der Kirche nicht durchgesetzt. Es gibt wohl ritual angereicherte Gebetsteile einer Gesamthandlung in Sterbehaus, Kirche und auf dem Friedhof, aber es findet keine volle Sakramentsfeier statt.[79] Die Bestattung an sich geht so vor sich, daß der Priester unter Sprechen von Psalm 34,2 drei Schaufeln voll Erde nachwirft, Öl aus dem Leuchter gießt und Asche aus dem Weihrauchfaß auf den Sarg streut. Unter Gesang wird dann das Grab zugeschaufelt.

5. Die Reformation fegte die Totenmesse aus und ließ eine schlichte Prozession und Begräbnisfeier in der lutherischen Tradition übrig. „In Städten sollen die Leichen so zu begraben / ehrlich durch den Schulmeister und Schüler / auch etliche Kirchendiener ... geleitet werden ... Deßgleichen auff den Dörffern / durch den Pfarrherr und Kirchner / in Beyseyn etlicher Nachbarn; und soll solch Begräbnis ehrlich gehalten werden / zu ehren und zu bekennen der Auferstehung von den Todten / welches der Christen höhester ... Trost ist. Wo man Schüler hat / lasse man sie erstlich ein lateinisch Responsorium singen ... Darnach singe das Volck mit ihnen etliche deutsche Gesänge ... und bey dem Grab / den Gesang des heiligen Simeonis ... Ist

ohn Noth / daß man bei der Begräbnuß ein sondere Predigt thue; So aber ein Priester vorhanden / mag er mit dieser Collect beschliessen ..."[80] Volle Trauergottesdienste werden – wie schon früher – vorwiegend für hochgestellte Personen gehalten.[81] Die reformierte Tradition kennt in ihren Anfängen eine noch ausgeprägtere Zurückhaltung gegenüber der Bestattungshandlung. Wenn dennoch Trauergottesdienste stattfanden, nahm der Pfarrer am Begräbnis nicht teil.[82] Erst durch das Zusammengehen von kirchlichem und weltlichem Regiment übernehmen dann reformierte Kirchen auch wieder die Begräbnisfeier als liturgische Handlung. Das setzte schon mit der Kirchenordnung der Kurpfalz von 1563 ein.[83] Deutlich ist für Lutheraner und Reformierte, daß angesichts des Todes die Botschaft von Tod und Auferstehung Jesu Christi gilt und darum für den Toten nichts mehr im Sinne verdienstlichen Einsatzes geleistet werden kann. Zugleich ist es ein Akt der Barmherzigkeit, dem Toten ein „ehrliches", d. h. ein menschliches und gesellschaftlich anerkanntes, Begräbnis zuteil werden zu lassen. Die Württembergische Kirchenordnung von 1536 faßt das Begräbnisverständnis der Reformation so zusammen: „1. Öffentliche Kundschaft der Auferstehung, 2. Beweisung der Liebe und Freundschaft, 3. Erinnerung an den eigenen Tod und Mahnung zur Bereitung auf denselben."[84] Kerygmatisches, diakonisches und seelsorgerlich-präparatives Motiv sind entscheidend. Damit sind zwar das altkirchlich-diakonische und das mittelalterlich-seelsorgerliche, todesbereitende Motiv durchgehalten worden, jedoch werden sie bei gleichzeitiger radikaler Ritenreduktion durch das kerygmatische Motiv der Predigt von Tod und Auferstehung Jesu Christi und der sich daraus ergebenden Rechtfertigungspredigt überstrahlt.

So blieb es allerdings nicht sehr lange. Bereits in der zweiten Hälfte des 16. Jahrhunderts wurden im lutherischen Raum nicht nur alte Riten erneut praktiziert, sondern auch liturgisch reichere Begräbnisfeiern mit kurzer Feier im Hause, feierlicher Prozession unter Glockengeläut, Predigt und liturgischer Handlung am Grabe begangen.[85] In der Orthodoxie gewannen die Leichenpredigten immer größeres Gewicht und wandelten sich oft zu langen Lobreden auf die Toten. Daraus folgte notwendig, daß Trauergottesdienste in Haus oder Kirche zu halten waren, die nun besonders für die wohlhabenderen Teile der Bevölkerung stattfanden.[86] Im 18. Jahrhundert, besonders in der Aufklärung wurden die stillen, oft nächtlichen Begräbnishandlungen modern, die nur von den Angehörigen besucht wurden. Die Bestattung wurde „in stiller Trauer" privatisiert und tabuisiert. Allerdings fanden für angesehene Gemeindeglieder Trauer- und Gedächtnisgottesdienste mit langen Reden statt.[87]

Das 19. Jahrhundert brachte für Mitteleuropa relativ einheitliche agendarische Ordnungen, die das Bestattungsritual für alle Glieder der evangelischen Konfession – Lutheraner und Reformierte – gleichmäßig festlegten.

Dabei wechselte die Verwendung der Ordnungen auf Grund der verschiedenen Tradition, aber auch soziologischer Notwendigkeiten, z. B. Dorf oder Großstadt. So gab es neben Feiern nur auf dem Friedhof, zu dem man mit oder ohne Prozession vom Hause aus gelangen konnte, auch Bestattungen, die in der Kirche gottesdienstlich begannen und auf dem Friedhof endeten – oder umgekehrt.[88] Es konnte auch eine Feier im Hause stattfinden. Eine noch größere Vereinheitlichung brachte das beginnende 20. Jahrhundert mit der Verlegung der Friedhöfe aus den Ortszentren und durch genauere Hygienevorschriften. An die Stelle von Haus oder Kirche trat die Trauerkapelle, in der ein kurzer Gottesdienst bei geschlossenem Sarg stattfand. Es schlossen sich die Funeralien an. Zu jeder Bestattung wurde nun eine Leichenrede gehalten. Diese in früheren Jahrhunderten aus Gründen der Überlastung des Pfarrers als Redner abgelehnte Ordnung[89] muß nun bei gestiegener Bevölkerungszahl durchgehalten werden, was auch quantitativ gelingt.

3.2.3.2. Die Bestattung als Möglichkeit christlicher Freiheit

Nicht nur die altkirchlichen, mittelalterlichen oder römisch-katholischen Bestattungspraktiken, sondern auch die evangelischen waren vom Mißbrauch begleitet. Die Geschichte der Bestattung ist nicht immer und überall eine Geschichte des Sieges des Evangeliums gewesen. Sosehr hier letzte Urteile zu meiden sind, ist unter vorletztem Aspekt des menschlich oder theologisch gehaltenen Urteils doch auch von der Perversion zu reden. Geistliche Verantwortung ist durch falsche Theologie, Aberglauben und ungute rituale Praktiken übertrumpft worden. Wo die Verantwortung dennoch durchgehalten wurde, war immer Gott selbst am Werk. Geistliche Verantwortung lebt von der Freiheit, die Jesus Christus selbst gewährt. Das Leben wird zur Möglichkeit, einen Gottesdienst aus ihm zu machen, auch dann, wenn es um das Bestatten geht. Geschieht dies nicht, ist der Dienst der Bestattung durch die Gemeinde unangebracht. Wie sieht aber ihr aus der Freiheit Jesu Christi gelebter Gottesdienst aus Anlaß der Bestattung heute aus?

a) Der Gottesdienst in der Freiheit Jesu Christi aus Anlaß der Bestattung ist frei vom Gesetz durchführbar. Traditionen haben ihr Recht; aber keine Tradition als solche ist unbedingt verbindlich, auch kein Bestattungsritual. Das Alte ist nicht schon immer deshalb gut, weil es alt ist.[90] Es kann auch vergangen sein, weil vor Jesus Christus und der Gemeinde heute ein anderes Ritual besser zu verantworten ist. Ebensowenig ist eine nihilistische Einstellung an sich zum gesamten Bestattungshandeln der christlichen Gemeinde recht. Wo die Negation zum „Gesetz der Meder und Perser" wird, übersieht man vielleicht Gottes verborgenes Wirken in und unter der Bestattungsarbeit der Gemeinde. Kein menschliches Werturteil, ob traditionell, zukunftsoffen, nihilistisch oder rein gegenwartspragmatisch bestimmt, ist in sich und an sich etwas wert, wenn es sich nicht durch die Freiheit vom Gesetz in

Frage stellen lassen will. An die Stelle des Gesetzes und der Norm hat das Vertrauen zu treten, daß Gott sich durchsetzen muß und wird, und zwar mit menschlichen Traditionen oder auch gegen sie, trotz negativen Urteils oder zukunftsbestimmter Ordnungen. „Diese Gebundenheit aller Teile der Amtshandlungen an die kontingente Aktualität des Wortes, der Situation, ist eine Mahnung: Wir dürfen nicht denken, es sei alles in Ordnung, wenn wir die Amtshandlungen einigermaßen ordentlich halten und vollziehen. Liegt ihr Eigentliches und Wesentliches nicht weit über dem draußen, was da verfügbar, gestaltbar, sagbar und zur Hand ist? Es ist vor allem eine Mahnung in *der* Richtung: daß wir hier nicht absolute Gesetze aufstellen sollen für die Praxis der Amtshandlungen: solche absoluten Thesen relativieren sich ziemlich rasch ..."[91]

b) Der Gottesdienst in der Freiheit Jesu Christi aus Anlaß der Bestattung ist frei zur Liebe gegenüber Gott und den Menschen zu halten. Wo keine Liebe ist, ist auch die Freiheit zerbrochen. Heute werden in der Literatur und im Gespräch viele Weisen der Lieblosigkeit kritisch herausgestellt: Sie tauchen dort auf, wo Gott nicht mehr als der Herr des Gottesdienstes ernst genommen wird. Die Handlung behindert dann bereits Gottes wirksames Wort, weil die Beteiligten ihr Leid und Leben nicht Gott opfern wollen, sondern nur selbst bestätigt werden möchten. „... es gibt Situationen, die das Wort torpedieren und neutralisieren, weil das Wort selber vor seinem Gesprochenwerden die Veränderung der Situation erfordert."[92] Ist das der Fall, hat die Bestattung ihren Lohn dahin. Es ist Sache des geistlichen Urteils, ob die Bestattungshandlung als Handlung stets und immer unter diesem Vorzeichen zu sehen ist. Darum sagt Rudolf Bohren mit Recht: *„Ich glaube nicht,* daß die Kasualpraxis vom Kerygma der Kasualrede her gesunden kann. Die Kasualpraxis ist als Praxis unwahrhaft geworden und muß daher als Praxis geändert werden."[93] Wie aber, wenn durch Gottes Geist Menschen doch auch in der Situation der Bestattung ihr Leid als Vorletztes anschauen lernen und die Freiheit Jesu Christi über alles stellen? *Ich glaube,* daß das geschehen kann, wenn Gott Gnade gibt. Freiheit zur Bestattung als Handlung ist Freiheit zum Vertrauen auf eine Möglichkeit Gottes.

„Man wird wohl sagen dürfen, daß nirgendwo in der evangelischen Kirche die Rechtfertigung durch den Glauben stärker verleugnet wird als am Grabe."[94] Wo die Rechtfertigung verleugnet wird, wird Gottes Angebot der Freiheit verlassen und damit auch die Liebe zu ihm verleugnet. Ist das jedoch der Fall, hat jede noch so gut verlaufene Bestattung ihren Lohn dahin. Darum kann man sich stets nur mit Furcht und Zittern auf sie einlassen. Nicht menschliche Leistung, sondern Gottes Gnade, nicht menschliches Verdienst, sondern das Vertrauen auf Jesu Christi Erlösungsgewalt retten den Menschen zu Gott hin und machen ihn neu.

Die Freiheit zur Liebe wird aber auch verraten, wenn der Mensch in ihr verraten wird. Zwei Formen des Verrats sind zu beklagen. „Leichenreden – Lügenreden“[95]: Diese Redewendung ist alt und besagt, daß von dem Toten und mit den Lebenden nicht wahr geredet wird. Man biegt zurecht und beschönigt. Geschieht das, hat eine Bestattung ihren Lohn dahin. Steht sie unter der Liebe, wird sie wahr. Fern vom Vertuschen und fanatischen Ehrlichkeitspathos – in beidem steckt ein Stück Zynismus – wird von den Menschen in andeutender und unbestechlicher Teilnahme gesprochen. – Viele beruhigen sich damit, daß sie den Dienst des Wortes doch wenigstens noch dort anbringen können, wo der Hörer schwach ist. Menschliche Begrenztheit soll zum Mittel evangelischer Anknüpfung gemacht werden. Dagegen protestiert Dietrich Bonhoeffer: „... ich möchte von Gott nicht an den Grenzen, sondern in der Mitte, nicht in den Schwächen, sondern in der Kraft, nicht also bei Tod und Schuld, sondern im Leben und im Guten des Menschen sprechen. An den Grenzen scheint es mir besser, zu schweigen und das Unlösbare ungelöst zu lassen.“[96] Sobald die Bestattung dazu mißbraucht wird, dem Menschen seine Hilflosigkeit zu demonstrieren und ihn in falscher Weise klein zu machen, hat sie als evangelische Handlung ihren Lohn dahin. Sie hat, ohne den Menschen zu degradieren, das Evangelium des freien Angebotes der Liebe anzusagen, ganz gleich, ob sich der Mensch angesichts des Todes stark oder schwach fühlt.

Die Freiheit zur Liebe muß sich auch als Liebe zur Gemeinde bewähren. Wird die Bestattung keine Gemeindeveranstaltung, d. h. eine Veranstaltung, in der auch beim Zusammensein nächster Angehöriger keine Gemeinde entsteht, die im Namen Jesu versammelt sein will, ist sie als kirchliche Institution unmöglich.[97] Wo Gemeindeglieder mit Hilfe der Bestattung manipuliert werden sollen, um in die Unmündigkeit abgedrängt zu werden, trifft dasselbe zu.[98] Eine Bestattung aus der Liebe Jesu Christi ist also nur möglich, wenn in ihr Gemeinde unter dem Wort und im Namen Jesu entsteht und die Freiheit des Christen zur aktiven Mitgestaltung der Bestattung entbunden wird.

Die Freiheit zur Liebe muß sich auch als Liebe zum Bestatter entfalten. Wird dieser überfordert und darüber zum gleichgültigen und überlasteten Routinier, darf er nicht mehr bestatten helfen – es sei denn, er sei bereit, sich selbst zu opfern. Aber wenn darüber die Hörer nichts mehr hören, hat alle Bestattungsarbeit ihren Lohn dahin. Bestattung ist also nur möglich, wenn der Bestatter Zeit gewinnt, den Kasus geistlich und menschlich zugleich zu verarbeiten. Nur dann kann er wirken.

So steht die Bestattung unter dem Ruf der Liebe zu Gottes Wort in Handlung und Rechtfertigungsglauben, zum Menschen, zur Gemeinde und zum Bestatter. Die Freiheit der Liebe wird nur durch Glaube, Wagnis, theologische Verantwortung, durch anknüpfungsfreies, hilfreiches und menschlich echtes Auftreten, durch eine Versammlung im Namen Jesu Christi, durch Mündigkeitserklärung der Laien und durch eine Entlastung der Prediger gelebt. Wo diese Forderungen angesichts der Bestattung gelten, hat Gott vielleicht an ihr Gefallen. Andernfalls wird sie religiös, menschlich und theologisch mißbraucht. Daß dieser Mißbrauch auch noch in ganz anderer Weise auftreten kann, weiß jeder. Die Gefahr, aus der Freiheit der Liebe Jesu Christi herauszufallen, ist groß.

c) Der Gottesdienst aus Anlaß der Bestattung darf frei vom Ort, aber auch frei zum Ort gestaltet werden. Freiheit des Glaubens ermöglicht die Erkenntnis, daß Gottes Geist da, wo das Evangelium laut wird, Gemeinde baut, „ubi et quandum visum est Deo".[99] Unter dieser letzten geistlichen Sperre und Weite geht aller echte Gottesdienst vonstatten. Darum ist es dogmatisch richtig zu sagen: Ob Bestattungsfeiern im Hause, in der Kirche oder am Grabe stattfinden, schlägt unter dem Aspekt der clausula spiritus sancti nicht zu Buch. Die Ortsfrage ist dogmatisches Adiaphoron. Das ist gegenüber einer verengenden Tendenz, bestimmte Bestattungsorte vorzuschreiben, z. B. nur die Kirche, zu betonen. Diese Tendenz wirkt leicht unfrei.

Unter ethischem Aspekt, wo es um das aus der Freiheit gelebte verantwortliche Tun des Menschen und der Gemeinde geht, stellt sich nun allerdings die Frage, ob es zu bestimmten Zeiten Orte gibt, an denen die Botschaft nach menschlichem Ermessen unannehmbar wird. Es ist nicht von ungefähr, daß in der Geschichte der Kirche Schwankungen auftauchen. In der römischen Kirche setzte im Mittelalter eine deutliche Tendenz ein, das Requiem nicht im Haus oder auf dem Friedhof, sondern in der Kirche zu feiern. In der lutherischen Tradition machte sich eine rückläufige Bewegung breit. Der reformierte Brauch geht in radikaler Ausprägung für einige Zeit dahin, Kirche, Friedhof und Haus überhaupt nicht mehr frei zu geben – und damit die Bestattung als Handlung aufzuheben.[100] Der von der Bestattung gelöste Sonntagsgottesdienst wird zum Ort der Trauer. Heute hat sich die aus der Moderne stammende Tendenz, Haus oder Wohnung nicht für Bestattungsfeiern zu verwenden, so weit durchgesetzt, daß das Haus auch für eine kirchliche Bestattungsfeier nicht mehr in Frage kommt.

Es wird erwogen, ob anstelle von Trauerkapelle und Grab – so die derzeitige Tradition – der Sonntagsgottesdienst der Lokalgemeinde, und d. h. die Kirche, nicht der geeignete Ort sei, um seitens der Gemeinde den Dienst an den Trauernden wahrzunehmen. Trauerkapelle und Grab seien zu sehr traditionell und familiär vorbelastet, so daß hier das Evangelium nicht zum Zuge kommen könne. Mit der kirchlichen Bestattungstradition auf dem Friedhof verbinde sich die Bestätigung eines heidnisch beeinflußten Christentums, das von natürlicher Theologie gespeist und von falschen volkskirchlichen Ansprüchen so durchsetzt sei, daß eine zeitgemäße Neufassung des Bestattungsauftrages am Grabe höchstens theoretisch, aber keinesfalls praktisch möglich werde. In der Kirche am Sonntag, wo die Trauer in den Normalablauf des Gemeindelebens hineingetragen werde, sei die Gefahr gebannt, daß sie einen falschen persönlichen, uneschatologischen und individuellen Eigenwert erhält. – Die bezeichneten Gefahren sollte man sehen. Sie lassen sich auch nicht mit Hilfe vorschneller und pathetischer missionarisch-pädagogischer Argumente oder behaglich konservativer Selbstbestätigung – noch „klappt" es ja mit der derzeitigen Bestattungspraxis – beseitigen. Ohne einer vorschnellen Bestätigung zu verfallen, erscheint uns dennoch die Rücknahme der Bestattungshilfe in den sonntäglichen Gottesdienst als ein unerlaubter Rückzug, der aus verschiedenen Gründen schwieriger ist als der gewiß nicht unbedenkliche Aufenthalt der Gemeinde bzw. ihrer Delegierten auf dem Friedhof: Die Auffüllung des Sonntagsgottesdienstes mit einer allfälligen Trauerhilfe kann dazu verführen, daß diese mit Rücksicht auf die unterschiedlichen Hörer so unpersönlich geschieht, daß kein Trost mehr möglich wird. Umgekehrt kann die Daueranforderung zur Trauerhilfe so sehr nach vorn drängen, daß spezielle Gruppen von Trauernden mit ihrem Interesse den Vorzug erhalten und der Gottesdienst kasuell aufgesogen wird. Die übrigen Gemeindeglieder sind am Thema der Trauerhilfe nicht sonntäglich interessiert. Wer sollte es ihnen dann übelnehmen, wenn sie fortbleiben? Zugleich würde die Betonung des Sonntagsgottesdienstes dem parochialen Denken Vorschub leisten. Das entspricht zwar der bisherigen Lebensordnung, aber nicht einer Sicht, die die Gemeinde in vielen Begegnungsebenen kreatürlichen Lebens am Werk sieht; z. B. in Gruppen familiärer oder regionaler Art. Das Parochiedenken würde bei einer Zurücknahme des Bestattungsauftrages in den Sonntagsgottesdienst ohne Zweifel gestärkt werden. Beim Auseinanderfallen von nichtkirchlicher Bestattung und sonntäglich eingebundener Trauerhilfe würde die Teilnahme von Gemeindegliedern an beiden Veranstaltungen angesichts unserer mobilen Gesellschaftsstruktur kaum möglich sein und zu einer Minimalteilnahme am Sonntagsgottesdienst zum Zweck der Trauerhilfe führen. Es kann auch sein, daß man dann, wenn der normale Gottesdienst nicht ausreicht, um Trauerhilfe zu leisten, auf eine Fülle von Spezialgottesdiensten in der Kirche verfiele, wie sie das 18. Jahrhundert – speziell die Aufklärung – kannte.[101] Dadurch würde angesichts der derzeitigen Verkündigungslage keinesfalls einer natürlichen Theologie und Selbstbestätigung des Menschen gewehrt, aber auf jeden Fall eine Eingrenzung kirchlichen Handelns in die Kirchenmauern erzielt. Die diakonische Funktionsarmut der christlichen Gemeinde fände eine noch stärkere Ausprägung, wenn sie das Grab verließe. Wir sagen: Der Gottesdienst auf dem Friedhof (Trauerhalle und Grab) darf bleiben. Er muß aber zugleich neu ausgelegt werden, wenn er neue Dignität erlangen will.

Das bedeutet 1., daß der Kasualgottesdienst auf dem Friedhof als Gottesdienst beizubehalten ist; als eine Veranstaltung, in der Gottes trinitarische Handeln dem Menschen bezeugt wird und des Menschen Antwort durch Lob, Dank und Fürbitte erfolgt. Das menschliche Bedürfnis darf nicht zur Dominante der Kasualie werden. – 2. Der Kasualgottesdienst darf auf dem Friedhof so lange als diakonische Geleitshilfe bleiben, wie Gemeindeglieder dadurch menschliche Unterstützung und brüderlichen Trost erfahren. Würde der Bestattungsakt heute nicht mehr von der Gemeinde wahrgenommen, könnte eine vom Glauben her verstandene Durchsäuerung des Bestattungsgeschehens nicht mehr eintreten. – 3. Der Kasualgottesdienst auf dem Friedhof darf sich verstehen als Spezialgottesdienst für Betroffene. Angehörige, die Christen sind, versammeln sich, um unter Gottes Wort zu bestatten. Weil es sich bei den Angehörigen nicht nur um Familienangehörige handelt, wird man den Kreis der Betroffenen darüber hinaus sehen müssen. Soziale Beziehungen, in denen der Verstorbene gelebt hat, werden durch Vertreter auf dem Friedhof sichtbar repräsentiert.[102] – 4. Der Kasualgottesdienst auf dem Friedhof darf sich verstehen als eine Form sporadischer Versammlung der Gemeinde. Wer kirchliches Leben vom Sonntagsgottesdienst her denkt, denkt nicht nur parochial, sondern auch von einem kontinuierlichen Gottesdienstverständnis her. Warum aber sollte es nicht erlaubt sein, die Kategorie des Sporadischen und des Unregelmäßigen für das Zusammensein der Gemeinde ebenso legitim zu beanspruchen? Nicht nur feststehende Gottesdienste (Bibelstunde, Wochenschlußandacht, Gottesdienst am Sonntagvormittag), sondern auch unregelmäßige und einmalige Gottesdienstveranstaltungen haben ihren geistlichen Sinn, d. h. können vom Heiligen Geist für sein Wirken beschlagnahmt werden, ohne daß sogleich eine Überführung in den regelmäßig sich wiederholenden Rhythmus parochialer Gemeindeform nötig ist. – 5. Weil der Gottesdienst auf dem Friedhof besonders durch liturgische und kerygmatische Formen wahrgenommen wird, sind diese stets neu kritisch zu überprüfen und auf ihre Gefährdungen hin zu untersuchen.

Alles in allem: Der Trauergottesdienst auf dem Friedhof darf nicht als „heidnisch beeinflußte" und volkskirchliche Nachhutveranstaltung reaktionär kultiviert werden. Er ist der werdenden Diasporalage entsprechend als Kerygma und Liturgie verantwortlich gebrauchende (5), theologisch eindeutige (1), diakonisch hilfreiche (2), sporadische (4) Gemeindeveranstaltung von Betroffenen (3) neu zu gestalten.[103] Unter dem Gesichtspunkt der Ethik ist der Dienst der Gemeinde auf dem Friedhof – lokal betrachtet – möglich. Ob er unter dem dogmatischen Aspekt eine besondere „missionarische Gelegenheit" oder „Ungelegenheit"[104] darstellt, darf erfreulicherweise offenbleiben.

d) Der Gottesdienst aus Anlaß der Bestattung ist frei zu gestalten als eine Versammlung von Menschen, die durch den Tod eines anderen betroffen sind. Wer steht im Zentrum der Bestattung? Durch die Diskussion geistert die Ansicht, daß eine evangelische Bestattung nichts mehr mit dem Toten zu schaffen habe und darum nur Anrede an die Lebenden sein dürfe.[105] Den Toten anzusprechen wäre gewiß töricht, weil er tot ist. Es wirkt seltsam, wo dies auch während einer christlichen Bestattung ausdrücklich geschieht. Daß für den Toten nichts mehr getan werden kann, um Gott gnädig zu stimmen, ist bereits in der Reformation festgehalten worden. Dennoch ist nicht nur visuell, sondern auch existentiell gesehen der Tote Anlaß des Zusammentreffens der Trauergemeinde. Lebende sind versammelt, um mit einem Toten menschlich abzuschließen, den toten Leib zu begraben und eine Hilfe für den inneren „Dialog" mit dem Toten zu empfangen, die klärende Wirkung hervorruft. Man muß mit dem Verstorbenen ins reine kommen: Wer war er? Was war er einem wert? Wo bleibt etwas offen? Wie kann man ohne ihn weiterleben? Wer dazu nichts sagen will, redet und handelt an den Lebenden vorbei. Daß in dem allen auch Gottes Evangelium selbst zu Gehör kommen soll, ist hier nicht weiter auszuführen. „Es besteht freilich zwischen uns Menschen eine mitmenschliche Verflechtung, die eine säuberliche Scheidung: hier der Tote im Sarg – da die Lebendigen neben dem Sarge als oberflächlich abweist."[106]

e) Der Gottesdienst aus Anlaß der Bestattung ist frei zur Bewegung zwischen Wort und Kasus. Die Angst, daß der Prediger ein Opfer des Kasus werden könnte, hat vor einer Generation einen leidenschaftlichen Protest hervorgerufen[107] und die Forderung nach der Weitergabe des „objektiven Wortes" stark werden lassen. Sogar bei Bestattungen von Angehörigen von Pfarrern spielt der Kasus auch heute noch oft eine überwuchernde Rolle, so daß das Wort in seiner ganzen Tiefe verschwiegen bleibt. Darum ist die Warnung vor der Gefahr, sich an den Kasus zu verlieren, jederzeit berechtigt. Es kann auch für den vielbelasteten Bestattungsprediger eine Hilfe sein, daß er sich sagt: „Ich halte mich an das Wort und lasse mich von ihm tragen." Diese Meinung wird oft vertreten; aber wie Gott Mensch wurde, muß auch das gesprochene Wort Fleisch werden und in die Geschichte eingehen, d. h. hier: in den Kasus. „Wenn das Evangelium in einem ganz bestimmten Fall nur als allgemeine Aussage zur Sprache kommt, wird es nur als pastörliche Phrase gehört. Eine solche Kasualpredigt wird von den Hörern als Beweis dafür genommen, daß die Kirche zu ihrem Leben und Erleben nichts zu sagen habe."[108] Manfred Mezger formuliert sachlich und ausgewogen: „Das Kasuelle macht sich gerne besonders breit ... und erhebt sich zum Thema des Ganzen. Wo das geschieht, hat der casus über das Wort gewonnen ... Schalten wir den ‚Fall' aus, so wird das Wort beziehungslos."[109] Daß der Zeuge oft betrübt vom Friedhof heimkehrt, weil er den Kasus oder das Wort geopfert hat, ist eine sich häufig wiederholende Erfahrung.

f) Der Gottesdienst aus Anlaß einer Bestattung steht unter dem Vorzeichen der Freiheit zu jedem Funktionseinsatz. Das bereits betonte, vielschichtige Handeln der christlichen Gemeinde aus Anlaß der Bestattung[110] sieht im Vollzug so aus: Die katechetische Funktion spielt ihre entscheidende Rolle im Bestattungsgespräch, in der gesamten Unterweisung der Gemeinde allgemein und in der Hilfe nach der Bestattung, von der noch zu reden ist. Information und Lehre vollziehen sich allerdings auch indirekt im rhetorischen und liturgischen Vorgang der Bestattung selbst. Hier geschieht funktionale Unterweisung im besonders wirksamen Maß. – Vom ordnenden Aspekt des Bestattungsgeschehens war bereits die Rede. Einiges wird dazu noch im Zusammenhang der liturgischen Seite der Bestattung zu ergänzen sein. – Die Bestattungsseelsorge als cura specialis taucht im Zusammenhang des Bestattungsgesprächs und der nachgehenden Trauerndenseelsorge auf. Im Bestattungsgeschehen selbst ist die den Menschen zugewandte Reflexion des homiletischen und liturgischen Handelns als cura generalis mit zur Stelle.[111] – Postmortale Diakonie ist vor und nach der Bestattung gefragt. Doch gibt es auch während der Bestattung diakonische Einzelakte, die durch die Beschreibung der Bestattung als eines diakonischen Gesamtaktes – man hilft sich gegenseitig, die Toten unter die Erde zu bringen – nicht erfaßt sind. So sind Christen bereit, an einer Bestattung nur deshalb teilzunehmen, um Angehörige nicht allein zu lassen. Oder es werden Einzelverrichtungen übernommen: Tragen von Kränzen, des Sarges, Stützen von alten oder kranken Trauernden, Auswerfen des Grabes usw. Hier geschieht spontan und unbewußt viel diakonisches Handeln, das für Christen seinen Grund in der Nachfolge ihres Diakons Jesus Christus hat.[112] – Am stärksten ist jedoch das Bestattungshandeln im Gottesdienst von liturgischen und homiletischen Motiven bestimmt. Auf sie ist darum gesondert einzugehen. Doch bevor das der Fall ist, muß noch von den Bestattern die Rede sein.

3.2.3.3. Die Mitarbeiter bei der Bestattung

Der vernommene Ruf Jesu Christi und die Taufe nehmen jeden Christen in Dienst. Alle sind Priester und Mitarbeiter Jesu Christi.[113] Jeder Christ nimmt seinen Dienst wahr, in der Regel ohne daß die Gemeinde ihn damit offiziell beauftragt hätte. Das durch Gottes Wort geprägte Gewissen treibt ihn, so daß homiletische, liturgische, katechetische, seelsorgerliche und diakonische Impulse zum Einsatz gelangen, Gemeinde und Welt gedient wird. In der Gemeinde sind aber auch einige Christen offiziell beauftragt, diese Funktionen mit Zustimmung aller so auszuüben, daß alle Menschen, die um die Gemeinde herum leben, es erkennen können. Beide Gruppen, die in eigener Verantwortung handelnden und die öffentlich beauftragten Christen, stehen sich nicht nur gegenüber. Letztere nehmen die Funktionen der Gemeinde auch außerhalb des ihnen anvertrauten kirchlichen Bereiches wahr, erstere sind am öffentlichen Vorgang von Predigt, Unterricht, Liturgie und Seelsorge stets mitbeteiligt. „Amt" und Gemeinde gehören zusammen und gehen ineinander über. – Diese knappen Aussagen sollen auf die Bestattung angewendet werden. Hier oder da haben wir ja bereits die Zusammenarbeit von Pfarrer und Gemeindegliedern im Zusammenhang der Todesfürsorge bedacht.[114]

Ohne gründlich darüber nachgedacht zu haben, wird nicht nur in der christlichen Gemeinde, sondern auch unter kirchlichen Amtsträgern und Lehrern vorausgesetzt, daß nur der theologisch gebildete Pfarrer für die ordnungsgemäße Durchführung der Bestattung zuständig ist. Manfred Mezger äußert sich dazu zwiespältig. Teils setzt er den Pfarrer als einzigen Verantwortlichen voraus, teils spricht er der Gemeinde eine „Mitverantwortung des Amtes" zu. Sie müsse „Aufgaben" gestellt bekommen.[115] Das Problem der Mitarbeiter hat seine Zuspitzung dadurch erhalten, daß Rudolf Bohren anstelle des theologisch gebildeten und öffentlich beauftragten Kasualienverwalters Laien, „Hausväter", „Presbyter" auch für das Abhalten von Bestattungen einsetzen will. „Dem Pfarrer aber wächst vornehmlich die Aufgabe zu, die Presbyter zu unterweisen und zu schulen, er avanciert damit vom ‚Amtshändler' zum ‚Dozenten'."[116] Der Hinweis ist wichtig, weil auch noch in der DDR die Pfarrer zum Teil in den Städten von der Vielzahl der Bestattungen überlastet sind. Und es verhalten sich die Laien während einer Bestattung nicht selten völlig hilflos und passiv.

Dennoch ist gegenüber Rudolf Bohrens sprachlich meisterhafter Karikatur des gegenwärtigen Bestattungshandelns in der BRD darauf hinzuweisen, daß in der heutigen Gemeinde mehr Funktionen in der Nachfolge des Gekreuzigten ohne viel Aufsehen zum Einsatz gelangen, als er meint feststellen zu können. Die Glieder der Gemeinde sagen sich Trostworte zu, gewiß oft ungeschliffen und sprachlich nicht immer geschickt; aber sie tun es (seelsorgerlich-homiletische Funktion). Ein am Grabe gemeinsam gesprochenes Vaterunser ist ebenso bedeutsam wie das Mitsingen von Bestattungsliedern seitens der anwesenden Gemeindeglieder (liturgische Funktion). Wer schon einmal Bestattungen gehalten hat, bei denen er allein singen mußte, weiß das zu würdigen. Diakonische Hilfe ereignet sich unter Christen ebenfalls mehr, als „amtlich" erfaßbar ist. Und die Weitergabe von Informationen über den Ablauf einer christlichen Bestattung wird von Laien häufiger wahrgenommen als von Theologen, die sich in der Regel im Bestattungsgespräch darüber erhaben fühlen, praktische Verhaltensfragen anzuschneiden, weil sie ihnen nicht wesentlich zu sein scheinen. Es ist gut und erfreulich, daß hier viel Unkontrolliertes geschieht. Es bleibt dann dem offiziellen Auge der Kirche verborgen, die sonst auch nur in der Gefahr stünde, überheblich und vielleicht gesetzlich zu reagieren. Es kann freilich auch gefährlich werden, wenn auf diese Weise zu viel an unkontrollierter Unterweisung geschieht, weil dann viel traditioneller und unverstandener Sittenbalast oder auch flacher Verhaltenskodex übertragen werden, ohne daß ihre christliche Motivierung bekannt ist oder eine evangelische Begründung ausgesprochen werden könnte. Die erste Forderung an die Mitarbeit der Gemeinde besteht darin, daß sie sich bewußt an der Bestattung als einem Tun der christlichen Gemeinde bis in ihre einzelnen Funktionen hinein beteiligt: durch Mitreden, Mitsingen, Mitleiden, Mitdienen, Mitverhalten. Es ist darum für jede Gemeinde zu bedenken, welche Form der Mitbeteiligung in einer bestimmten Situation geeignet ist und wie das entsprechende Verhalten geübt werden kann. Hier gibt es noch viel zu tun. Was es im einzelnen ist, kann vor Ort nicht konkret genug bedacht werden.

Neben der Mitbeteiligung darf die Delegierung der Bestattungsaufgabe an eine breitere Gruppe von geeigneten Gemeindegliedern erfolgen. Das evangelische Amtsverständnis erschöpft sich nicht in der Institution des Pfarramtes. Das eine Ministerium des Evangeliums[117] kann in viele soziale Gestalten eingehen. Das hat man in der lutherischen Tradition immer gewußt; z. B. berichtet ein alter Lehrer, daß er mit Zustimmung der kirchlichen Behörden um die Jahrhundertwende in einem abgelegenen Dorf die Beerdigungen hielt. Die Wahrnehmung der Beerdigungen durch erfahrene Glieder hat sich in der Nachkriegszeit in vielen Gemeinden herausgebildet, wenn kein Theologe oder Pfarrer erreichbar waren. Auch heute sollte man Gemeindeglieder zum Abhalten von Bestattungen mit heranziehen. Freilich brauchen dazu die Theologen nicht in den Streik zu treten. Es genügt völlig, wenn sie die Laienbestatter dort, wo es gut und passend erscheint, ebenbürtig an ihrer Seite wirken lassen. Für die volkskirchlichen Verhältnisse in der BRD mag ein „Theologenstreik" vielleicht wirksam sein. Darüber sei nicht geurteilt. In der diasporakirchlichen Lage der DDR wäre das unsinnig. – Laienbestatter bedürfen eines Charisma. Nicht jeder Laie wird es in gleicher Weise besitzen, auch wenn er sich zum Halten von Beerdigungen berufen fühlt. Über das Charisma kann er nicht allein entscheiden, sondern nur die Gesamtgemeinde. Und diese kann ihn dann prüfen und ordinieren, wenn eine Unterweisung erfolgt ist. Stünden in einem Kirchenkreis ebenso viele berufene und ausgebildete Laien wie Theologen im Bestattungsdienst der Gemeinde, so daß die Gemeinde dazu auch ihre volle Zustimmung gibt, wäre viel erreicht.[118] – Daß außerdem jeder bewußte Laienchrist wissen sollte, wie eine christliche Bestattung im Notfall zu halten ist, darauf ist im Katechumenat hinzuweisen. Jede weitere Verlagerung des Bestattungshandelns aus der Ortsgemeinde heraus in die „Hausgemeinde" bedeutet, daß man unrealistischen Utopien nachhängt. Also: Einer ebenbürtigen Delegierung der Bestattungsaufgabe der Gemeinde auch an Laien ist zuzustimmen; aber nicht ohne eine organische Eingliederung in vorhandene Situationen und ohne eine „Streikbewegung".

3.2.3.4. Die Bestattungshandlung

Die Bestattung ist eine Handlung, in der bestimmte Riten und Worte, liturgische Stücke zu einem Ganzen zusammengefügt sind. Dieses Ganze soll nicht spontan geändert oder nur einmal gebraucht werden. Es ist auf Wiederholung angelegt. Gewiß findet sich auch ein liturgisch spontanes Handeln. In außergewöhnlichen Situationen werden kurze, oft aus dem Gedächtnis rekonstruierte Fragmente liturgischen Handelns einmalig beim Begraben angewendet. In derartigen Situationen sind sie berechtigt. Es wird jedoch die Regel sein, daß die Bestattungshandlung ein überlegtes und auf Wiederholung angelegtes Ganzes ist, das viele in gleicher Weise benutzen. Fragen wir nach dem Sinn (a), der Wortgestalt (b), den Riten (c), endlich nach Ort und Zeit (d) der Handlung.

a) Der theologische Sinn ist deutlich: Gott will in der Handlung zu Wort kommen. Der Herr in Leben und Tod will als der barmherzige Erlöser und Erneuerer bezeugt werden. Das kommt direkt zum Ausdruck durch die Zitation des Urzeugnisses der Heiligen Schrift und seine Interpretation in die jetzige Situation durch das öffentliche Zeugnis. Von dieser Überlegung ist Götz Harbsmeier so bestimmt, daß nach seiner Meinung „in der Tat bis auf die Wortverkündigung alles andere fehlen kann, ohne daß dadurch der christliche Sinn der Beerdigung verlorengehen müßte".[119] Auch wenn das frei verkündigte Wort in der Regel leichter zugänglich ist als das Urzeugnis, hat doch auch letzteres eine kerygmatische Kraft, die nicht zu unterschätzen ist. – G. Harbsmeier fährt dann auch nach seinem exklusiv klingenden Satz abweichend fort: „Nur die Wortverkündigung und das Gebet dürfen nicht fehlen."[119] Das Gebet ist der Versuch, verbal auf das gehörte Wort zu antworten. Als Lob hebt es Gottes Heilshandeln im Angesicht der Todesmacht hervor, damit er größer als diese wird und damit zu dem, der er ist. Im Wort des Dankes wird Gottes gnädiges Handeln an Toten und Lebenden auf ihn bezogen. In der Fürbitte wird die Zukunft der Lebenden, der Welt und des Verstorbenen dem barmherzigen Wirken Gottes anvertraut. In der Klage spricht der Beter sein Leiden aus.

Daß Lob und Dank, Bitte und Klage, ebenso wie Schriftlesung und – in der Regel – die öffentliche Predigt, im Bestattungsgeschehen ihren legitimen Platz haben, ist nie bestritten, sondern im Gegenteil stets gefordert worden. Bedenken sind nur gegenüber der Fürbitte für die Toten laut geworden. Es wird dann darauf verwiesen, daß die Reformation gegen das verdienstlich verstandene Gebet für die Toten polemisiert habe.[120] Martin Luther hat sich reserviert, Johannes Calvin überhaupt ablehnend verhalten.[121] Wenn Fürbitte den Sinn hätte, Gott gegen sein Wesen zu beeinflussen, d. h. gegen sein schöpferisches, gnädiges und erneuerndes Wesen anzugehen, ist sie verwerflich. Wo Fürbitte den Sinn hat, Gottes Wesen in die Zukunft als schaffendes, barmherziges und erneuerndes Handeln hineinzudenken und darauf zu warten, daß er es in seiner Weise durch Menschen, Ereignisse, Verhältnisse und Eingriffe selbst handelnd vollendet, ist sie Erfüllung des eigenen Lebens und legitime Beugung unter sein Wirken. Der Tote wird Gottes schaffendem, gütigem und erneuerndem Wirken übereignet und damit zugleich allen eigenmächtigen menschlichen Gedanken und Manipulationen entnommen. Die Fürbitte für die Toten will also nicht Gott gegen seinen Willen beeinflussen, sondern dazu verhelfen, daß sein Wesen und Wirken menschliche Selbstherrlichkeit in Vorstellung und Aktion gegenüber dem Toten zerstört. So hat die Fürbitte für die Toten einen höchst aktiven Sinn. Wird sie nicht geübt, besteht die Gefahr, daß Menschen anfangen, Gott gegenüber eigene Wege mit ihren Toten zu gehen. Schweigen droht falsche Zukunftsspekulationen aufkommen zu lassen. Reden über die Toten vor Gott macht frei. Denn es vollzieht sich über der fürbittenden Wendung zu Gott auch Gottes Seelsorge am Betenden, weil dieser begreifen lernt, wie Gott sich als gnädiger Herr – auch der Toten – bestätigt. Die Unterscheidung zwischen privater und gottesdienstlicher Fürbitte mit der Absicht, das Privatgebet für die Verstorbenen für kurze Zeit zuzulassen,[122] ist angesichts dieser grundsätzlichen Entscheidung kein Weg. Winkelbitten stehen außerdem in der Gefahr, falsch zu werden, weil sie nicht vom konkreten Gebet der Gemeinde begleitet und geschützt werden. Die Gemeinde als Ganze kann nicht nur für wenige Tage, sondern auch für längere Zeit davon bewegt sein, bestimmte Menschen oder Gruppen von Verstorbenen Gottes Gnade zu übergeben; z. B. Kriegsopfer, Verstorbene eines Jahres oder andere Gruppen von Toten, die eine ganze Kirche bewegen. Es sollte dann nicht nur das Gebet der Gemeinde für einzelne,[123] sondern auch für Gruppen von Toten geben. – Die allgemeine Warnung vor einem Gebet für Verstorbene, die schon länger ruhen, ist dann richtig, wenn sich dahinter ein krampfhaftes Festhalten verbirgt, das ungesund ist. Wo jedoch Tote einer christlichen Gemeinde nicht aus dem Sinn kommen, muß es erlaubt sein, die Fürbitte zu erneuern. Sie stellt Gott zwischen die Verstorbenen und die Beter, ohne daß daraus menschlicher Totenkult oder verdienstliche Aktion entstehen müssen.

Es ist die Frage, ob über die so bestimmten Grundweisen des Redens Gottes in Schrift und Predigt und der Antwort des Menschen in Lob, Klage, Bitte und Dank noch andere Elemente des Bestattungshandelns eine besondere theologische Dignität besitzen. Hans Georg Haack[124] will der Segenshandlung als symbolischer Handlung nicht nur eine besondere, sondern die entscheidende theologische Rolle im Ablauf der Bestattung zuweisen: „So ist also der Höhepunkt der Bestattungsfeier das segnende Gotteswort über das Grab, und das begleitende Symbol ist der Erdnachwurf mit dem nachfolgenden Kreuzeszeichen, das über das Grab und die Hinterbliebenen geschlagen wird."[125] Dem stimmen wir nicht zu. Ohne die gesamte Debatte um die Theologie des Segens aufrollen zu können,[126] verstehen wir ihn als eine Form des Zuspruchs des Wortes Gottes, auf dem die Verheißung der Erfüllung liegt, aber auch als eine Gestalt der Fürbitte, auf der die Verheißung der Erhörung ruht. Theologisch gesehen, wird der Segen damit zugleich zu einer Gestalt des Redens Gottes und des Gebetes des Menschen. Von ihm her den Zentralsinn der Bestattung zu erheben – etwa in Kongruenz zu anderen sogenannten Benediktions-[127] und Segenshandlungen[128] –, ist auch darum unmöglich, weil leicht magischen Vorstellungen Vorschub geleistet werden kann.

Die Anlage der Handlung als Gottes Wort und des Menschen Antwort wird agendarisch konkret; d. h. nicht nur im liturgischen Handeln, sondern auch unter der Bindung an liturgische Formulare und ihre Ordnungen. Feste, freiere und freie liturgische Stücke werden zum Medium des Kontaktes zwischen Gott und Mensch. Feste Stücke sind Schriftlesung und Gebet. Sie sind insofern freier zu handhaben, als beide, Lesungen und Gebete, entsprechend dem Proprium des Kirchenjahres oder des Kasus auswechselbar sind, auch wenn sie in sich verbal festliegen. Das völlig freie Stück im Ablauf der Liturgie ist die Rede.

Zwischen festen und freien Stücken darf es eine Beziehung geben. Schrift- und Agendenbindung können den Gestalter der Bestattungshandlung davor bewahren, die theologische Sache zu verlieren.[129] Indem er Prediger ist, auch Gebet und Rede hörergemäß bearbeitet, bewahrt er die Bestattungshandlung vor dem Erstarren. Tradition und Konkretion werden damit zu Medien, die das Evangelium als das eigentliche Wort Gottes über dem Bestattungsgeschehen deutlich machen. – Die Bewegung zwischen Tradition und Konkretion ist jedoch nicht durch das übliche Einteilungsschema: gebundene Liturgie – freie Rede hinreichend beschrieben. Man kann nur von dem Gefälle der jeweiligen liturgischen Stücke reden, das sich freilich umkehren läßt: Jede Beerdigungsansprache enthält in sich z. B. häufig mehr traditionelle Bindungen sprachlicher, inhaltlicher und formaler Art, als der Laie vermutet. Das Studium von Trauerreden macht ihre Homogenität – oft fast erschreckend – deutlich. Umgekehrt ist es möglich, liturgische Stücke, die traditionell zu sein scheinen, durch andere Übersetzung, sprachliche Bearbeitung und konkrete Umarbeitung ganz lebendig und situationsnah zu gestalten. Darüber hinaus gibt es die Tatsache, daß in herausgehobenen Situationen, die gleichsam nach einer Antwort schreien, ohne daß sie erst einer Deutung bedürfen, traditionelle liturgische Stücke, die längst bekannt sind – etwa ein Psalm oder eine Evangeliumslesung –, sofort verstanden werden. Auch bewirkt die Art der Verlesung alter Texte oft eine überraschende Vergegenwärtigung, ein spontanes Überspringen von Jahrtausenden, so daß altes liturgisches Gut eine Bestattung unter Umständen stärker trägt als die sie begleitenden „freien“ Worte der Predigt. Jenseits der Formfrage:

„hier traditionelle Stücke – dort gegenwartsbestimmte, freie Ansprache" wird das Problem durch das Hineinreichen in personal bedingte Verstehensbereiche nicht nur kompliziert, sondern auch eigentümlich überspielt und erweitert.

Damit taucht ein weiterer, für die Bestattungshandlung wichtiger Grundsatz auf: Die Liturgie ist vom einzelnen Christen in Verbindung mit seinen Brüdern zu verantworten. Der einzelne Bestatter, der die Handlung gestaltet, wird sie als solche zu verantworten haben. Er muß hinter dem stehen, was er liest, sagt und singt. Gewiß ist das Wort immer ein fremdes Wort, sofern Gott sein Ja dazu geben muß; aber das entbindet den Bestatter nicht, dieses fremde Wort durch sich selbst hindurchgehen zu lassen. Er ist keine Schallplatte, sondern Mensch mit einem Gewissen. Diese unveräußerliche Bindung an das Wort wird er jedoch nicht isoliert wahrnehmen, sondern so, daß er sich das Wort der Brüder gefallen läßt, wie es in Agende und Gesangbuch gesammelt vorliegt. Dazu gehört das Wort der Brüder, die vor ihm waren: die ersten Zeugen der Schrift und die ihnen nachfolgenden Zeugen aus der kirchlichen Vergangenheit. So entsteht keine agendarische Bestattungsordnung ohne den Dialog mit den Brüdern von gestern. Die Liturgiewissenschaft trägt dem Rechnung und bereitet deren Stimmen auf.[130] Das kann nicht den Zweck haben, das Wort von heute dem Wort von gestern verbal zu unterstellen. Dann entstünde eine falsche Bindung an die Brüder. Es kann das Bestattungswort von heute im Gespräch mit den Brüdern, ihren Irrwegen und guten Wegen, nur vorbereitet, aber nicht absolut festgelegt werden. Zugleich wird der einzelne die Bestattung nicht gestalten dürfen, ohne daß er das Angebot der lebenden Brüder ernst nimmt. Dieses Angebot findet wiederum in der Agende seinen Niederschlag. Indem der Liturg die Agende als Angebot beachtet, stellt er sich seinen Brüdern, die versucht haben, eine der heutigen Lage entsprechende Wortgestalt des Evangeliums zu finden. Die Agende wird somit zur Hilfe der Brüder aus Vergangenheit und Gegenwart, um eine sachgemäße Bestattung vornehmen zu können.

b) Die Wortgestalt soll anhand der lutherischen und unierten Bestattungsagende bedacht werden. Ihre beiderseitige Verwandtschaft entstammt nicht nur dem relativ homogenen Bestattungsmaterial in den deutschen evangelischen Kirchen des 19. Jahrhunderts, sondern auch der gemeinsamen Anregung ihrer Verfasser durch die Lutherische Liturgische Konferenz mit dem Rückgang vor allem auf das reformatorische Erbe. Beide Agenden unterscheiden zwischen feststehenden Ordnungen und wechselnden Stücken, ohne daß im einzelnen eine ganz klare formale Scheidung durchgeführt wäre. Unter den Ordinarien finden sich manche Angaben zum Proprium und umgekehrt. Beide Agenden betonen einleitend, daß die örtlichen Verhältnisse eine Mannigfaltigkeit und Verschiedenheit der „Teilhandlungen"[131] und „Bestattungssitten"[132] mit sich bringen, die zu respektieren sind. Während die unierte Agende auch von daher eine große Sparsamkeit der Angaben im einzelnen bevorzugt, gibt die lutherische Agende die nicht verbindlichen Zusatzmöglichkeiten im größeren Umfang an. Auf jeden Fall unterliegt die Form der Bestattung einer liberaleren Verbindlichkeit als andere liturgische Ordnungen z. B. der Gemeindegottesdienst am Sonntag.

Die Ordnungen der EKU sind durch das natürliche Kriterium „Erwachsene – Kinder" zweigeteilt. Hier wirkt nicht nur die alte theologische Unterscheidung, die Frage des Heils für Kinder und Erwachsene getrennt zu behandeln, nach, wie sie bis heute in der römischen Kirche ausgeprägt vorliegt.[133] Auch das früher so häufige Vorkommen des Sterbens von Kindern dürfte ein eigenes Formular notwendig gemacht haben. Die Kindersterblichkeit ist heute jedoch ganz gering. Von daher ist es besser, daß sich die lutherische Agende auf diese Doppelung nicht eingelassen hat. Beide Formulare enthalten jedoch Sonderhinweise zur Durchführung einer Feuerbestattung und Urnenbeisetzung. Mit der Erdbestattung wird nach wie vor als Normalfall gerechnet. Das zeigt sich daran, daß die Ordinarien im Blick auf sie konzipiert sind. Beide Agenden kennen die an zwei Orten stattfindende Bestattung als Feier im Hause bzw. in der Friedhofskapelle und am Grabe. Dabei schlägt die lutherische Agende dann eine kurze Feier im Hause vor, wenn keine Feier in der Friedhofshalle stattfindet. Beide Agenden sehen auch eine Handlung vor, die nur am Grabe vor sich geht, und einen sich möglicherweise anschließenden Gottesdienst in der Kirche, der nach dem Ordinarium des Haupt- bzw. Predigtgottesdienstes gehalten wird. Mit einem Abendmahlsgottesdienst wird kaum gerechnet.[134] Beide Ordinarienvorschläge greifen Modelle aus der evangelischen Tradition[135] auf, wobei die lutherische Agende noch mehr Möglichkeiten bereithält.

Doch nun zu den Stücken im einzelnen. Die Bestattung kann nach der unierten und muß nach der lutherischen Ordnung mit einem Lied beginnen. – Von kleinen Ausnahmen abgesehen, sind die einzelnen Propria nur durch die Eingangssprüche an das Kirchenjahr gebunden. Die unierte Agende kennt Eingangssprüche zu Beginn der Feier in der Kapelle, die lutherische Agende zu Beginn der Grablegung. Im übrigen können die Propria auch im Blick auf den Kasus ausgesucht und variiert werden. – Drei Typen von Schriftlesungen bestimmen die Liturgie: Im Beugewort wird ein Psalm verlesen, der die Hörer an Vergänglichkeit und Schuld als Todesursache erinnert, aber doch zugleich auch auf die Geborgenheit des Menschen in Gott hinweist. In Trostworten fast ausschließlich aus dem Neuen Testament werden Versöhnung und eschatologische Hoffnung bezeugt. Die dritte Lesung am Grabe weist auf die Folgen der Auferstehung Jesu Christi für die Christen hin.[136] Die Auswahl der unierten Agende für die Psalm- und Trostlesungen ist nur halb so groß wie die der lutherischen Agende. Damit entspricht jene der gern erhobenen Forderung, nur wenige Lesungen zu verwenden.[137] Die Agende von 1895 verfährt hier noch anders.[138] In den Lesungen, die den Trost bezeugen, dominieren johanneische und paulinische Texte. – Die lutherische Agende gestattet das Verlesen einer Vita des Verstorbenen, rechnet aber ebenso wie die Unionsagende damit, daß eine Ansprache bzw. Predigt gehalten wird, die in schwierigen Fällen durch eine sogenannte „Vermahnung" ersetzt werden kann. Hinter diesem traditionell bedingten und moralisch klingenden Begriff versteckt sich eine kurze Zusammenfassung des Bestattungskerygmas in fester Form. Die lutherische Form kennt dabei eine gesonderte „Vermahnung" für den Tod von Kindern. Ihre Vorschläge für die Erwachsenenbestattung sind offensichtlich neu konzipiert: Die Bedeutung von Tod und ewigem Leben durch Christi Tod und Auferstehung werden für den Verstorbenen und die Lebenden angesagt. Dasselbe steht in abgeschliffenerer und traditionellerer Sprache auch in den „Vermahnungen" des unierten Formulars. Eine „Vermahnung" aus der Agende von 1895 ist fast wörtlich übernommen worden. Sämtliche „Vermahnungen" bedürfen jedoch unabhängig von ihrem Alter einer sprachlichen Überarbeitung. Das Verständnis des Todes im geistlichen und psychophysischen Sinn wird nicht klar genug unterschieden. Statt von „Vermahnung" wäre es auch besser, von „Predigtlektion" zu sprechen. – Dank- und Fürbittengebete schließen die Handlung in der Friedhofskapelle ab. Sie sind vorwiegend in der Form der Prosphonese gestaltet, enthalten aber auch eine oder mehrere Ektenien. Die Möglichkeit, dem Kasus entsprechend den Text durch Einschübe zu variieren, ist in einem der Gebete vorgesehen. – Die Zwischenvoten sind in beiden Agenden ähnlich, auch das Ausgangswort für die Lebenden ist gleich: Psalm 121,8.

Übereinstimmung im Formular herrscht auch bei der Feier am Grabe. Ein Lobpreis zur Eröffnung – hier immer derselbe (unierte Agende), dort dem Kirchenjahr entsprechend variabel gefaßt (lutherische Agende) – leitet zur Bestattungsformel über, dann zur dritten Lesung, Kollekte, Vaterunser und Segen. Eine deutliche Sachdifferenz weist nur die Bestattungsformel auf.[139] Während die unierte Agende die direkte Anrede des Verstorbenen wagt, hat die lutherische Agende die indirekte Rede gewählt. Beide Formeln sind im evangelischen Raum durchweg erst seit dem vorigen Jahrhundert üblich. Die Fürbittform in der lutherischen Agende ist sachgemäßer, weil der Segen als Zuspruch über Toten eine Überschreitung theologischen und kreatürlichen Denkens darstellt.[140] Für Lebende hat der Segen als Zuspruch und Fürbitte seinen guten Sinn; aber für Tote wird man nur noch Fürbitte halten können.

Fassen wir die Analyse der Agenden zusammen: 1. Beide zeigen einen klaren, durch Lieder, drei Schriftlesungen, eine Predigt und Gebete (Dank, Fürbitte, Kollekte, Vaterunser) bestimmten Aufbau. Ablauf und transitorische Voten sind gleich oder doch sehr ähnlich. Damit hat die Bestattungspraxis eine so große Einheitlichkeit im evangelischen Bereich erlangt, wie es vorher nicht der Fall gewesen ist. – 2. Das Singen ist nach der lutherischen Agende verbindlich, nach der unierten nicht. Letztere trägt damit der Mentalität des heutigen Menschen, nicht mehr so viel zu singen, nüchtern Rechnung. – 3. Die im 19. Jahrhundert wieder sehr verbreitete Segensformel über dem Toten wird nach der lutherischen Form als Fürbitte, nach der unierten Form als Zuspruch formuliert. Letzteres ist kaum tragbar. – 4. Das begrenzte Angebot an Lesungen ist in der unierten Agende nur halb so groß. Damit wird dem Motiv der Einprägsamkeit des Schriftwortes nachgegeben, das heute angesichts der Vielfalt der Wörter etwas für sich hat. Die breitere Auswahl der lutherischen Agende dokumentiert mehr die Fülle der Schrift und berücksichtigt die Unterschiede im Kasus. – 5. Im großen ganzen wird die Spannung zwischen theologischen Grundaussagen und kreatürlicher Vielfalt so gelöst, daß die Ordinarien von ersterem her gestaltet sind, die Proprien kasuell variabel eingesetzt werden können. Die dem widersprechende Einteilung des unierten Formulars in Kinder- und Erwachsenenbestattungen ist heute nicht mehr angebracht.

Ob ein gewisser Überhang in der Beachtung von Erdbestattung, Kindersterben und Selbstmord, der aus der christlichen Tradition stammt, heute noch so ausgeprägt beachtet werden sollte, ist zu bezweifeln. Andere Todesfälle und -gefahren sind heute wohl noch wichtiger: Unfall, Verkehrstote, Todesdrohung durch Weltverhältnisse. Die von uns angestellten Todesanalysen sollten sich auch agendarisch niederschlagen. Ebenso sind die Liedersammlungen zur Bestattung entsprechend zu ändern. Sie enthalten fast nur Lieder aus vorreformatorischer, reformatorischer und direkt nachreformatorischer Zeit mit sehr innerlichem Gehalt, sind aber zu individualistisch und zu wenig weltverantwortlich geprägt. Auch spielen Todesfurcht und die Empfindung der mit dem Tode verbundenen Not eine dominierende Rolle.[141]

Es entsteht angesichts unserer Kritik die Frage nach einer verantwortlichen Handhabung der Agende. Weil wir sie als Angebot, aber nicht als bindendes Joch verstehen, halten wir eine freie Arbeit des Liturgen an der Bestattungsagende für möglich. Sie kann erfolgen, wenn zuerst einmal anerkannt ist, daß eine Agende das für eine Zeit zentrierte dogmatische Element des christlichen Zeugnisses widerspiegeln soll. Indem sie das tut, wird es die Regel sein, daß sich der Liturg an die kirchlichen Ordnungen der Bestattung hält, weil sie brüderlich, synodal verantwortete Hilfe für ihn und die Gemeinde sein wollen. Wer den Wortlaut der Agende beachtet, kann vor theologischem Sachverlust bewahrt bleiben, hält die Einheit mit den Brüdern in Vergangenheit und Gegenwart aufrecht und kann der Gemeinde Rechenschaft darüber ablegen, daß er sie nicht um das Wort betrügt. Umgekehrt kann die Gemeinde prüfen, wie ihr Pfarrer die Bestattung hält.

Endlich wird der Liturg, der sich oft wiederholen muß, davor bewahrt, die Ordnung je nach Stimmung und Willkür zu ändern. Wer viele Bestattungen zu halten hat, steht leicht in der Versuchung, Formulare zu kürzen. Von daher hat es einen Sinn, wenn die lutherische Agende fast kleinlich vorschreibt, wie die Bestattungsagende als verbindlich anzusehen ist.[142] Freilich kann darüber der Angebotscharakter einer Agende übersehen werden. Denn es darf die brüderlich verantwortete Hilfe korrigiert werden, wenn die Wahrheit es erforderlich macht. Z. B. wird das Zeugnis vom Tode Jesu als Heilsereignis in der Bestattungsagende unstatthaft in den Hintergrund gedrängt, so daß einer proleptischen und doketischen Christologie Tor und Tür offenstehen.[143] Eine Umarbeitung des liturgischen Formulars ist aber auch dann möglich, wenn menschliche Gründe es nötig machen: Hier ist vor allem der Kasus ein um der Liebe zu den Menschen willen zu beachtendes Phänomen. Dieser Grundsatz ist leider in keiner der beiden Agenden klar genug berücksichtigt. Statt dessen wird nur von örtlichen Traditionen und Sitten gesprochen, denen man sich anpassen dürfe. Das ist zu einseitig konservativ gedacht.[144]

Die Korrekturarbeit an der Agende ist nun nicht willkürlich vorzunehmen, sondern liturgisch verantwortlich in folgender Reihenfolge, die den liturgischen Schwierigkeitsgrad bei der Bearbeitung beachtet: Die Wahl eines anderen Textes ist am leichtesten. Sodann sind Veränderungen der liturgischen Texte nicht zu umgehen, weil die Agendensprache zum Teil recht antiquiert wirkt. Wer sich daran macht, ein ganzes liturgisches Stück, z. B. ein Gebet oder eine Predigtlektion, zu entwerfen, muß schon einige Übung besitzen, wenn es sachgerecht und geschmackvoll gelingen soll. Unter Umständen ist es auch nötig, einzelne kleine Partien des Ordinariums, ja sogar ganze Partien der Gesamthandlung abzuändern. Je einschneidender die vorgenommenen Korrekturen sind, um so mehr hat der einzelne Liturg den Rat seiner Brüder und die Zustimmung der Gemeinde einzuholen. Pfarrkonvent, Gemeindekirchenrat und liturgische Synodalausschüsse sind darum zu informieren und zu befragen, wenn ein Liturg ständig und theologisch begründet starke Änderungen am Bestattungsformular vornimmt. Daß sich durch diese Kontaktaufnahme die praktisch latent liberale und offiziell traditionell bestimmte liturgische Einstellung in der evangelischen Kirche gegenseitig positiv beeinflussen, ist denkbar und zu wünschen.

c) Die Riten, die bei einer Bestattung üblich sind, bedürfen einer genauen Beachtung und kritischer Reflexion. Sie sind weder als heidnische oder religiöse Zeremonien rein negativ abzutun[145] noch als dem Wort adäquate und gleichwertige Offenbarungsmittler aufzuwerten. Riten sind nun einmal da und bedürfen verantwortlicher Klärung, zumal schlichtere Menschen mehr an ihnen hängen und von ihnen stärker getragen werden, als abstrakt und oft weltfremd denkende Theologen ahnen. Das ist meist auch gar nicht mit einer unevangelischen Unfreiheit verbunden, sondern mit der Vorstellung, daß ein Lebensvollzug aus feierlichem Anlaß nur in Riten vor sich gehen kann. Diese nüchterne psychologische Erkenntnis ist nicht pfäffisch zu diskreditieren.

Bestehende oder neu zu prägende Riten sind sechs Kriterien auszusetzen: 1. Besitzen Zeremonien einen abergläubischen Hintergrund, sind sie abzulehnen.[146] Freilich sollte dieser Hintergrund nicht zu sehr nach vorn gezerrt werden, wenn ihn die Beteiligten nicht mehr als solchen verstehen. – 2. Entweder ist der betreffende Brauch dann zu tolerieren, oder man sollte ihn christlich interpretieren. Viele Sitten, z. B. der dreimalige Erdwurf,[147] waren bereits in heidnischer Zeit üblich. Er sollte mit einem stillen Stoßgebet zum trinitarischen Gott begleitet werden: „Gott, der Vater, Gott, der Erlöser, Gott, der Erneuerer, sei dem Verstorbenen und uns allen gnädig. Amen." Brennende Kerzen sind ein Hinweis auf Jesus Christus, das Licht der Welt. Kränze und immergrüner Pflanzenschmuck sind Ausdruck der währenden Gemeinschaft mit Gott, bunte Blumensträuße Ausdruck der Freude in Gott. Daß Kinder dem Sarg voran ein Kreuz tragen, ist eine gute, allerdings mehr im Süden der DDR geübte Sitte. – 3. Verschiedene Riten dienen auch dazu, dem Wort Raum zu geben und ihm Erwartungen entgegenzubringen. Schweigen in der Kapelle und am Grab haben von daher ihren Sinn ebenso wie die mögliche Trauermusik. Hier sollten freilich die Kirchenmusiker darauf achten,[148] daß sich das Niveau der Trauermusik auf jeden Fall über das bekannte, falsch und sentimental empfundene „Largo" hinausbewegt. Hastig und undeutlich gesprochene Worte wirken ebenso störend wie der zu schnelle Beginn mit der Grabfeier, wenn noch nicht alle Trauernden um das Grab herumstehen. – 4. Sodann gibt es Riten, die die Anwesenheit einer lebendigen Gemeinde versinnbildlichen: Glokkengeläut hat diese Bedeutung bereits bei Gregor von Tours.[149] Es ruft die Gemeinde zum Gebet für den Toten und für den eigenen Tod. Der gemeinsame Choralgesang tut seinen Dienst in gleicher Weise wie das am Grab miteinander gesprochene Vaterunser. Eine Wiederbelebung des Ektenegebetes zur Trauerfeier, wie es die unierte Agende anbietet, ist unter dem Gemeindeaspekt sofort und überall anzustreben. – 5. Riten helfen dazu, Trauer und Mit-Leiden zu bekunden. Weinen ist zwar erlaubt und sollte auch Christen nicht verboten sein, darf aber nicht zu einem bewußten Ritus erhoben werden, um etwa das im Altertum bekannte Klagegeheul wieder aufleben zu lassen. Wenn Menschen nach dem Abschluß der Grabfeier kondolierend defilieren, besteht dadurch die Möglichkeit für die Angehörigen, alle Anwesenden kurz zu grüßen. Das kann lösend wirken. Zeichen der Anteilnahme ist auch das Erscheinen zur Bestattung überhaupt und das schweigende Begleiten des Sarges von der Kapelle zum Grab. Wenn die Sitte des Schweigens allerdings auf längeren Wegen durchbrochen wird, ist das kein Grund, sich darüber zu erregen. Unter dem Aspekt der Bekundung menschlicher Anteilnahme sind Kondolenzreden nach der kirchlichen Bestattung ohne weiteres möglich, wenn sie nicht gegen den christlichen Glauben polemisieren. Auch der Liturg kann durch sein Verhalten Teilnahme bekunden. Er begrüßt die Angehörigen beim Betreten der Kapelle mit Handschlag, kann auch leise fragen, ob alle Angehörigen erschienen sind, die zu erwarten waren. Er geht nicht dem Sarg voraus, sondern begleitet die Angehörigen, indem er sich bei ihnen aufhält. Wenn der Erdwurf nach der kirchlichen Handlung getätigt wird, ist des Bestatters Anwesenheit – liturgisch gesehen – nicht mehr nötig, aber aus seelsorgerlichen Gründen bleibt er bei den Angehörigen, um sie zu stärken, wenn es nötig sein sollte. Wird das Grab in Gegenwart der Trauernden zugeschaufelt, muß er auf jeden Fall dableiben, weil dann besonders leicht schmerzliche Empfindungen wach werden. Die Frage, ob das Barett stets aufzubehalten ist oder nicht, kann verschieden beantwortet werden. Um anderen ein Zeichen zu geben, ist es hilfreich, wenn beim Einsenken des Sarges in die Gruft aus Respekt vor dem Verstorbenen und bei den Gebeten aus Respekt vor Gott das Barett abgenommen wird.[150] Das Erheben der Hand, wenn der Sarg im Krematorium versinkt, lenkt hilfreich ab. – 6. Riten haben auch einen ästhetischen Sinn und sind von daher gerechtfertigt, z. B. Schmuck des Sarges, passende Trauerkleidung, Vornahme des Erdwurfs, ohne sich zur Erde zu bücken. Sogar der dunkle Talar kann passend wirken. Das ästhetische Argument ist nicht vorschnell von der Hand zu weisen.[151] Häßlichkeit, Sentimentalität und Unechtheit vieler Bestattungsriten sprechen negativ für sich. Man denke nur an die vielen verstaubten Lorbeerbäume und ungepflegten musikalischen und rhetorischen Darbietungen. Neben sentimentalem Unsinn gibt es ein reiches christliches und weltliches Kulturgut, das bei Trauerfeiern Verwendung finden darf. In diesen Fragen geht es nicht um tiefe Glaubensentscheidungen, sondern um Hilfen zur Gestaltung guter Menschlichkeit um der Liebe willen, die auch allem falschen Geschäftsgeist aus Anlaß der Bestattung wehren sollte.

d) Vom Ort der Bestattung war bereits unter generellem Aspekt die Rede. Nun sind noch Spezialfragen, vor allem praktischer Natur, zu erwähnen. Viele Friedhöfe stehen unter kirchlicher Verantwortung. Wo sie nicht würdig gepflegt werden, zeugen sie von einem unfähigen und trägen Gemeindekirchenrat, der in der Öffentlichkeit ein entsprechendes negatives Ansehen genießt. Diese Reaktion besteht insofern zu Recht, als anvertrautes Gut pfleglich zu behandeln ist. Theologisch gesehen, zeigt sich eine Unfähigkeit zum diakonischen Einsatz. Wo Friedhöfe ungepflegt wirken, verletzen auch Kreiskirchenräte ihre brüderliche Beratungspflicht. Wie die Friedhofspflege im einzelnen geschehen kann, soll hier nicht dargelegt werden. Das Büchlein von Rudolf Spittel „Der Friedhof der evangelischen Gemeinde“[152] enthält nötige Hinweise und darüber hinaus weitere Literaturangaben. In ihm findet sich auch der wichtige Hinweis: „In allen Fragen der Friedhofs- und Grabgestaltung erteilen Auskunft: der Kunstdienst der Evangelischen Kirche“, Berlin, Auguststraße 80, „und der Kunstdienst der Ev.-Luth. Landeskirche Sachsens, Radebeul 2, Rolf-Helm-Straße 1.“[153] Ein dogmatischer Grund, warum es kirchliche Friedhöfe geben muß, läßt sich nicht angeben, obwohl die alte Kirche das immer wieder versucht hat. Nur besonders geweihte Friedhöfe galten für die Beisetzung von Christen als erlaubt.[154] Einen ähnlichen Standpunkt nimmt heute noch die römisch-katholische Kirche ein: „Die Kirche wünscht, daß die christliche Begräbnisstätte ein abgegrenzter, von einem Kreuz überragter Platz sei, der feierlich vom Bischof gesegnet wird und nur die Leiber der Getauften beherbergt, die im Frieden des Herrn entschlafen sind ... Ist dies nicht möglich, so soll jedes Grab einzeln beim Begräbnis gesegnet werden.“[155] Die Weihe wird mit Hilfe von materiellen Elementen – vor allem Weihwasser – vollzogen. Während die lutherische Agende eine Friedhofsweihe durch Gebet und Wort kennt, ja sogar eine Grabweihe außerhalb des Friedhofes,[156] redet die unierte Agende von einem „Gottesdienst zur Eröffnung eines neuen kirchlichen Friedhofes“[157] im Sinne einer „Einweihung“. Unserem heutigen personal und naturwissenschaftlich geprägten Denken fällt es schwer, einem möglicherweise magischen oder aus irgendwelchen anderen Gründen auf Weihe drängenden Verständnis einen Sinn abzugewinnen. Darum reden wir heute am besten von der „Indienstnahme“ von Friedhöfen, aber nicht von einer „Weihe“.

Auch Friedhofskapellen bedürfen der besonderen Aufmerksamkeit.[158] Die Katakombenkirche der vorkonstantinischen Ära hat hier Großes geleistet. Man begrub – wie die Heiden – außerhalb der Orte. Nach Entstehen der Staatskirche wurde häufig in den Kirchen begraben. Dann kam die Regelung auf, bei der Kirche zu bestatten. Auf dem „‚Freithof‘ ... stand man in der gleichen Freiheit, hier hatte jeder das gleiche Asylrecht wie in der Kirche selbst“.[159] Mit der Zunahme der Sterbefälle besonders in den Städten wurden neben den Kirchen sogenannte „Beinhäuser“ gebaut, in denen die Toten bis zur Beerdigung ruhten. Als im Mittelalter Begräbnisplätze außerhalb der Orte entstanden, schuf man dort Kapellen, die häufig dem Erzengel Michael geweiht waren. In der ersten protestantischen Zeit entstanden für Bestattungszwecke kaum neue Kapellen. Man benutzte die vorhandenen oder die Kirche. Das wurde erst im vorigen Jahrhundert anders, als mit wachsender Bevölkerungszahl auch eine rapide Zunahme der Friedhöfe eintrat und die Bestattungen – zumal in den Großstädten – zum Hauptarbeitsfeld vieler Pastoren wurden. Geschmackvolle, aber auch seltsame und überladene Totenkultstätten sind seitdem anzutreffen. „Unsere Friedhofskapellen sind eine Art Wildwuchs am Baum der Kirche.“[160] –

Einige Forderungen sind für die Gestaltung von Friedhofskapellen wichtig:

1. Grundbedingung ist, daß sie sauber sind. Spinnweben und Staubecken sind kein Anzeichen liebevoller Pflege.

2. Um zu vermeiden, daß aus einer christlichen Friedhofskapelle eine Totengedächtnishalle wird, ist sie mit christlichen Symbolen der Hoffnung, aber auch mit Altar und Kruzifix zu versehen.

3. Es ist zu überlegen, ob man nicht die Friedhofskapellen zu Nebenkirchen erklären sollte, die zur Gebetsandacht geöffnet stehen und in denen zu bestimmten Jahreszeiten Gottesdienste stattfinden: „So wäre denn auch hier alles zu vermeiden, was dem Raum den Charakter eines Mausoleums oder einer Totengruft geben könnte. Ebensowenig aber sollte man in das andere Extrem kühler ... Sachlichkeit verfallen und einen Raum schaffen, dessen Zweckmäßigkeit zwar unbestreitbar ist ..., in dem aber der Glaube, die Liebe und die Hoffnung des Christen in der Fremde sind und nichts zur Andacht und zum Gebet ruft."[161]

4. Sofern für nichtkirchliche Bestattungen keine geeigneten Räume vorhanden sind, sollte die christliche Gemeinde als Friedhofseigentümer Verantwortung dafür tragen, daß auch Nichtchristen ihren Angehörigen eine menschliche und würdige Totenfeier halten können.

5. Umgekehrt werden die Christen für ihre Bestattungen in weltlichen Trauerhallen die Erlaubnis haben, für die Dauer der Handlung Leuchter und christliche Symbole aufzustellen.

Gräber sollen durch ihre Steine und ihre Bepflanzung ein würdiges und gutes Aussehen haben. Es ist eine diakonische Hilfeleistung, wenn hier seitens der christlichen Gemeinde nicht nur die Gärtner, sondern auch die Steinmetze beraten werden, besonders wenn es um christliche Symbolgestaltung und Beschriftung geht. Der Palmzweig zur Ehrung des Königs Jesus Christus und das Kreuz auf Gräbern sind gute Zeichen, wiederholen sich aber sehr oft. Sie sind durch andere Sinnzeichen zu ergänzen. „In der Gewißheit todüberwindenden Glaubens stellt also die Christenheit seit ihren Anfängen Sinnzeichen an das Grab, die eindeutig die Herrschaft und den Sieg Christi bekennen und feiern."[162]

Schließlich bedarf das Thema „die Bestattung als Handlung" noch einer praktischen Überlegung unter dem Aspekt der Zeit. Jahreszeiten haben ihren Einfluß auf die Länge einer Feier. Weder zu große Hitze noch zu große Kälte gestatten eine lange Konzentration. Auf die häufig anwesenden alten Menschen ist hier gebührend Rücksicht zu nehmen, zumal im Winter, weil Kapellen durchweg unbeheizt sind. – Die Zeiteinheit der Woche, besonders die Konzentration auf die Fünf-Tage-Arbeitswoche bringen es auch mit sich, daß die Bestattungsgemeinde überwiegend aus Frauen besteht. Sie vertreten die Familie. Mit Rücksicht auf Betroffene, d. h. Friedhofsarbeiter und Angehörige, ist es nicht immer leicht, einen Kompromiß im Blick auf die Bestattungszeiten zu schließen. Es wird in der Regel nur noch auf dem Lande möglich sein, Bestattungen außerhalb der normalen Arbeitszeit anzusetzen. Doch sollten die Kirchengemeinden nach Möglichkeit nicht zu engherzig mit der Terminfrage verfahren, weil unsere mobile Gesellschaftsstruktur die Anwesenheit aller Angehörigen häufig nur außerhalb der Arbeitszeit gestattet. – Die Nacht oder die Morgenfrühe, wie sie frühere Jahrhunderte als Tageszeiten der Bestattung kannten, sind heute nicht mehr üblich. Neben örtlichen Gewohnheiten sind es vor allem der späte Vormittag und der frühe Nachmittag, die sich als Beerdigungstermine eingebürgert haben.

3.2.3.5. Die Bestattungsrede

Die Bestattung hat fast immer einen Redeteil, in dem das öffentliche Zeugnis des Evangeliums angesichts einer Trauergemeinde ausgerichtet wird. Es erscheint müßig, auf die vor einer Generation sich gern wiederholende Polemik gegen den Begriff der „Rede" ausführlich einzugehen.[163] Indem wir schlicht von der „Bestattungsrede" sprechen, ist das Genus des nun zu verhandelnden Themas am einfachsten festgehalten. In der Bibel heißt es, daß Jesus „redet";[164] nicht nur, daß er „predigt" bzw. „verkündigt". Auch in der Tradition der Kirche hat man sich vor dem Begriff der „Leichenrede" nicht gefürchtet.[165]

Alle Homiletiken dieses Jahrhunderts nehmen durchweg die negative Beurteilung der Bestattungsrede widerspruchslos hin und versuchen, abermals ihre Verderbtheit zu zeigen oder Vorschläge zur Abhilfe zu bieten unter Hinweis darauf, daß Bestattungsreden am schwersten zu halten seien.[166] Diese Reaktion wirkt allmählich etwas stereotyp, so daß sie nicht zu wiederholen ist, sondern nur vierfach bezweifelt, aber auch ergänzt werden soll. Einmal gibt es sehr viele Pfarrer, die ausgesprochen gern eine Bestattung halten, weil sie viele Hörer und auch das Gefühl haben, beachtet zu sein. Es fällt ihnen leichter, aus Anlaß einer Bestattung zu reden, als am normalen Sonntag, wo „abgebrühte" Hörer unter der Kanzel sitzen. Wo die Immunisierung stärker ist – im Sonntagsgottesdienst oder in der Trauerandacht –, ist nicht vorschnell zugunsten des ersteren zu entscheiden, wie es oft leichtfertig geschieht. Am besten ist, sich hier eines Urteils zu enthalten. Die negative Polemik gegen die Bestattungshörer wirkt heute ebenso abgestanden wie die Gegenthese von der besonderen Ansprechbarkeit. – Sodann ist es kein negatives Zeichen, wenn an einem Vorgang Kritik geübt wird. Das geschieht nämlich nur, wenn etwas lebt und Kritiker darüber in Bewegung geraten. Es wäre eine schlechtes Zeichen z. B. für den Sonntagsgottesdienst, wenn sich an ihm keine Kritik entzünden sollte. Es würde bedeuten, daß er ein totes Unternehmen ist. Kritik zeigt oft, daß eine Auseinandersetzung lohnt. – Drittens soll nur gefragt werden, ob eigentlich schon mit ebensolchem Eifer, wie man die Negativa des kirchlichen Bestattungshandelns aufzuzählen weiß, die Positiva registriert worden sind – wieviel Tränen unsentimental getrocknet, wieviel Dank und Befreiung vom kirchlichen Tun ausgegangen sind. – Endlich sollte man sich nicht wundern, daß Bestattungen schlecht ausfallen, wenn kaum Vorbereitungshilfen geliefert werden, während Literatur für die Sonntagspredigt im Verhältnis dazu reich gedruckt wird; wenn die bisherige Homiletik vorwiegend auf die Sonntagspredigt hin entworfen ist und nur wenige Seiten für die Kasualien, speziell für die Bestattung, übrigbleiben; wenn die brüderliche Hilfe und Kontrolle unter den Predigern bei der Bestattung minimal ausgeprägt sind. Wo helfen sich Pastoren denn wirklich, es besser als bisher zu machen? Da kann leicht jeder tun, was er will. Sogar bei amtlichen Visitationen spielen die Kasualreden kaum eine Rolle.

Als evangelische Zeugnisrede unterliegt die Bestattungsrede einem homiletischen Prozeß, der sich aus sieben Elementen zusammensetzt. Wir werden sie im folgenden nacheinander untersuchen. Wie alle Gestalten evangelischer Zeugnisrede – z. B. Sonntagspredigt, missionarische Verkündigung, Bibelstunde – ist die Bestattungsrede bestimmt durch einen Redetypus (b), das Verhältnis zum Text (c), zur theologischen Sache (d) und zum Hörer (e), durch rhetorische Formung (f), den Bezug zum Prediger (g) und durch die Abhängigkeit von Gottes Handeln selbst (h). Der Besprechung dieser sieben Elemente soll die Frage der Vorbereitung der Bestattungsrede (a) vorauslaufen.

a) Über die Bedeutung des Bestattungsgespräches und eines vorhergehenden Besuches für die homiletische Anamnese ist bereits das Nötige gesagt.[167] Nur wer seine Hörer kennt und weiß, wer zur Bestattung zu erwarten ist, kann die homiletische Überlegung beginnen. Man wird eine dem Kasus möglichst entsprechende Textwahl vornehmen, die durch eine saubere exegetische Kontextschau begründet ist. Diese geht über in die Frage, welchen theologischen Sachgehalt der Text heute bietet, welche dogmatische Relevanz er hat und wie sie etwa durchzuhalten ist, damit die evangelische Sache nicht verlorengeht. Dann mündet die homiletische Überlegung in das Suchen nach der Hörerübersetzung ein: Was brauchen diese Hörer, die ein bestimmtes Vorverständnis von dem erarbeiteten Sachgehalt des Textes, von Tod und Leben, Glaube und Zweifel mit sich bringen? Dann können sie in ihrem Verständnis von Tod und Leben, Glauben und Lieben korrigiert oder bestärkt und von ihren Zweifeln entlastet werden. Die textual-dogmatische und die Höreranamnese fließen immer mehr in der homiletischen Überlegung zusammen und werden miteinander verschmolzen. Langsam werden sie zu einem Ganzen. Dann kann die homiletische Konzeption einsetzen: Gliederung, Füllung, Zusammenstellung der Gedanken.

Wolfgang Trillhaas fordert: „Bereite die Kasualreden schriftlich vor, denn die Verantwortung ist nicht geringer als bei der Sonntagspredigt.“[168] Wichtig ist vor allem der Hinweis, daß die Präparation der Bestattungspredigt ebenso genau vorzunehmen ist wie die bei einer normalen Predigt. Bei den gewissenhaften Predigern gibt es die alte Regel, daß man an einer Stelle homiletisch besonders genau arbeiten müsse: das sei die Sonntagspredigt. Dann könne man die übrigen Redepflichten – etwa Bibelstunde oder Kasualien – lockerer handhaben. Diese ungeschriebene Tradition entbehrt eines klaren Grundes. Vielleicht ist es um der Hörer willen wichtig, daß man – unabhängig von der theoretischen Forderung, daß alle Reden gleich gut zu präparieren sind – an einer Bestattungsrede länger arbeitet als an anderen homiletischen Aufgaben. Der erfahrene Prediger sollte, auch wenn vieles für die „freie“ Rede spricht, seine Bestattungsreden zumindest mehrere Monate im Jahr voll konzipieren und in der übrigen Zeit nicht zu knappe Skizzen entwerfen. Die mancherorts übliche Vorbereitungszeit voll beschäftigter Prediger in der Taxe auf dem Weg zum Friedhof ist zu knapp. Das Niveau der Bestattungsreden ist darum oft so schlecht, weil sie zu wenig vorbereitet sind.

b) Die Frage nach dem Zeugnistyp als Element eines homiletischen Prozesses wird selten gestellt. Nicht alle homiletischen Fertigprodukte unterliegen jedoch denselben homiletischen Überlegungen und Regeln. Bestimmte Redegattungen haben ihre Besonderheit, die sich auf die homiletische Gestaltung auswirkt. Man darf nicht, wie es immer wieder geschieht, die Sonntagspredigt zum Normalmaß allen kirchlichen Redens erheben. Bibelstunde, missionarische Verkündigung oder kurze Festreden bzw. Andachten haben ihre eigenen Formgesetze, so auch die Bestattungsrede, die zum Typus der Kasualrede gehört. Die Bestattungsrede hat ihren eigenen Ort: die Friedhofskapelle – oft ein nichtkirchlicher Raum – und nicht die Kirche. Sie hat ihre besonderen Hörer: Trauernde. Sie hat eine besondere liturgische Einbettung in einen von Lesung und Gebet eingeschlossenen Kurzgottesdienst. In bezug auf die Lieder ist keine so große Auswahl möglich wie bei anderen Gottesdiensten, weil die Gemeinde nur einen kleinen Stamm von festen Bestattungsliedern wirklich kennt. – Aus allen Besonderheiten ergeben sich eigene homiletische Probleme, die speziell zu bedenken sind.

c) Auf die Textwahl unter dem Aspekt der Hörernotwendigkeit wurde bereits verwiesen. Das ist noch zu ergänzen. Es darf die Wahl nicht so erfolgen, daß vermutlich der isoliert betrachtete Kasus über den Verkündigungsgehalt des Textes siegen wird. Auch ist eine Textwahl, die zu sehr ein Werturteil über den Toten enthält, zu meiden. Sonst können plumpe Verletzungen eintreten. „Oft entscheidet der Text allein, den Sie wählen, über die gute oder üble Aufnahme der ganzen Rede. Lieber werde ein minder passender, ein gar nicht passender, ein ganz allgemeiner Text genommen, als einer, der für die Angehörigen Dornen auch nur könnte haben."[169]

Da kein Perikopenangebot besteht, sich auch Reihentexte aus kasuellen Gründen im allgemeinen verbieten, steht der Bestattungsprediger in der großen Versuchung zur Wiederholung, der er nur durch eine systematische Textzusammenstellung und jährliche Textkontrollen entgehen kann. Das Gedächtnis allein wird unter heutigen Bedingungen nicht ausreichen, um stets passendes Material zu finden;[170] aber die private Textlesung kann bewußt so angelegt werden, daß man einmal die Bibel unter der Frage ihrer Bestattungsverwendung durcharbeitet. Das tun freilich nur wenige. Zumeist verläßt man sich auf die Lektüre von Auswahlsammlungen zur Bibel. Das sind die Perikopen, Agende, Wochenspruch, Losungen oder sonstige Andachtsliteratur, die man aus persönlichen oder dienstlichen Gründen verwendet. Gesammelte Textempfehlungen erfreuen sich ebenfalls allgemeiner Hochschätzung.[171] Der Anschluß an die Arbeit anderer versperrt natürlich den eigenen unmittelbaren Zugang zum gesamten biblischen Material. Der seltener vorgetragene Wunsch der Angehörigen nach einem bestimmten Text sollte in der Regel erfüllt werden. Neben der Gefahr, daß auf Grund geringer Bibelkenntnis immer dieselben Texte begehrt werden, begegnet auch manchmal ein Wunsch, der eine beschämend gute Kenntnis der Heiligen Schrift verrät. Letztlich findet nur passende Texte, wer seine Bibel kennt.

Anders als in der Sonntagspredigt spielt die Verwendung von alttestamentlichen Texten für die Kasualien seit der Reformation eine große Rolle. Es „wurden alttestamentliche Texte bei Kasualien ... ebenso gern und häufig verwendet ... Dabei wurde zweifellos die besondere Eignung des Alten Testaments für diese Zwecke richtig erkannt, gleichzeitig aber auch eine Entwicklung eingeleitet, die das Alte Testament einerseits auf die Predigt des Gesetzes, andererseits auf die einer natürlichen Theologie einzuengen drohte."[172] Die volkskirchlich traditionelle Frömmigkeitsprägung der christlichen Gemeinde durch natürliche Theologie und Gesetzesdenken ist – im Unterschied zur Sonntagsgemeinde, die durch die neutestamentlichen Perikopen eine mehr christologische Prägung erhielt – durch den häufigen Gebrauch von Texten des Alten Testaments mit gefördert worden. Nun ist heute die Gefahr, das Alte Testament nur vom Gesetz oder von der natürlichen Theologie her zu verstehen, nicht mehr so groß, weil seine neuere Auslegung in der Regel offenbarungstheologisch und bundesgeschichtlich orientiert ist. Dennoch hat sich jeder Prediger, der aus Anlaß der Bestattung alttestamentliche Texte neutestamentlichen vorzieht, zu fragen, aus welchen theologischen Gründen er das tut und wie er die von ihm ausgewählten Texte verarbeitet hat.

Eine Selbstverständlichkeit scheint es zu sein, daß bei Bestattungen nur kurze Texte ausgesucht werden. Dagegen ist nichts einzuwenden, wenn diese Texte ihre Intention im dreifachen Kontextradius der nächsten Umgebung, des betreffenden biblischen Buches und der gesamten Schrift behalten und nicht völlig verbogen werden. Das muß zwar keiner echten evangelischen Verkündigung widersprechen, bereitet aber dem wissenden Hörer Beschwerden, weil er spürt, wie vom Sitz des Textes in seinem ursprünglichen Leben aber auch gar nichts übriggeblieben ist. Darum sollte keine Bestattungsrede gehalten werden, in der nicht auch ein Stück sauberer und gemeinverständlicher Textauslegung vor sich geht, ohne daß seine sämtlichen Gehalte darzulegen wären. Daß geläufige Texte zwar gern gehört werden, aber schwer auszulegen sind, wenn der Hörer wirklich wieder ganz mitgehen soll, ist eine bekannte Tatsache.

Sollte man überhaupt einen Text für die Bestattungsrede nehmen oder ihn ganz beiseite lassen? Letztere Meinung ist vertreten worden. „Der Text ist in der Handlung, und da diese einen schriftmäßigen Grund hat, so bedarf es nicht eines besonderen Textes.“[173] Das Argument, daß der Text in der Handlung liege, arbeitet mit einem metaphorischen Sinn von „Text“, wie er zwar heute wieder beliebt ist – was wird nicht alles, einschließlich der Situation, zum „Text“ oder „Kontext“ gemacht, um dem Bibeltext zu entrinnen? –, aber gilt dann für jede homiletische Veranstaltung. Dieses Argument ist jedoch nicht tragfähig. Es gibt nur einen Grund für oder gegen die Textbindung: Wird das zu bezeugende Evangelium mit oder ohne einen Text für die Hörer verständlicher? Hier gilt es in evangelischer Freiheit zu entscheiden, wobei die Erfahrung zeigt, daß die Textbindung theologische Verwirrung eher verhindert. Textlose Bestattungsreden haben eine Ausnahme zu sein.

d) Die in der Bestattungsrede zu vertretende theologische Sache ist die Weitergabe des Evangeliums: Gottes trinitarisches Handeln, das von Kreuz und Auferstehung Jesu Christi her zu begreifen ist. Was das im Angesicht des Todes bedeuten kann, ist immer neu herauszufinden. Wir wollen uns, weil andere Bestattungslehren an dieser Stelle ihre Stärke besitzen,[174] kurz fassen und dem Dogmatiker nähere Ausführungen überlassen. Daß die Rechtfertigungsbotschaft als recht verstandene *theologia crucis* Zentrum der Rede zu sein hat, muß feststehen.[175] Hier soll nur noch einmal betont werden, daß die Heilsbedeutung des Todes Jesu[176] das Zentrum aller Bestattungsaussage bleiben muß. Das ist nach unserer Kenntnis in der Bestattungsliteratur der letzten Generation nicht immer gebührend beachtet worden.[177] Gottes Versöhnungstat im Kreuz macht das göttliche Wirken als Gabe und Vergebung deutlich und enthüllt alles menschliche Leben und Tun als Empfangen, Beschenktsein und Geborgenheit im göttlichen Handeln.

Es wird die im Wort vom Kreuz gehaltene Rechtfertigungsbotschaft falsch weitergegeben, wenn sie zu einem dogmatischen *locus* unter anderen degradiert wird, statt sie zu einem alles bestimmenden Grundzug zu machen. Alle anderen dogmatischen *loci* sind legitim erst von dorther zu begreifen. Sonst wird der Schöpfungsglaube in der Bestattung einseitig auf das Vergehen dieser und das Werden einer neuen Welt bezogen, so daß ein baalisiertes oder apokalyptisches Denken seinen Einzug hält. Aus der freien Gnade Gottes wird eine mythologische Selbstverständlichkeit gemacht: Jeder vergeht, jeder wird neu. – Oder: Die Auferstehung Jesu Christi wird so einseitig betont, daß daraus eine die Schwere der Versöhnung verharmlosende Allverewigung der Menschen gefolgert wird. Damit wird der frühere heidnische Unsterblichkeitsglaube unkritisch bestätigt. – Oder: Der Geist wird als dem Gläubigen innewohnender Besitz so einseitig gerühmt, daß darüber das Kreuz überflüssig wird. Der Verstorbene und die Lebenden haben den Geist, so daß die Versöhnung im Kreuz unnötig zu werden scheint. Man hat sie hinter sich. Anderen Menschen ist dagegen der Heilige Geist nicht zuteil geworden, so daß sie von vornherein vom Heil ausgeschlossen sind. Falsches Geistdenken läuft darauf hinaus, daß der universale Charakter der Heilsgabe im Sterben Jesu verengt wird bzw. als überflüssig erscheint. – Oder: Es erscheint das Zeugnis vom ewigen Leben so apokalyptisch dicht ausgemalt, daß Gottes Versöhnungshandeln im Tod Jesu unwichtig ist. Statt dessen herrschen egoistische Schlaraffenlandträume vor. Der Grund der Eschatologie in Kreuz und Auferstehung wird zugunsten seiner futurischen Perspektive der Vollendung verdrängt. – Oder: Es wird das Wort vom Gericht schamhaft verschwiegen, so daß alle selbstverständlich und ohne Schwierigkeiten als Anwärter des ewigen Lebens hingestellt werden. Im Gegensatz dazu wird fälschlich das Gericht so betont herausgearbeitet, daß die Furcht vor ihm die Liebe Gottes und das Vertrauen darauf austreibt, statt umgekehrt.[178] – Gerade auch die kirchenjahresgebundene Predigt, in der die verschiedenen Seiten des christlichen und trinitarischen Glaubens nacheinander bezeugt werden, verleitet die Bestattungsrede dazu, das Wort vom Kreuz unstatthaft in den Hintergrund zu drängen.

Die Versöhnungstat Gottes im Kreuz wird auch dann beeinträchtigt, wenn menschliches Leisten und Leben zum Tenor einer Bestattungsrede werden. Moral, Gebotsauslegungen, Ruhm und breite biografische Notizen mit wertendem Hintergrund werden von Natur aus lieber gehört und ausgesprochen als das oft nur flüchtig hingeworfene Wort von der verdienstlosen Rettung des Menschen aus Gericht und Verlorenheit, aus Einsamkeit und Selbstbehauptung. Gewiß wird keine evangelische Rede diesen Zentralsatz streichen; aber seine abstrakte, lebensferne und allfällig klingende Zitation im Zusammenhang einer Bestattung machen ihn von vornherein „unschädlich". Pathos, rhetorische Akzentuierung, quantitativ geringe Verwendung dieses Gedankens von der verdienstlichen Rettung, können einer

Rede einen moralischen, gesetzlichen, das Kreuz nur als exemplum des Gebotes Gottes verstehenden Klang verleihen, der den Hörern vielleicht behagt, aber sie im übrigen in Ruhe oder kaltläßt. Das echte „Ärgernis“ des Kreuzes wird nicht herbeigeführt. „Hier und da wird sie (sc. die Botschaft des Evangeliums) berührt, aber die Substanz der Gemeinde vorenthalten.“[179] So schwankt die Bestattungsrede letztlich zwischen Lob und Gesetz hin und her, „zwischen dem Charakter einer advokativen Lobrednerei,... Verdienste zu sehen, die nicht da sind, und die allergewöhnlichste Lebensführung mit einer Gloriole außergewöhnlicher Bedeutung zu schmücken, und zwischen dem der rigorosen Stachelrede an dem Ort, wo das Mitgefühl stehen soll und den die Gemeinde ihren Friedhof nennt“.[180]

e) Was unter dogmatischem Gesichtspunkt sachlich zu sagen ist, darf nun unter dem Aspekt des Hörers, der Gemeinde oder der Situation unterschiedlich bezeugt werden. Nicht jeder braucht aus Anlaß der Bestattung alles in gleicher Weise.[181] Die Sprache des Evangeliums darf sich dem Hörer angepaßt nähern; nicht nur so, daß seine Wörter, Wendungen und Denkmöglichkeiten zur Folie des Evangeliums gemacht werden, sondern auch so, daß man die Sache des Evangeliums verschieden stark ausdrückt. Es gibt verstehende Christen, denen man die Botschaft vom Kreuz nur anzudeuten braucht, ohne sie wie „Milch“[182] anzubieten. Es finden sich Fernstehende, denen die Voraussetzungen fehlen, um das Evangelium zu erfassen, weil sie bisher wenig von ihm vernommen haben. Hier ist es dann einfach, zentral und klar zu erklären und zu bezeugen. Entsprechend sind Bestattungsreden variabel zu halten. Freilich wird es nicht selten umgekehrt gemacht. Bei verstehenden Christen trauen sich die Prediger oft mehr, ein theologisch klares und zentriertes Zeugnis zu wagen, als gegenüber Evangeliumsfremden. Rücksicht mag unter Umständen gut sein, aber die Klarheit des Auftrages muß gewahrt bleiben.

Auch in den Sachaussagen selbst darf es zu Verschiebungen kommen. Manche Hörer brauchen mehr den Zuspruch der Rechtfertigung als Heilsereignis *extra se*, andere wieder den Anspruch, der aus der Rechtfertigung erwächst; das Zeugnis vom Kreuz als Heil oder als Zeichen der Nachfolge. „Welche der christlichen Wahrheiten wir nachdrücklich hervorheben, hängt von der Gesinnung der Hörer ab. Bei wirklich betrübten Herzen wird man die große Hoffnung betonen, bei gleichgültigen Herzen die Bedingung des Heils.“[183]

Die Art, wie die Rechtfertigung sprachlich ausgedrückt wird, ist nicht nur durch den Text bedingt, sondern auch durch die Denk- und Hörfähigkeit der Hörer. Es ist darum wohl möglich, Gottes Gaben und des Menschen Beschenktsein unter ganz verschiedenen dogmatischen Lehrstücken verstehbar zu machen. So gewiß die Vergebung ihren zentralen Grund im Sterben und Leben Jesu Christi hat, kann sie doch auch in schöpfungs-, geist-, gerichtstheologischem oder eschatologischem Denk- und Sprachgewand bezeugt werden, falls die Hörer hier besser und deutlicher erfassen können, als wenn sie immer nur die abstrakten Wörter von Tod und Auferstehung Jesu Christi hören, ohne dabei noch etwas aufzunehmen. Die christologische Konzentration der Theologie kann leicht zur Hörerverhärtung gegenüber der Verkündigung führen.

Nachdem wir grundsätzlich für das lebensvolle Ineinander von Wort und Kasus plädiert haben,[184] wird es nötig, noch eine genauere Beschreibung des Kasus bzw. der Bestattungssituation vorzunehmen. Es kann nur die Ausnahme sein, daß vom Verstorbenen gar nichts gesagt wird. Entweder hat er es sich bei Lebzeiten ausdrücklich verbeten. Ganz gleich, welche Motive dem zugrunde liegen: es wird zu respektieren sein. Oder das Leben und Sterben des Betreffenden sind so schwierig und undurchsichtig gewesen, daß Schweigen das bessere Teil ist. Was bedeutet es aber, daß von einem Verstorbenen die Wahrheit gesagt werden soll? Wer Wahrheit unter der Prämisse zynischer Wahrhaftigkeit versteht, hat es leicht, macht es anderen freilich oft genug um so schwerer, ihn anzuhören. Die Wahrheit sagen heißt jedoch, Tatbestände, Lebens- und Sterbensgeschehnisse so auszudrücken, daß die Liebe sie umschlossen hält und dadurch für die Anwesenden etwas Hilfreiches geschieht. Diese wollen noch einmal vernehmen, wer der Tote war. Darum wird seine Vita von Bedeutung sein: daß er Mann oder Frau war,[185] bestimmte Familienbeziehungen, Berufs- und andere Lebensverhältnisse ihn geprägt haben. Dabei wird es nicht so sehr darauf ankommen, einen minutiös nachgezeichneten Lebenslauf zu bieten, sondern vielmehr tragende Lebenselemente herauszustellen, an denen etwas vom Wesen des Verstorbenen aufleuchtet. Sosehr eine direkte Beurteilung zu vermeiden ist, sind dabei zumindest indirekt bestimmte Urteile nicht zu umgehen. Indem etwas zum Leben gesagt, eingeordnet, angedeutet oder ausgesprochen wird, erfolgt eine Stellungnahme wie überall, wo menschliches Leben dargestellt wird. Ob Vita und Kerygma formal getrennt oder verwoben werden: Es geht nicht ohne menschliches Urteilen ab, sosehr die Extreme des Verurteilens oder ungebrochenen Rühmens im ungeistlichen Sinn verboten sind. Selbst wo kein Wort über den Toten fällt, wird nur klar, daß man über ihn nichts sagen kann oder möchte. Man versagt ihm eine persönliche Beziehung zu den Lebenden, indem man eine solche nicht nennt. Auch das ist ein Urteil.

An bestimmten Extremmöglichkeiten biographischer Darstellung hat man immer wieder exemplarisch ihre Grenzen aufzeigen wollen. Klar sollte sein, daß man nichts sagt, was im Sinne biographischer Richtigkeit nicht stimmt: „Gleicherweise versieht es mancher Parentator damit, daß er, auf Rührung und Thränen ausgehend, viel von den geflossenen Thränen spricht, da keine geweint sind, und von dem harten zerschmetternden Schlag, der auf dieses

Haus gefallen, ... wenn das Verhältnis gar kein gutes gewesen ist. Und besonders ..., wenn das Seligsprechen ertönt und das in Fällen sogar, da alle Umstehenden mehr als zweifelhaft sind wegen der Seligkeit des Abgeschiedenen."[186] – Gern wird auch der Spruch „De mortuis nil nisi bene" in seinem Für und Wider bedacht, der heute mit der Pietätspflicht in Verbindung gebracht wird, ursprünglich jedoch aus Furcht vor den Toten und ihrer vermeintlichen Möglichkeit einzugreifen entstand.[187] Psychologisch gesehen, ist es oft so, daß mit dem Tod eines Menschen, zu dem Nahestehende ein ambivalentes Verhältnis gehabt haben, die negative Einstellung zu ihm schlagartig mit vergeht und nur noch die positive Erinnerung bleibt. Die Empfindlichkeit, die sich bei Angehörigen leicht einstellt, wenn negative Seiten des Toten auch nur von ferne angedeutet werden, „beruht auf der Verleugnung des verdrängten Hasses ... Der verdrängte Haß ist nie realistisch verarbeitet worden."[188] Weil der Pfarrer kein Psychotherapeut ist, darf er hier nach dem Grundsatz verfahren, daß die Liebe Sünden zudeckt.[189] Darüber hinaus wird es nie die Aufgabe eines Predigers sein, Tote zu verdammen bzw. moralisch zu diskreditieren oder umgekehrt zum „Allesbeschöniger" zu werden. Wo Hörer die Erfahrung haben, daß jeder Mensch gute und schlechte, starke und schwache Seiten hat, und darüber hinaus etwas von der Erfahrung begriffen ist, daß wir alle Sünder sind,[190] kann der Prediger auch Fehler nennen, unter denen die Anwesenden gelitten haben. Freilich findet nicht jeder den richtigen Ton. Kalte Urteile – auch wenn sie nicht böse gemeint sind – wirken lieblos, eben weil sie kalt zur Sprache kommen. Liebevoll berührte Negativa kann mancher Prediger vortragen, ohne daß man an der Überschreitung des Grundsatzes „Nichts als Gutes über die Toten" Anstoß nimmt. – Daß gefühlserregende Erinnerungsromanzen unserer Generation weniger liegen, ist zu beachten. Bestattungen, bei denen alle Anwesenden offiziell oder versteckt weinen – einschließlich des Predigers –, verhindern eine Abklärung, auch wenn Tränen im Augenblick entspannend wirken.[191] Damit sei freilich nichts gegen echten Schmerz gesagt, der sich unter Tränen Bahn schafft. Hier gilt nur der Respekt vor dem anderen, indem man ruhig dabeisteht und mittrauert.

Die Darlegungen zur Vita sind nicht Selbstzweck, sondern dienen menschlicher Klärung und dem Bemühen, eine menschliche Geschichte unter Gottes Verheißung zu stellen. Das bedeutet, daß den Anwesenden eine Hilfe zu bieten ist, wie sie mit dem Verstorbenen betend abschließen können. Wo gibt diese Vita Anlaß zur Klage, zum Lobe Gottes, zum Dank für Hilfe und Beistand, zur Fürbitte um Vergebung und Aushilfe zur bleibenden Verbindung mit Gott? Der Versuch, Assistenz zum theologischen Verständnis der Vita zu geben, bereitet das Gebet der Gemeinde vor. Prophetie und oratorische Antwort bedingen sich gegenseitig.

Das Eingehen auf die Biographie des Verstorbenen gilt seiner Würdigung, aber auch der Klärung für die Lebenden. Nahe Angehörige werden nicht auf alles, was ihnen gesagt wird, reagieren. Sie haben noch mit der Regelung der äußeren Vorgänge zu tun, mit dem Begräbnis als Handlung, der Konfrontation mit den übrigen Trauernden, so daß sie noch gar nicht sehr aufnahmefähig sind. Ihnen dazu zu verhelfen, die Außenanforderung und -klärung in guter Weise zu bewältigen, ist darum stets indirekte Aufgabe. Lösend wirkt in diesem Zusammenhang die persönliche Adresse der Anwesenden unter Namensnennung mit dem Versuch einer knappen Andeutung ihres Verhältnisses zu dem Verstorbenen. Das hat eine erstaunliche Wirkung, die Eitelkeit und Beruhigung, Stolz oder auch Bescheidenheit hervorruft. Daran kann man nicht abgewogen genug vor der Bestattung denken. Namensnennung ruft besondere Wirkungen hervor.

Dann sind die ferneren Angehörigen, die weniger betroffen sind, zugegen; wenn sie sich nicht der Rede durch bewußtes Stehenbleiben außerhalb der Kapelle entziehen, was allerdings bei den häufig zu kleinen Ausmaßen von Friedhofskapellen auch technisch nicht zu umgehen ist. Vielerorts bleiben nur die Männer draußen, während die Frauen an der Trauerrede teilnehmen. Nachbarn, Kollegen, entfernte Verwandte bedürfen auch des menschlichen Wortes und geistlichen Zeugnisses. Oft sind sie zum Hören fähiger als die zunächst Betroffenen. – Kaum eine Bestattung geht heute vor sich, ohne daß Christen und Nichtchristen gemischt anwesend sind. Das ist ein gutes Bild für das Leben der Kirche in der Welt. Dem ist Rechnung zu tragen. Auch Nichtchristen dürfen selbstverständlich an dem menschlichen Ereignis der Bestattung teilhaben, ohne daß ihnen die Trauer durch Ausfälle vergällt wird. Es wäre gut, wenn deutlich würde, daß die Bestattungshandlung der christlichen Gemeinde – einschließlich der gehaltenen Rede – eine humane Möglichkeit darstellt. Takt und geistliche Klarheit können hier nicht genug geübt werden. Damit bei den Nichtchristen kein falsches Gefühl entsteht, soll man die Bestattung nicht als eine besondere missionarische Gelegenheit nutzen. Vielleicht war das im Zeitalter der „Volksmission" zwischen den beiden Weltkriegen angebracht,[192] heute jedenfalls nicht mehr. Daß ein Christ, ganz gleich, wo er sich befindet, Missionar Jesu Christi, d. h. Gesandter, ist, ist biblisches Fundament; aber daraus darf keine andere Menschen zwingende oder nötigende Haltung intoleranter Observanz erwachsen. Es wäre takt- und lieblos, den Nichtchristen, mit denen man aus Anlaß einer Bestattung zusammentrifft, nun gerade eine „Standpauke" zu halten. Hier hat ein schlichter Akt der Bestattungshilfe zu geschehen, an dem Christen und Nichtchristen in gleicher Weise beteiligt sind, wobei der Christ diese Hilfe aus der Verantwortung vor dem Evangelium wahrnimmt. „Wenn wir sachlich, ohne Blick auf Nebenzwecke, sagen, was am Sarg zu sagen ist, tun wir auch das missionarisch Richtige."[193]

Die Hörer wollen nicht nur Assistenz zum Abschluß mit dem Toten haben. Sie brauchen auch eine Deutung des Todesphänomens. Was hier an relativierenden Überlegungen von kerygmatischer Warte aus einzubringen ist, ist bereits gesagt.[194] Darüber hinaus bricht direkt oder indirekt die Frage nach dem Weiterleben in dieser Welt auf: Wie soll es weitergehen? Auch dazu brauchen Nahe und Ferne nötige Hinweise, um Schneisen in das Gewirr der Zukunft zu schlagen. Vor der differenten Hörerschar kann es freilich nur bei allgemeinen Andeutungen bleiben; aber diese sollten dennoch auf dem Hintergrund des Todes eines geliebten oder geschätzten Menschen auch so weit wie möglich konkret werden: Wie muß ich ohne den Verstorbenen das Leben verändern, anders ordnen? Was kann ich aus seinem Leben lernen, was nicht? Was trägt sein Sterben für mein Sterben aus? Der Verlust läßt Folgerungen für eine weitere Lebensgestaltung wach werden. Der Dienst, der an dieser Stelle gebraucht wird, bedarf menschlicher Teilnahme und bleibt eben immer schwer aussagbar, weil die Zuhörer nie eine völlig homogene Gruppe bilden, auch wenn es oft so zu sein scheint. Jeder hat sein eigenes Verhältnis zum Verstorbenen gehabt und empfindet den Ton unterschiedlich. „Man findet hier die verschiedensten Typen: den stummen, in seinen Schmerz verbissenen Hoffnungslosen wie den laut Klagenden, den Ehrlichen und den Heuchler, den Gläubigen und den Spötter, den Kirchlichen wie den Unkirchlichen, den still Resignierten wie den cholerisch Empörten, der vor Schmerz wirklich hart an den Rand des Wahnsinns getrieben wird, den innerlich vollkommen Unberührten wie den für sein ganzes Leben durch Schmerz Gezeichneten, den wirklich Teilnehmenden wie den Neugierigen. Gerade diese Fülle der verschiedenen Typen unter der Beerdigungsgemeinde erschwert die Rede erheblich. Es erscheint wahrhaft ein Wagnis, in ein und derselben Rede die ganze Skala seelischer Kräfte für all diese verschiedenen Menschen lebendig zu machen."[195] Die menschliche Seite der Bestattungsrede in ihrer ganzen Kompliziertheit ist damit bezeichnet. Daß in einer Ansprache nicht nur die bewußt ausgesprochenen Wörter, sondern auch ihre Gesamtausstrahlung mehr emotionaler Art wirken, bedeutet Beruhigung und Erschwernis zugleich. Wem gelingt es immer oder überhaupt einmal, alle Hörer durch die Art seines Sprechens und Verhaltens zu stärken, daß sie nach der Rede befreit in das „Amen" einstimmen?

f) Daß im Laufe vor allem der evangelischen Bestattungsgeschichte recht verschiedene Formen der Rede einander abgewechselt haben, wirkt bis heute nach:[196] Leichenrede, Parentation (persönliche Lebensdarstellung anhand eines Bibelspruches), Nekrolog bzw. Vita[197] (Verlesen eines Lebenslaufs), Leichenpredigt (Rede an die Lebenden, so daß ein Text kasuell ausgelegt wird), Grabrede (kurze Mahnrede bzw. Predigt am Grabe), Abdankung (Dankansprache eines Angehörigen an die, die das Trauergeleit gegeben haben), Gedächtnisgottesdienst (besonders bei hochgestellten Personen in zeitlicher Trennung vom Begräbnis). Diese homiletischen Produkte, die natürlich eine entsprechende liturgische Rahmung hatten, sind nicht nur terminologisch unterschiedlich bezeichnet worden, sondern haben auch in verschiedenen Gegenden und Zeiten eine unterschiedliche Zuordnung aus Anlaß eines Trauerfalles erfahren. Zwei homiletische Tendenzen haben in ihnen immer wieder Gestalt gefunden. Hier sollte eine mehr persönlich, dort eine mehr kerygmatisch bestimmte Redeform wirksam werden; hier eine menschliche, bürgerliche Ehrung, dort eine klare Wortverkündigung stattfinden. Es hat sich trotz des Versuches, differente Formen zu verwenden, herausgestellt, daß beide Tendenzen nicht völlig zu trennen sind. Ein Nekrolog enthält auch immer kerygmatische Anklänge, eine besonders auf das Zeugnis zentrierte Rede auch persönliche Bemerkungen. Heute findet sich aus Anlaß der Bestattung durchweg nur noch eine Rede, die in der Friedhofskapelle gehalten wird und zudem nicht lang sein darf; unter städtischen Verhältnissen nicht länger als zehn bis fünfzehn Minuten. Nekrolog und Zeugnis sind in einer Rede unterzubringen. Das hat den Vorteil, daß dem theologischen Grundanliegen der Zusammengehörigkeit von Gottes Wort und menschlichem Leben auch formal entsprochen wird und dessen seelsorgerliche Ausprägung besonders günstig zu ermöglichen ist. Ob unter heutigen Umständen eine Rückbildung und Trennung möglich ist, wie sie im 19. Jahrhundert bereits etwa von Theodosius Harnack gefordert wurde,[198] ist die Frage. In der Herrnhuter Brüdergemeine ist die Verlesung eines Lebenslaufes, den Angehörige oder Freunde verfaßt haben, noch heute eine gute Sitte. Eine Vita verantwortlich zu schreiben, ohne in Stereotypen zu verfallen, dürfte jedoch nicht leicht sein und kann nicht jedem Nahestehenden zugemutet werden – so verlockend es ist, da hier ein besonderer Laiendienst möglich wäre. Vielleicht müßte ein neuer Beruf, nämlich der des Vitenschreibers, entstehen, der aber nicht nur großes schriftstellerisches Geschick, sondern auch psychologisches Einfühlungsvermögen voraussetzt. Die Tendenz, das Leben eines Menschen vom Evangelium her zu sehen, würde damit zurücktreten, aber nie völlig verschwinden.

Der Aufbau einer Bestattungsrede wird unterschiedlich bedacht. Daß er vom Duktus des Textes her zu bestimmen sei, wird gern empfohlen.[199] Besser ist davon zu reden, daß das Evangelium als Wort von Gottes erbarmendem Handeln stets dominieren sollte, was freilich nicht genau quantitativ zu bemessen ist. Einige Homiletiker unterwerfen die Zuordnung von Vita und Kerygma festen Empfehlungen. Eugen Sachsse hält den induktiven Weg für richtig,[200] Heinrich Vogel den deduktiven Weg[201]: also vom Wort zum Kasus. Walter Uhsadel möchte, daß Wort und Kasus miteinander verwoben werden.[202] Mit Helmut Schreiner halten wir jeden Weg für möglich.[203] Die Gefahr der Induktion ist, daß der Prediger nicht mehr zum

Wort vorstößt, die Vita zu sehr ausufert und die Betroffenen beim Übergang zum kerygmatischen Teil unaufmerksam werden: „Was nun kommt, kennen wir bereits." Tränen werden von Langeweile abgelöst. Der Vorteil dieser Disposition ist, daß aus dem persönlich begonnenen Kontakt eine Brücke zum Wort geschlagen wird. Das deduktive Verfahren kann kühl und sachlich wirken, aber auch gegen Ende zum Übergewicht des Kasuellen führen. Andererseits kann durch die Voranstellung des Wortes transparent werden, daß seine Wahrheit Grund aller Trauerarbeit ist. Bei einem konduktiven Aufbau sind Leben und Wort miteinander verbunden. Zu seiner Formung gehören Erfahrung und Kunstfertigkeit, wenn nicht ein Absinken in unevangelisches Rühmen oder Verurteilen eintreten soll. Positiv gilt: „Aus den inneren Erfahrungen, die die Hörer machen, indem sie sich unter der Leitung des Textes in das Lebensbild des Entschlafenen vertiefen, bekommt die Predigt für sie eine persönliche Wirksamkeit und eine Trostkraft, die weder eine abstrakte noch eine gefühlsbetonte Rede zu bieten vermögen."[204] Will man schwerpunktmäßig zur Vita und zum Kerygma noch die Explikation des Textes als gesondertes Gestaltungselement dazusetzen, empfiehlt es sich auch, eine Dreiteilung vorzunehmen, in der die Vita in der Mitte zwischen explicatio und applicatio steht: Texterklärung, Vita, Zuspruch. Es kann auch ein anderer kurzer theologisch oder kirchlich bestimmter Einstieg, z. B. über das Kirchenjahr oder über einen Hinweis auf die persönliche Bedeutung des Textes für den Verstorbenen oder die Angehörigen, zu einer gewissen Rahmung der Vita führen. – Alle Grundformen des Aufbaus haben Vor- und Nachteile, dürfen aber je nach Text, Kasus oder Einfall verantwortlich bedacht und eingesetzt werden. Wichtig ist, daß Prediger und Hörer sich auf die Dauer nicht zu sehr auf bestimmte Schemata einspielen. Es führt auf beiden Seiten zu negativen Verhaltensweisen, die die Gewöhnung provoziert. Hier greift die Unaufmerksamkeit um sich, dort unterbleibt die Vorbereitung der kerygmatischen Partie, weil man meint, schon immer zu wissen, was das Evangelium ist. Ein sprachlich oberflächlicher, stereotyper, ausufernder, ja ungeordneter Formelteil wird „abgezogen". Die rhetorisch und theologisch schlechte Konstante im Kerygmatischen wird nur durch die Variabilität in der Vita aufgelockert. Kein Wunder, daß solch ein Wort als dunkel, langweilig, dogmatisierend und abstrakt abgelehnt wird. Die Meditationsträgheit der theologisch schon immer Bescheid wissenden Prediger an dieser Stelle ist ein Hauptgrund für die schwache Wirkung des Bestattungszeugnisses.

Kleine Regeln sind noch zu ergänzen: Daß es wichtig sein kann, eine Bestattungsrede auf einen thematisch zentrierten Grundpfeiler zu stützen, hat Heinrich Vogel besonders gut herausgearbeitet: „Hervortreten sollte das ‚Thema', jener Satz, in dem die Verkündigung zusammenläuft, jenes eine Wort, das den Hörer nicht losläßt."[205] – Eine direkte Anrede des Toten ist zu meiden, weil der direkte Kontakt zu Ende ist. Ein negatives Beispiel aus einer Bestattungsrede, in der das Zwiegespräch mit dem Verstorbenen nicht abreißt, sei angeführt: „Und jetzt sollen wir alle von dir Abschied nehmen, du liebe Schwester ... Da möchten wir dir ein Abschiedswort sagen ... denn wir haben dich liebgehabt. Aber wir möchten auch noch einmal von dir ein Abschiedswort hören, dein letztes für diese Zeit ... Da dein Mund verstummt ist, will das alte heilige Buch reden an deiner Statt",[206] usw. – Für die Sprache der Bestattungsrede gelten keine anderen Regeln als in der übrigen Homiletik. So ist nur noch der Hinweis erforderlich, daß die Zeit poetischer, lyrischer Bestattungsdithyramben vorüber ist. Einfache, überlegte, unabgestandene Formulierungen werden noch immer am nachhaltigsten zu Gehör kommen.

g) Die Einstellung der Prediger zur Bestattung, besonders zur Bestattungsrede, ist höchst different. Bei vielen werden aus Anfängernöten bleibende Schwierigkeiten, den Friedhof überhaupt zu betreten und den Mund aufzutun. Andere fangen leicht an und behalten diese Fähigkeit bis zum Ende ihrer Berufsausübung bei. Dritte fangen beglückt über menschliches Lob und Dankbarkeit an und empfinden dann doch den Ernst der Verantwortung für das Wort und die Hörer in steigendem Maße. Es kann auch umgekehrt sein. – Daß physische Beschwerden eintreten können, ist bekannt. Viele Prediger haben sich auf dem Friedhof den Anfang für ein Leiden zugezogen. Es gehört darum zur Gesundheitspflege eines belasteten Bestattungsredners, daß er bedenkt, was er leisten und wie er sich in Wind und Kälte gesund erhalten kann. – Physische Schäden werden vor allem dem Prediger selbst bewußt, psychische Kümmererscheinungen seinen Hörern eher als ihm selbst. Die Versuchungen sind vielfältig. Hier machen schmeichelnde Lobeshymnen den Prediger zum Opfer der Beliebtheit. Dort taucht der Zynismus als menschenverachtende Haltung auf, weil sich so viel Selbstliebe, Heuchelei, Vergessen, falsches Sentiment und Streit in der Nähe des Grabes breitmachen. Hier empfinden die Hörer den geistlichen Redner nur noch als unpersönlichen Statisten eines unverständlichen Formulars, der sein Geschäft abgestumpft betreibt. Dort verzagt der schwerzüngige Redner an seiner Aufgabe und wird von unbarmherzigen Hörern immer mehr verschüchtert. Es ist schwer, sich dem Ruf, den einer als Bestattungsredner gewonnen hat, zu entziehen. Der Ruf prägt ihn, und er prägt seinen Ruf. Wie kann er da allen diesen eigenen und doch gesellschaftlich mitbedingten Fehlhaltungen entgehen? Wer es völlig erreicht, wäre eine Heiliger. Aber jeder Bestattungsredner bleibt ein begrenzter Mensch; ein Mensch jedoch, der sich vornehmen kann, fest unter dem Heil zu verharren und zugleich immer mehr in das Heil hineinzuwachsen. Der Prediger darf sich heiligen lassen, indem er den Auftrag des Evangeliums im Angesicht des Todes gehorsam ausführt. Das Evangelium muß ihn stellen, stärken, reinigen und zur Treue anleiten. Dazu braucht der Prediger Brüder, nicht nur Amtsbrüder, sondern die ganze Gemeinde. Wird er in seinem Dienst getragen, ohne das Gefühl haben zu müssen, allein mit Jesus Christus auf dem Friedhof zu stehen, hält ihn das locker. Er braucht sich dann nicht hinter seltsamen Redensarten oder befremdlichen Verhaltensweisen zu verstecken. „In dem Augenblick, in dem die Gemeinde sich als familia Dei zu begreifen gelernt hat, in dem sie also die Anonymität durchbrochen hat und zur Bruderschaft durchgestoßen ist, wird die Predigt am Sarg anders werden.“[207] Die Treue zu Gott und zur Gemeinde verbinden sich mit der Treue zum Mitmenschen. Wer Mensch unter Menschen bleibt, in der Gemeinschaft mit ihnen dem Schweigen oder Reden des Todes standzuhalten bereit ist, hört nicht auf, unter dem Evangelium immer neu auf das Leben zu hören, um es frisch zu formulieren.

Es gibt eine legitime technische Routine, die dem Bestattungsprediger im Laufe der Jahre ebensogut ansteht wie jedem andern Berufsarbeiter auch; aber sie wird zur oberflächlichen und misanthropen Routine, wenn der Kontakt zu den Menschen abreißt. Kontakt aber besteht, wenn der Prediger ein freier Mann bleibt, niemanden vorzieht und Distanz zum Grabe findet. Erholung, Meditation, Gebet und Lebensfreude sind für den erforderlich, der für sich und andere immer wieder mit den Phänomenen und Deutungen des Todes ringen muß.

Eine oft an den Prediger herangetragene Frage ist, wieweit er persönliche Anteilnahme selbst miterleben kann und muß. Es ist jedermann verschieden gegeben, wieweit er selbst physisch oder psychisch mitleidet und in der Lage ist, mit oder ohne viel Mitleiden das falsche oder richtige Wort der Teilnahme zu finden. Gabe, Lebensweg und -führung prägen die Person des Redners, so daß er auf seine Weise mit den Traurigen traurig und gefaßt zugleich dasteht. Er muß im Augenblick der Rede den Trauernden schon immer ein Stück voraus sein, wenn er sie hinter sich her zum Evangelium ziehen will. Andernfalls wühlt er im Schmerz, statt daß er ihn überwinden hilft. „Eine tiefe Einfühlung erwartet man vom Prediger mit Recht. Wollte man jedoch Betroffenheit von ihm erwarten, so würde man ihn überfordern, ja mehr: man würde ihn zu einer affektiven Unredlichkeit nötigen. Sein Dienst hängt sogar im hohem Maße davon ab, daß er trotz aller Einfühlung außerhalb des Kreises der Betroffenen steht, weil er nur so das rechte Wort ... finden kann. Die sentimentale Gleichmacherei würde ihn zu einem hilflosen Beteiligten machen ... Menschen, die bei intellektueller Hochzüchtung ihr Gefühlsleben vernachlässigt haben, werden von Erlebnissen oder Mitteilungen, die die Gefühlssphäre treffen, leicht überwältigt.“[208] Es gehört zur Reifung des Bestatters, daß er seine emotionale Existenz richtig einsetzen lernt. Er soll hilfreich wirken, ohne sich darüber zu schnell zu verausgaben oder leerzubrennen.

h) Die Bestattungsrede ist und bleibt eine menschliche Angelegenheit. Keine menschlichen Bemühungen – und seien es noch so glänzende Reden – machen aus dieser menschlichen Angelegenheit eine göttliche Gelegenheit. Das kann nur Gott selbst tun, indem er das menschliche Reden so begleitet, daß er etwas daraus macht. Er schafft seine Gelegenheiten und Ungelegenheiten so, daß bei ein und derselben Bestattungsrede der eine leer, der andere beschenkt ausgeht. Hat einer das Wesen göttlichen Erbarmens und menschlicher Teilnahme erkannt und erspürt, hat der Herr das erreicht und taube Ohren geöffnet. Tut Gott das nicht, weiß nur er selbst, warum es so ist. Darum liegt über allem Bestattungshandeln und -reden der christlichen Gemeinde ein letzter Schleier göttlicher Autonomie. Sofern die Botschaft in der Bestattungspredigt nur durch Gott selbst zum Hörereignis wird, bedürfen die Zeugen der Vollmacht und die Hörer geistlicher Erkenntnis. Damit mündet alles Nachdenken über die Bestattungsrede – aber darüber hinaus auch über die Bestattungshandlung überhaupt – in das Gebet ein, Gott möge durch seine Energie aus menschlichem Reden und Handeln etwas ihm Wohlgefälliges machen. Gemeinde und Prediger sind für ihren Dienst an Lebenden und Toten auf das Gebet angewiesen. – Schließlich aber leben sie von der Verheißung, daß Gott sich mit dem Zeugnis von Menschen verbindet und aus menschlicher Rede Gottes Anrede wird.

3.2.4. Der Kontakt nach der Bestattung

Mit der Verabschiedung des Pfarrers von den Angehörigen am Grabe ist der Dienst der Gemeinde an den Trauernden keinesfalls beendet. Das war vielleicht zur Zeit der Massenkirche nicht zu umgehen; aber in unserer Diasporakirche hat nur ein Gottesdienst seinen Abschluß gefunden, nicht jedoch das postmortale Geleit der Gemeinde, das nun von der *cura generalis* wieder stärker in die *cura specialis* übergeht.

Auch die Trauer ist nicht abgeschlossen. Die meisten Angehörigen halten im allgemeinen eine Nachfeier für Freunde und Verwandte. Dann bröckeln diejenigen, die Teilnahme bekundet haben, immer mehr ab und lassen die Trauernden allein zurück. Diese sind genötigt, die äußeren Lebensverhältnisse, die sie mit dem Verstorbenen verbanden, zu klären: Aufräumen, Fortschaffen von überflüssigen Möbeln, Wohnungsverkleinerung, Erbschaftsregelung. Der Abschluß in den äußeren Dingen des Lebens zwingt dazu, einen neuen Rhythmus zu suchen. Diese oder jene Arbeit hatte bisher der Verstorbene getan. Nun muß man sie selbst leisten oder an andere Menschen und Institutionen delegieren. Dem Versuch, in irgendeiner Weise äußeren Ersatz zu finden, entspricht eine innere Unsicherheit gegenüber neuen Entscheidungen. Sosehr sich auch Trauernde bereits vor dem nahenden Tode mit der Zeit nach dem Verscheiden auseinandergesetzt haben: bisher haben sie wichtige Fragen nicht ohne die direkte oder indirekte Einbeziehung des Verstorbenen gelöst – bis hin zur Aussprache und gegenseitigen Beratung. Nun wird nach den ersten Trauertagen die große Leere bewußt empfunden. Es bleibt Zeit zum Nachdenken, mehr als nächsten Trauernden lieb ist. Zweifel an Gott, Welt und Menschen werden lauter. Selbstvorwürfe, Sehnsucht nach dem Toten melden sich. „Es gibt Leidtragende, die täglich – und sei es auch nur in Gedanken – mehrere Stunden bei den Toten verweilen und darüber die Lebenden vergessen.“[209] Doch normalerweise wird das Zurückschauen dann immer mehr von der Frage überlagert, wie es weitergehen soll, und die Selbständigkeit für neue Wege wird gefunden. Den häufigen Weg zum Friedhof, um des Verstorbenen zu gedenken, löst langsam der Weg zu anderen Menschen und in neue Verhältnisse hinein ab. Der Prozeß der inneren Umstellung geht bei dem einen schneller, bei dem anderen langsamer, beim Dritten nie mehr richtig zu Ende. Wunden heilen, können aber auch lange Zeit schwären.

Jede Trauer hat ihre Zeit, die nicht mit einem offiziellen Trauerjahr verrechnet werden kann: „Ein jegliches hat seine Zeit ..., sterben hat seine Zeit ... heilen hat seine Zeit ... weinen hat seine Zeit ... verlieren hat seine Zeit ... Ich sah die Arbeit, die Gott den Menschen gegeben hat, daß sie sich damit plagen. Er hat alles schön gemacht zu seiner Zeit.“[210] Damit die Zeit der Trauer als Gottes Zeit erkannt wird, sucht die Gemeinde den Kontakt mit den Leidtragenden.

Sie hält ihr seelsorgerliches Angebot bereit, das in der Regel durch einen oder mehrere Besuche bekundet wird.[211] Sie sollten nicht unmittelbar nach der Bestattung erfolgen. Besser ist es, wenn bereits einige Wochen der Beruhigung und der Entspannung verstrichen sind, weil dann die Bereitschaft zum ruhigen Gespräch wacher wird.[212] In der Begegnung stellt sich dabei heraus, wie Eheleute, Kinder oder Eltern mit dem Verlust zu schaffen haben. Menschlich und geistlich begründeter Rat sind auch hier nicht voneinander zu trennen. Manchmal ist er nicht nötig, weil Wunden von allein verheilen. Aber es kann auch anders sein. Zweifel brechen auf: Warum mußte der Tote davongehen? Die Sinnlosigkeit des Todes kann in solcher Lage im Aufbäumen des Schmerzes nur schweigend mitgetragen und unter Hinweis auf Gottes Wege geduldig ertragen werden. – Brechen Zweifel an der Rettung des Toten auf, weil er vielleicht nichts vom Erbarmen Gottes hielt, sollte auf das gnädige Urteil Gottes verwiesen werden, das er im Tode Jesu gefällt hat. Dem Herrn über Leben und Tod ist in der Hoffnung auf Christi Tat das Heil des Verstorbenen anzubefehlen. – Es können auch Selbstvorwürfe mächtig werden, weil einer meint, er sei dem Toten zu Lebzeiten etwas schuldig geblieben. Hier hat der Seelsorger klärend eine Bestandsaufnahme ohne Beschönigung oder Übertreibung zu versuchen, um sowohl das Leiden unter der Schuld in ihrer Konkretheit und Menschlichkeit sichtbar zu machen, als auch das darüber hinausgehende Versagen mit markieren zu können: Jeder bleibt jedem etwas schuldig, und das wird im Tode unwiderruflich deutlich. Skrupulanten sind falsche Selbstvorwürfe auszureden, ja zu verbieten. Hart Empfindenden wird man das Maß konkreten Vergehens eindeutiger sagen müssen. Dennoch ist das Ausmessen des Schuldumfanges nicht das Letzte, was zu tun ist. Wichtiger ist der Hinweis, daß Schuld um des Evangeliums willen getilgt ist. Die Unwiderruflichkeit der Schuld wird von der Unwiderruflichkeit des Todes Jesu überboten. – Trauer und Verlangen nach dem Toten können auch übermäßig lange währen. Der tägliche Weg zum Friedhof, das entgegen heutiger Sitte jahrelange Tragen von dunkler Kleidung deuten ebenso darauf hin wie das Aufstellen von großen Bildern des Verstorbenen, die den noch Lebenden täglich umgeben. Die Gründe, warum sich der Trauernde so stark an der Vergangenheit festklammert, sind oft erst langsam zu erspüren. Alten Menschen wird man den Schmerz lassen, wenn sie nur lebenstüchtig bleiben. Jüngere Menschen brauchen aber eine intensive Beratung, um sich dem Leben wieder zuzukehren. Die Tatsache, daß der Mensch jedem Toten etwas schuldig bleibt, darf gegenüber den Lebenden nicht wieder neu dadurch verlängert werden, daß man ihnen abgewandt, dem Zwiegespräch mit dem Toten hingegeben, lebt.

Eher als der um Klärung bemühte Trauerdialog ist die praktische Trauerhilfe nötig. Sie hat oft unmittelbar nach dem Tode einzusetzen, vor allem bei alleinstehenden Männern oder Frauen, die ihren letzten Elternteil verloren haben; aber auch alte Witwen sind in vielen Lebensfragen hilflos, weil der Mann häufig die Familienbelange nach außen vertreten hat. Umgekehrt sind Witwer in der Haushaltsführung oft völlig ungeübt. Sie versorgen sich nicht richtig und nehmen gesundheitlich Schaden.[213] Die Trauerdiakonie geht damit über in die schwierigen Fragen der Altenbetreuung und der Hilfe für Alleinstehende. Hier hat die Gemeinde ein weites Aufgabengebiet, das nicht nur Angehörigen oder der öffentlichen Sozialfürsorge zu überlassen ist. Häufig ist das möglich, jedoch nicht immer, weil zu wenig Mitarbeiter da sind. Hier muß die christliche Gemeinde einspringen und darf nicht tatenlos zuschauen. Wenn es gilt, „dafür zu sorgen, daß möglichst viele Menschen in der Gemeinschaft ihr Leben im weitesten Sinne vollenden können, dann darf die Kirche nicht bestatten, ohne bei älteren Hinterlassenen die diakonische Aufgabe zu sehen, der sich die Gemeinde nicht durch den Bau einiger Altersheime entziehen kann".[214] – Beratung ist auch nötig, wo es um Gräberschmuck, Grabsteingestaltung und Gräberpflege geht. Warum sollten nicht auch Gemeindeglieder bereit sein, Gräber für Angehörige zu pflegen, die nicht am Ort wohnen oder gesundheitlich dazu außerstande sind? – Oft wird der Seelsorger auch in Erbschaftsfragen verwickelt. Im einzelnen wird er hier den fachmännischen Rat nicht erteilen können und deshalb auf Rechtskundige hinweisen, bei denen man sich Rat holen kann. Der manchmal bei Erbschaftsauseinandersetzungen unter Kindern vorkommenden Heftigkeit ist deutlich zu wehren. Ohne hier jemandes Partei zu ergreifen, ist die Mahnung zum Frieden eine selbstverständliche Aufgabe. Über der diakonischen Assistenz wird dann oft der Wunsch nach geistlicher Beratung laut: „Sieht dann überdieß eine Witwe, daß der Pastor sich um sie annimmt, daß sie auch in ihren ökonomischen Anliegen, in der Erziehung und Unterbringung ihrer Kinder usw. einen Halt an ihm hat, so ist das ein sehr wesentliches Mittel, ihr Gemüth auch mit ihrem Witwenstande selber auszusöhnen; es ist oft dann erst Zeit, mit eigentlich geistlichem Zuspruch zu kommen."[215] – Als ein diakonisches Werk ist auch die Einladung zur Gemeinde zu verstehen. Damit sollten die Trauernden nicht billig „vereinnahmt" werden, wie andere es manchmal empfinden mögen, sondern in Bibelstunde, Gemeindekreisen oder der Möglichkeit, anderen zu dienen, empfängt der Trauernde ein Stück Heimat, Geborgenheit und sinnvollen Lebens für andere. So hat die Gemeinde schon immer eine besondere Aufgabe an den trauernden Alleinstehenden wahrgenommen, indem sie sie in ihren Veranstaltungen besonders gesammelt hat. Sie sollten – und zwar allem kirchlichem Aktivismus zum Trotz, der nur noch die Kirche in Aktion kennt – ihr Alleinsein in einem Gemeindekreis durchbrechen können, ohne etwas dafür zu tun. Wenn sich junge und sozial abgesättigte Menschen darüber erregen, daß in der Kirche alte Menschen und Alleinstehende besonders daheim sind, ist das nicht nur menschlich unklug, sondern auch unbarmherzig. Erst wenn das deutlich ist, darf es auch heißen: „Es gibt nicht nur den Dienst am Trauernden, in dem er gleichsam Objekt der Betreuung ist, sondern der Dienst der Gemeinde kann geradezu in der Indienstnahme einsamer Hinterbliebener bestehen. Die Not liegt nicht selten darin begründet, daß dem Zurückbleibenden die bisherige Lebensaufgabe genommen ist."[216]

Diakonie und Seelsorge, Tathilfe und menschliche Unterstützung schafft der hauptamtlich bestellte Pfarrer nicht allein. Der Kontakt mit Trauernden kann nur dann ausreichend gehalten werden, wenn sich alle Mitarbeiter und Gemeindeglieder beteiligen. Primär wird die Verkündigung hier die Menschen wachrütteln müssen, damit sie Augen bekommen, die merken, wo sich ein Trauernder verliert. Sekundär wird die Gemeinde ihren Aufbau auch unter der Frage bedenken müssen, wie die Diakonie an den Trauernden von besonders dafür Verantwortlichen geplant und durchgeführt werden kann. Ernst Lange macht bisher als einziger hier praktische Vorschläge zum „Ausbau der Nacharbeit".[217] Beistand für Hinterbliebene sollte durch geeignete Gemeindeglieder geschehen, die in Gruppen zusammenarbeiten und sich regelmäßig durch Beratung, Fortbildung und Seminar zurüsten, aber auch weitere Gemeindeglieder beraten und ihrerseits fördern, damit diese wiederum mittun können. Nicht nur der hauptamtliche Seelsorger oder

Diakon, sondern alle, die hier mit eintreten, treffen auf offene Türen, wenn sie sich human verhalten. „Der Seelsorger sollte kein Trauerhaus unbesucht lassen. Haus und Herzen werden um so mehr offen gefunden werden, als der Seelsorger seine eigene Menschlichkeit vor sich und den anderen eingesteht und sich selbst öffnet. Im Trostamt erfährt jeder Seelsorger, wie auch sein eigenes Leid Segen empfängt."[218]

Seelsorgerliches und diakonisches Handeln an Trauernden durch einzelne Helfer in der Gemeinde sind zu ergänzen durch das Zusammensein in der Gruppe. Es beginnt mit dem Kaffeetrinken, das heute fast immer für Angehörige im Anschluß an die Bestattung stattfindet. In der Kleinstadt und auf dem Lande wird dazu auch der Pfarrer sehr oft eingeladen. Er soll dann nicht absagen, wenn es die Zeit irgend zuläßt. Zwar geht es ihm gewiß nicht um das Essen oder darum, „das Gespräch zu beherrschen und die gute Sitte zu behüten",[219] denn Gelage finden heute im Zusammenhang von Bestattungen kaum statt. Aber er hat die Gelegenheit, noch einmal mit allen nahen Angehörigen zu sprechen, bevor sie sich wieder zerstreuen. Vielleicht gelingt es ihm dabei auch, „guten Samen auszustreuen und sich in der Bekanntschaft mit seiner Gemeinde zu erhalten".[220] – Auch der folgende Sonntagsgottesdienst will besonders für die Trauernden dasein. Allgemein durchgesetzt hat sich die sogenannte „Danksagung", die im Unterschied zu früher, wo es um den Dank der Hinterbliebenen für die Teilnahme an der Bestattung ging,[221] die Verlesung des Namens des Toten und seine Einbeziehung in die Fürbitte des Sonntagsgottesdienstes meint. Feierliches Erheben der Gemeinde und immer wiederkehrende Sterbeliedverse sind nach der Agende zu Recht fortzulassen. Ob Dank und Fürbitte bereits während der Abkündigungen oder erst im Allgemeinen Fürbittengebet gehalten werden, darf frei gehandhabt werden, wie es örtlichen Gepflogenheiten entspricht. Zur Vorbereitung des Gottesdienstes gehört es auch, sich auf dieses Gebet so zu rüsten, daß passende und treffende Formulierungen bereitstehen. Hier wird viel improvisiert und darum oft unpersönlich und formelhaft gebetet. Was in der Agende der EKU vorgesehen ist, hat in die lutherische Lebensordnung ebenfalls Eingang gefunden: „Am Sonntag wird im Gemeindegottesdienst für die Trauernden Fürbitte getan. Den Toten befehlen wir der Barmherzigkeit Gottes in Christo."[222] – Der Ewigkeitssonntag dient nach wie vor dem Gedächtnis der Toten und kann darum auch mit Fug und Recht Totensonntag heißen. Die Namen der Verstorbenen des letzten Kirchenjahres werden im Hauptgottesdienst oder in einem besonderen Gottesdienst verlesen. Dazu erhalten die Angehörigen vielerorts eine schriftliche Einladung und kommen dann sehr zahlreich. – Die Trauerandacht auf dem Friedhof dient dem Zeugnis von der Rettung Lebender und Toter. Eine im Laufe des Jahres häufiger abgehaltene Friedhofsandacht könnte den Angehörigen dazu verhelfen, ihr Leid mit dem Wort Gottes zu konfrontieren und mit anderen Christen, die sich ebenfalls einfinden, gemeinsam zu tragen. – Eine einheitliche Meinung über das Gedenken an die Toten des Krieges hat sich langsam durchgesetzt. Ein altes nationalistisches Erbe mußte erst abgestreift werden. Viel Kitsch und ideologische Romantik waren darum im Zuge der nach dem zweiten Weltkriege durchgeführten Renovierungen von Kirchen zu beseitigen. Vermoderte Kränze mit Eisernen Kreuzen und verstaubte Gedenkbücher sind durchweg durch schlichte Gedenkstätten für die Opfer des letzten Krieges ersetzt. Sogenannte „Heldengedenktafeln" verschwanden mit Recht aus den Kirchenschiffen und werden in Museumsecken aufbewahrt, wenn sie künstlerisch oder historisch wertvoll sind. Es ist ein Akt der Liebe, Trauernden die Gelegenheit zu geben, in der Kirche eine besondere Gedenkstätte für diejenigen ihrer verstorbenen Angehörigen, deren Gräber sie nicht kennen oder aufsuchen können, zu gewähren. Doch sollten schlichte Symbole und Sprüche den evangelischen Sinn allen Sterbens ausdrücken, damit nicht ein falscher Totenkult wuchert. Blumen und Kränze sind zu wechseln, um ein Verstauben zu verhindern. Unter den Christen der Bundesrepublik hat es lebhafte Auseinandersetzungen um die Frage gegeben, ob der deutschen Gefallenen des zweiten Weltkrieges in den Kirchen in Form nationaler Ehrungen gedacht werden könne. Aus einigen Thesen, die das Ergebnis eines Kirchenstreites in Flensburg um das Gedenken der Toten des zweiten Weltkrieges zusammenfassen, sei zitiert: „1. Kirchengebäude haben den ausschließlichen Zweck, der um Wort und Sakrament versammelten Gemeinde Raum zu geben. Alles, was an Einrichtung und Gestaltung diesem Zweck nicht dient oder ihn hindert, muß entfernt werden, weil es anderen Zwecken dient und sie fördert. – 2. Die Versöhnung, die Jesus Christus im Sterben für uns Sünder bewirkt und zu verkündigen befohlen hat, schließt für den Glaubenden eine Unterscheidung zwischen Kriegstod und gewöhnlichem Sterben aus. Auch die Hingabe des Lebens für andere kann uns vor Gott nicht rechtfertigen ... 5. Weil das Volk Gottes in allen Nationen lebt, hat die Kirche den Auftrag, für Frieden und Versöhnung unter den Völkern einzutreten. Darum widerspricht es ihrer Sendung, wenn sie Stätten ehrenden Gedenkens an nationale Auseinandersetzungen in ihren Versammlungsräumen Platz macht."[223]

Solche Sätze haben sich innerhalb der Kirchen in der DDR, in der das nationale Gedenken den Opfern des Faschismus gilt, schon lange und uneingeschränkt durchgesetzt. Es läßt sich der Satz hinzufügen: Um der Liebe willen dürfen christliche Gemeindeglieder das Gedenken an die Opfer des Krieges in schlichter Form pflegen, indem sie mit evangelischen Symbolen und Sprüchen in Nebenräumen oder Seitenecken der Kirche an ihre Verstorbenen erinnern. Daß das Verlangen danach nun immer mehr zurücktritt, ist mehrere Jahrzehnte nach dem zweiten Weltkrieg nüchtern zu sehen.

4. SCHLUSS: VORBEREITUNG AUF DEN TOD

Der Mensch in unserer Gesellschaft lebt nicht mehr wie vielleicht der mittelalterliche Mensch in einer dauernden Furcht vor dem Sterben. Auch die Gestalten und Ausdrucksformen unserer Trauer haben sich gegenüber anderen Generationen gewandelt. Dagegen ist nicht von einem konservativen Standpunkt aus zu polemisieren. Vielmehr ist die heutige Auslegung des Todes in seiner Phänomenvielfalt möglichst genau nicht nur zu registrieren, sondern auch unter der Krise des Evangeliums zu deuten.

Vorbereitung auf den Tod geschieht dort, wo gegen ihn gekämpft wird: wo Leben verlängert und die Bedrohung der Menschheit durch Katastrophen verhindert werden. Doch gehört es auch zum Menschsein, sich mit dem Tode als gesellschaftlichem und persönlichem Geschehen rechtzeitig zu beschäftigen und auseinanderzusetzen.[1] Aller falschen Tabuisierung ist der Kampf anzusagen. Auf jeden Fall haben die Christen Grund, ihr Verständnis des Todes mit dem biblischen Zeugnis vom Tode zu konfrontieren. Darüber wird oft zu allgemein oder überhaupt nicht gesprochen. Dennoch wartet hier eine wesentliche Lebensaufgabe, die nicht beiseite geschoben werden darf: „Mitten wir im Leben sind mit dem Tod umfangen."[2] Darum heißt es, menschlich zu sterben und menschlich zu trauern. Was kann die christliche Gemeinde tun, damit sie die Verantwortung für das prä- und postmortale Geleit richtig wahrnimmt?

Die öffentliche Zeugnisrede, vor allem in der Sonntagspredigt, hat nicht nur Sinndeutungen, sondern auch solche Verhaltenshilfen für das Sterben und für Trauernde anzubieten, wie sie dargelegt wurden. Die Perikopen und andere biblische Texte enthalten Möglichkeiten genug. Eine aufmerksame Gemeide wird auch die Verkündigung ihres Predigers aus Anlaß des Todesthemas, etwa am Ewigkeitssonntag oder bei Bestattungen, aufmerksam und kritisch verfolgen. Und die Bibelarbeit in einer Gemeinde oder in Gemeindegruppen kann mit Textreihen bestritten werden, die den Tod zum Thema haben.

Die Rede vom Tode hat in der Liturgie ihren vielfältigen Ort. Lesungen, vor allem aber auch die Gebete, sind beredter, als es vielen Hörern vorkommt. Die Liturgie ist genau mitzuhören. Wo die Formulierungen der Agende nicht genügen, sollten sie ergänzt werden. Ihre Angebote zur direkten Sterbehilfe sind ja keinesfalls ausreichend. Das außeragendarische Angebot an Lesungen und Gebeten ist dünn gesät, wo es um persönliche Hilfestellung im Umgang mit dem Tode geht. Die offiziellen Formulare der Agenden sind daraufhin zu prüfen, ob sie theologisch richtige Aussagen zum Tode enthalten. Ebenso wichtig aber ist es, das in ihnen durchschimmernde Todesverständnis auf seine Nähe zur heutigen Todeswirklichkeit hin zu untersuchen und gegebenenfalls zu verändern. In den Formularen zum Allgemeinen Kirchengebet der Agende der EKU nehmen von siebzehn Gebeten fünf keinen Bezug auf den Tod als menschliches Ereignis.[3] Für die Sterbenden wird am häufigsten gebetet,[4] sodann für ein eigenes gutes Ende.[5] Dabei begegnet die kaum noch tragbare Formulierung vom „Stündlein", das kommt.[6] Dann wird der Entschlafenen im Gebet gedacht.[7] Die Trauernden heißen „durch Tod Betrübte".[8] Einige Male ist vom Tode im metaphorischen Sinn als menschliche Verlorenheit die Rede.[9] Wohl fallen Sterbende und Trauernde mit unter die Leidenden und Betrübten, doch wird das nicht ausdrücklich festgestellt. Man kann sagen, daß die allgemeinen Kirchengebete vom Tode nicht übermäßig häufig sprechen, nicht immer zeitgemäß und unter Zurücktreten des Gebetes für die Trauernden. Und noch etwas fällt auf: Die Gebete der Bestattungsagende sind durchweg nur ekklesiologisch und individualistisch bestimmt. In einer Welt, in der in vielen Teilen unter rückständigen gesellschaftlichen Verhältnissen noch Massensterben droht oder sogar vorkommt (Hungerkatastrophen u. ä.), sind die Gebete weltweit zu thematisieren. Man kann nicht für die Christenheit oder nur einzelne Trauernde und Sterbende beten, ohne daß nicht auch alle Todesdrohung in der Welt mitbedacht und vor Gott ausgebreitet wird, damit er seine Schöpfung bewahrt. Diese Thematik ist in den übrigen Dienstbereichen der Gemeinde – Predigt, Unterricht, Seelsorge – ebensowenig zu übergehen.

Auch in der Seelsorge, deren Aufgaben nicht nur durch die offiziellen Seelsorger in der Gemeinde wahrzunehmen sind, ist also das Gespräch über den Tod zu führen, damit befreiende Hilfe, keinesfalls Bedrohung geschieht. Richtiges Verhalten bei täglichen Vorkommnissen und notwendige Formen der Fürsorge im Umgang mit Sterbenden und Trauernden sind zu bedenken und im engeren geistlichen und weiteren diakonischen Handeln einzuüben. Hier liegt heute weithin ein Brachland, das neu zu pflügen ist. Zukünftige Pfarrer bedürfen ebenso wie jedes Gemeindeglied der Anleitung, um zu wissen, was in der Nähe oder im Falle eines Todes zu tun ist.

Das ordnende Handeln der Gemeinde, von Lebensordnungen bis zu Friedhofsordnungen, hat eine solche Ausprägung zu finden, daß darüber der Vater Jesu Christi geehrt und den Menschen gedient wird. Ordnungen, die es mit dem Sterben zu tun haben, dürfen nicht rückwärtsgewandt und auf volkskirchlich-pädagogischem Hintergrund geschrieben werden, sondern müssen den gesellschaftlichen und diasporakirchlichen Anforderungen unserer Zeit genügen. Stärker als bisher muß der gesamte Prozeß des Todes vom Sterben über das Bestatten bis zum weiteren Kontakt mit den Trauernden bedacht und auch unter dem Aspekt der Begleitung durch die ganze Gemeinde beschrieben werden.

Des Todesthemas hat sich auch die Unterweisung anzunehmen. Kinder sehen Tote fast täglich im Fernsehen. Sie bedürfen des Hinweises auf den barmherzigen Herrn im Tode, der Anleitung, wie man an einer Bestattung teilnimmt, welche Gebete im Todesfall zu benutzen sind und wie Gott stärker ist als alles Sterben in der Welt. Die zu diesem Thema nicht unwichtigen Aussagen des Kleinen Katechismus reichen dazu nicht aus. – Was bei Kindern ohne Übertreibung, sachlich und kurz angesprochen werden muß, wird im Erwachsenenkatechumenat seine breite Auffächerung erfahren. Gemeindeseminare, Gemeindeabende und andere Gelegenheiten sind mit dem Thema der Todeshilfe zu füllen. Dazu wollten unsere Überlegungen unter anderem anregen.

Daß es jenseits aller Information über den Tod und das Todesgeleit noch einen Schritt weiter bedeutet, wenn man seiner Macht persönlich begegnet, klang verschiedentlich an. „Wo der Tod das letzte ist, dort ist das irdische Leben alles oder nichts ... Wo aber erkannt wird, daß die Macht des Todes zerbrochen ist, wo das Wunder der Auferstehung und des neuen Lebens mitten in die Todeswelt hineinleuchtet, ... dort nimmt man vom Leben, was es gibt, nicht Alles oder Nichts, sondern Gutes und Böses, Wichtiges und Unwichtiges, Freude und Schmerz, dort hält man das Leben nicht krampfhaft fest, aber man wirft es auch nicht leichtsinnig fort, dort begnügt man sich mit der bemessenen Zeit ..., dort läßt man dem Tod das begrenzte Recht, das er noch hat."[10]

5. MODELLE FÜR DIE VERKÜNDIGUNG

Die hier angebotenen Modelle erheben nicht den Anspruch, vollkommen zu sein. So etwas gibt es nicht. Sie wollen nur die Möglichkeit zu einer kritischen Beschäftigung bieten und zu einem Vergleich mit eigenen Arbeiten oder mit anderswo gehörten Reden reizen. Für eine direkte Nachahmung empfehlen sie sich nicht. Jeder Zeuge muß das Zeugnis gegenüber dem Tode seiner Art entsprechend suchen, finden, verwirklichen – und in dem allen verantworten.

Wer in diesem Sinn die vorliegenden Reden studieren möchte, kann sich an folgende Fragen halten:

1. Der Aufbau im ganzen
1.1. Wie ist die Rede gegliedert?
1.2. Wo liegen besondere Schwerpunkte?
2. Beobachtungen im einzelnen
2.1. Welcher Textgebrauch liegt vor?
2.2. Welche dogmatischen und ethischen Probleme kommen vor?
2.3. Wie finden die Hörer eine Berücksichtigung?
2.4. Welche Besonderheiten der Form fallen auf?
2.5. Wer ist der Zeuge?
3. Das Evangelium in der Rede
3.1. Wovon wollte sie befreien?
3.2. Wodurch wollte sie befreien?
3.3. Wozu wollte sie befreien?
4. Zusammenfassung
Worin bestehen die Charakteristika der Rede?

Sämtliche Fragen sind zuerst analytisch zu beantworten, um sodann zu einem – positiven oder negativen – Urteil zu gelangen. Erst wer genau gelesen hat, was dasteht, kann auch zu einem sachgemäßen Urteil voranschreiten.

Vor aller sachlichen Arbeit an den Reden ist es wichtig, sich über seine Gefühle Rechenschaft abzulegen. Welche Emotionen erwachsen bei dem ersten Lesen? Zum Beispiel starke Ablehnung, Freude, Ärger, Langeweile,

Verletzung oder Bedrohung im Blick auf sich oder andere. Nach einer emotional gehaltenen Abklärung ist es möglich, stärker sachlich bestimmt und einigermaßen unvoreingenommen zu analysieren und zu kritisieren.

5.1. Andacht für Kranke und Sterbende

Zur Situation: In regelmäßigen Abständen finden für evangelische Patienten in einem Krankenhaus der Kirche, das sich in ländlicher Umgebung befindet, Abendandachten statt. Unter den bettlägerigen Patienten gibt es Menschen, die dem Tode nahe sind. Sie ahnen es oder wissen es noch nicht. Der Prediger hat alle Patienten kurz begrüßt und dabei versucht, sich unmittelbar auf sie einzustellen. Was dann gesagt wird, kann stets nur annähernd wiedergegeben werden, weil es besonders starker Anlehnung an die gerade erfaßte Situation bedarf. Nach einem Lied, das der Pfarrer fast allein singt, verliest er Psalm 126. Dann folgt die Ansprache.

Text: Die mit Tränen säen, werden mit Freuden ernten. *Psalm 126,5*

Draußen wird es Sommer. Manche haben es nur vom Fenster aus bemerkt; andere höchstens an den Blumen, die sie von ihren Verwandten und Freunden geschenkt erhielten. Ihr wißt, wie es nun im Frühling und Sommer zugeht: Da wird gesät. Dann beginnen die Pflanzen zu wachsen und immer größer zu werden. Bald kommt die Ernte. Davon redet auch das Wort, das ich vorgelesen habe: vom Säen und vom Ernten. Doch meint es eigentlich nicht das, was wir nun in der Natur erleben. Es spricht vielmehr von unserem menschlichen Leben, in dem auch Saat und Ernte vorkommen.

Da haben die Menschen des Alten Testaments die Erfahrung gemacht, daß es ihnen nicht gut geht. Sie sind traurig. Tränen des Leides müssen sie vergießen. Dennoch lassen sie sich davon nicht unterkriegen. Sie bekennen, daß die, die mit Tränen säen, auch mit Freude ernten werden. Das heißt: alles Leid soll ein gutes Ende nehmen. Freude, Befreiung und Erlösung zeichnen das Ende aus. Daran halten die Menschen des Alten Testaments fest, weil sie auf Gott vertrauen und von seinem großen Tun viel erwarten. – Euch geht es auch so, daß ihr Leiden spüren müßt. Wer krank ist, fühlt sich nicht wohl. Von eurer Wohnung und euren Angehörigen seid ihr getrennt bis auf die wenigen Stunden, in denen sie zu Besuch kommen. Und wer weiß, wie es mit jedem unter uns noch werden wird? Das alles plagt uns. Und auch wer sich bereits auf dem Wege der Genesung befindet, wartet darauf, daß er bald nach Hause kann. Ist es wahr, daß auch wir, die wir uns an Gottes helfende Kraft halten möchten, auf ein gutes Ende hoffen dürfen? Menschlich gesehen, wissen wir nicht, wie es mit uns werden wird: ob der eine schon bald entlassen werden kann oder ob der andere noch länger hier bleiben muß. Das wißt ihr nicht, und das weiß ich nicht. Eines steht jedoch fest. Gott verläßt uns nicht; ganz gleich, was mit uns wird. Das hat er uns an Jesus deutlich gemacht. Jesus mußte den Weg des Leidens gehen wie wir; aber Gott hat ihn in seine ewige Freude zu sich geholt. Das soll auch mit uns so sein. Wir müssen leiden wie er; aber wir sind dennoch nicht verlassen, weil er bei uns ist – im weiteren Leben und im Sterben. Und wo er ist, da erfahren wir, daß von ihm Freude und Erlösung ausgeht. Es ist wahr, weil er niemanden von uns allein läßt: durch Leid zur Freude, durch Krankheit und Tod zur ewigen Liebe Gottes, durch Trauer zum Trost, den Jesus Christus uns gibt. Die mit Tränen säen, werden mit Freuden ernten.

5.2. *Ansprache beim Sterbeabendmahl*

Zur Situation: Ein schwerkranker, älterer Landarbeiter begehrt das Abendmahl, weil er es so aus seiner Heimat kennt. Er ist noch bei Bewußtsein und hat wenig Schmerzen. Dem Pfarrer hat er erklärt, wie er den Tod nahen fühle. Mit dem Sterbenden feiern zwei verheiratete Kinder und ein Enkel, der vor einigen Jahren konfirmiert wurde, das Mahl. Die kurze Rede muß die menschliche Situation beachten, aber zugleich die allgemeine Beichte und die Mahlfeier vorbereiten.

Text: Darum: wir leben oder sterben, so sind wir des Herrn.

Römer 14,8 b

Ihr habt mich gerufen, damit wir zusammen das Heilige Abendmahl feiern. Jesus Christus will unter den Zeichen von Brot und Wein zu uns kommen und uns darin bestärken, daß wir nicht ohne ihn leben und sterben. Ihr werdet an das denken, was ihr im Laufe der Jahrzehnte zusammen erlebt habt. Viel Gutes habt ihr euch geschenkt und seid auch da zusammengeblieben, wo es hart zuging. Ihr wißt aber auch, wo ihr euch etwas schuldig geblieben seid; nicht nur euch, sondern auch manchen Menschen über unseren Kreis hier hinaus. Ihr wißt darum. Vergeßt nicht, in Ordnung zu bringen, was offenblieb. Wenn ihr versöhnt seid mit eurem Leben und mit allen Menschen, wird euer Leben von jetzt an ein Leben ganz für Jesus Christus werden. Dann könnt ihr dankbar über allem, was ihr durchgemacht habt, sagen: Wir leben dem Herrn.

Wir wissen nicht, was kommt und wann der Tod einen jeden von uns anrührt. Dafür sind uns die Augen verschlossen; aber es ist gut, sich auch dann, wenn wir an den Tod denken, auf den Herrn Jesus Christus zu verlassen. Er ist auch dann, wenn wir voneinander Abschied nehmen müssen, nahe. Er führt uns durch die Pforte des Todes hindurch, auch wenn sie dunkel aussehen mag, um uns für immer mit Gott zusammenzuhalten. Wir trauen auf das Bekenntnis der Bibel: Wir leben oder sterben, so sind wir des Herrn.

5.3. *Abendmahlsrede nach einem Verkehrsunfall*

Zur Situation: Am Ende einer Tagung für kirchliche Mitarbeiterinnen steht eine Abendmahlsfeier. Kurz vorher kommt die Nachricht, daß vier der Tagungsteilnehmer, die vorzeitig aufbrachen, einen Autounfall hatten: zwei von ihnen sind tödlich verunglückt, die beiden anderen schwer verletzt.

Text: Jesus spricht: Simon, Simon, siehe, der Satan hat euch begehrt, um euch wie den Weizen zu sichten. Ich aber habe für dich gebeten, daß dein Glaube nicht aufhöre. Und wenn du dich einst bekehrst, stärke deine Brüder. Er sprach aber zu ihnen: Aber nun, wer einen Beutel hat, nehme ihn, ebenso auch eine Tasche. Wer es nicht hat, verkaufe seinen Mantel und kaufe ein Schwert. Denn ich sage euch: Was geschrieben worden ist, muß an mir vollendet werden, nämlich „er ist unter die Übeltäter gerechnet worden". Denn was von mir geschrieben ist, wird auch vollendet.

Lukas 22,31.32.36.37

Das heilige Mahl ist für viele eine Feier, in der sie auf sehr innerliche Weise Gemeinschaft mit Jesus Christus suchen. In den letzten Jahren ist uns wieder stärker bewußt geworden, wie das Mahl durch Jesu Christi Gegenwart auch Gemeinschaft unter den Christen schafft – für immer. Ja, auch über den Tod hinaus sind wir mit unseren Toten über ihn verbunden. Denn wer mit Jesus Christus Verbindung hält, ist für immer mit seinen Schwestern und Brüdern im Kontakt.

Bei Lukas wird dann noch etwas anderes vom Mahl und seiner Feier festgehalten. Diese ist mit einer alltäglichen Dienstbesprechung verbunden. Herr und Jünger reden zugleich über das, was sie zu tun haben.

1. Die Jünger versehen einen Dienst, in dem sie Widerstand erleben. Innere Gewalten machen uns den Dienst schwer. Erfolglosigkeit im Dienst, wenn man nicht sieht, daß es vorangeht, bedrängt ebenso wie sinnlose Ereignisse, etwa Unfälle und Krankheit von Mitarbeitern, so daß die Frage entsteht: Warum mußten sie sterben, obwohl sie doch noch im Dienst für Jesus Christus so nötig gewesen wären? Dann ist da die Ablenkung – bis hin zum Fernsehen –, so daß man immer wieder etwas anderes entdeckt und die Welt mit ihren tausend interessanten Kleinigkeiten wichtiger nimmt als den Dienst für Jesus Christus. Und wir kommen uns wohl auch isoliert vor, allein mit uns und unseren Sorgen. Der Tod tritt auf und meldet seine Ansprüche an.

Wie sollen wir das alles bewältigen? Wir sollten nicht meinen, daß es bei dem allem, was uns bedrückt, möglich wäre, damit allein fertig zu werden. Wir sind keine Helden; aber einer ist da, der betet, während wir auf der Erde arbeiten. Einer spricht bei Gott unseretwegen vor und sorgt dafür, daß Gott über uns wacht. Eine gute Arbeitsteilung findet statt. Wir tun etwas, und Jesus legt gute Worte für uns ein. Wären wir von Gott vergessen, wäre alles verloren; aber er denkt an uns um Jesu Fürsprache willen. Keiner ist vergessen! Wer in den nächsten Tagen durch seine Großstadt mit ihren Hochhäusern und vielen Treppen geht, ist nicht allein: für ihn wird gebetet. Wer in den nächsten Wochen durch seine Dörfer mit den großen Entfernungen läuft, daß ihm die Füße wund werden, geht nicht allein. Unsere Kranken und auch unsere Toten sind nicht allein und verloren: Jesus Christus betet für sie und für uns alle. Und darum hat uns Gott in seiner Liebe nicht vergessen.

2. Wie sieht der Dienst aus, den wir zu tun haben? Jesus sagt: Stärke deine Brüder. Und das heißt auch für uns: Stärke deine Schwestern und Brüder. – Haben wir daheim Gäste, machen wir wohl – so sagen wir – eine Stärkung zurecht. Viele „Gäste", Menschen, denen wir Stärkung schuldig sind, begegnen uns: Menschen am Rande der Gemeinde, die sich nur selten sehen lassen; aber auch Menschen in der Mitte der Gemeinde, die immer da sind. Sie alle brauchen Kraft: die Kinder, die wir zu unterrichten haben; die Alten, die nichts als unsere schweigenden Besuche gebrauchen, weil sie sprechen möchten; Mitarbeiter, die abgehetzt sind; Ehepartner, die nicht weiterkönnen und unseren Rat wollen. Ihnen allen gegenüber gilt: Stärke sie, denn sie sind deine Schwestern und Brüder.

Wie ein Gastgeber müssen wir uns fragen: Was haben meine Gäste nötig? Der eine braucht ein Gespräch, der andere die stille Tat, der dritte einen kurzen Zuspruch und der vierte Entlastung durch Vergebung. Wo der Tod uns bewegt, brauchen wir das Wort vom Sterben und vom Siege Jesu Christi. Man muß also sehen, was der Schwester oder dem Bruder guttut. Um das zu entdecken, brauchen wir offene Augen. Ja, wir dürfen sogar fragen nach dem, was andere gern mögen. Damit unterstützen wir nicht ein sich häufig ausbreitendes kirchliches „Leckertum": Überall, wo es etwas Schönes oder Interessantes in der Kirche gibt, ist man da; aber wo es hart wird, weicht man aus. Das meinen wir nicht. Dennoch dürfen wir anderen zuliebe das Wort von der Freiheit des Evangeliums, das wir in der Bibelarbeit besprachen (Gal. 4,8–20), so ausdrücken, daß sie es gern hören und annehmen. Darüber nachzudenken lohnt sich: Was brauchen meine Schwestern und meine Brüder? Wie empfangen sie das Evangelium gern?

Wer umkehrt, wird bereit, so zu fragen. Bekehrung hat es für Lukas mit der Zuwendung zur Schwester und zum Bruder zu tun. Wir verstehen unter Umkehr oft nur einen sehr innerlichen Vorgang, der sich zwischen Jesus

Christus und mir abspielt. Das genügt nicht. Dem Petrus wird gesagt: Wenn du dich bekehrst, so stärke deine Brüder. Wer Zeit hat, über seine Mitchristen nachzudenken, um ihnen das Wort oder die Tat zu geben, die sie gerade benötigen und die sie schätzen, zeigt damit, daß er sich bekehrt hat.

3. Dann ist da noch dieses seltsame Wort vom Verpflegungsbeutel, von der Packtasche und von dem Schwert, die die Jünger mitnehmen sollen. Gemeint ist damit von Lukas: In der Kirche kommt eine Zeit, da hat der Christ das Recht, das Notwendige für das Leben zu behalten. Lukas warnt seine Mitchristen und die Boten des Evangeliums in seinen Gemeinden davor, sich zum Martyrium zu drängen (V. 36). – Daß eine Kirche zu leiden hat, kommt von allein. Darum dürfen wir als Mitarbeiter nicht in Weltverachtung und Leidenssucht steckenbleiben. Wir haben das Recht, unsere Gesundheit zu pflegen, unseren Geist mit guten Gedanken zu füllen und unsere Gefühle zu verfeinern. Denn was nützen einer Kirche Mitarbeiter, die krank, geistlos und gefühlsroh handeln? Ihr dürft behalten, was ihr zum Leben braucht, damit ihr durchkommt, sagt unser Herr. Entsagen müssen wir alle an irgendeiner Stelle schon von allein – ob wir verheiratet sind oder nicht. Gerade darum darf uns die Freude am Leben erfüllen. Gewiß, wem es zu gut geht oder wer zu reich ist, der sollte einmal Verzicht üben; aber eine verkehrte Leidenssucht verbietet unser Text.

Wieder ist damit ein Unterschied zwischen Jesus und uns vorhanden. Er betet, wenn wir etwas für ihn tun. Und wenn wir leben und uns einen guten Tag machen dürfen, geht Jesus an das Kreuz. Von sich sagt er, er werde unter die Übeltäter gerechnet. Er stirbt wie ein Verbrecher, obwohl er nichts verbrochen hat. Damit hat er sich in letzter Solidarität mit uns verbunden. Er ist bei uns und läßt uns schuldige Menschen nicht mehr allein. Sein Sterben ist unsere Rettung.

Wir haben es gehört: Ihr werdet Schweres erfahren. Stärket eure Brüder. Macht euch einen guten Tag. Das rät der, der für uns betet und für uns gestorben ist. Das rät der, der mit uns das Mahl feiert und unter uns sein will. Wenn wir das Brot nehmen, ist er da. Wenn wir den Wein trinken, ist er in unserer Mitte. Er verbindet uns mit Gott und untereinander; mit jedem einzelnen von uns und mit unseren Toten. Uns und ihnen gilt das Wort Jesu Christi: Ich bin die Auferstehung und das Leben. Wer an mich glaubt, der wird leben, ob er gleich stürbe (Joh. 11,25).

5.4. *Friedhofsandacht*

Zur Situation: Es handelt sich um eine Ansprache am Ewigkeitssonntag, die in einer Friedhofsandacht für christliche Besucher von Gräbern gehalten wurde.

Text: Der Tod ist verschlungen in den Sieg. *1. Korinther 15,55a*

Das ist ein kurzer Satz. Und er beginnt mit einem kurzen, schneidenden Wort: der Tod. In diesem Wort steckt eine große Kraft. Ihr denkt daran, wie Menschen, die ihr geschätzt habt, nicht mehr bei euch sind. Durch die Pflege ihrer Gräber und einen ruhigen Gang zum Friedhof widmet ihr ihnen euer Gedenken. Wir denken wohl auch an die vielen Toten in der weiten Welt, die der Krieg oder der Hunger verschlungen haben. Was fällt uns da ein? Was empfindet ihr, wenn ihr am Grab eures Angehörigen steht? Bei manchen sind die Wunden der Trennung gewiß verheilt. Sie sind ruhig und dankbar. Bei anderen schmerzen die Wunden, weil sie sie erst vor kurzer Zeit empfangen haben. Wir entsinnen uns daran, wie unsere Toten starben: Schulden werden wach. Gefühle des Dankes entstehen. Reue über vertane Zeit bricht auf. Ergebung in das, was nicht zu ändern ist, wächst neben der Gleichgültigkeit. Wir fragen uns wohl auch, wie es sein wird, wenn wir jener letzten Macht erliegen und sterben müssen. Wir sind Menschen, und darum sind wir als Christen vom Tode bedroht wie jedermann. – Das alles mag in uns wach werden, wenn wir das kurze Wort an dieser Stätte hören: der Tod.

Doch unser Satz geht weiter: Der Tod ist verschlungen. Und damit wird deutlich, daß er nicht das letzte Ziel menschlichen Lebens ausmacht. Er hat nicht das letzte Wort. Seine Macht ist begrenzt. Er wird verschlungen. Martin Luther sagt einmal sehr bildhaft und unmißverständlich, daß der Tod aufgefressen wird. Er wird besiegt. Eine Gewalt ist da, die das vermag: das ist die Liebe Gottes. Der uns das Leben auf dieser Erde gewährt und uns vergibt, wo wir uns ihm verschlossen haben, der hilft auch durch das Sterben hindurch. An einem von uns hat Gott das ganz eindeutig vollzogen, an dem Menschen Jesus. Jesus ging den schweren Gang an das Kreuz und erlag dem Tod. Doch Gottes Liebe hat den Tod Jesu überwunden und ihm das Leben bei sich für immer geschenkt. Wer sich dem lebendigen und gestorbenen Jesus Christus anvertraut, traut damit auch dem Wort vom Sieg über den Tod. Er hofft für die Toten, denen er nahestand, daß sie in das Leben mit Jesus Christus hineingenommen sind für immer. Er hofft, daß die Liebe Gottes auch ihnen den Sieg über den Tod enthüllt hat. Er darf auch für sich hoffen. Und darüber wird ihm dieses Leben, das er noch auf dieser Erde führen darf, nicht gleichgültig. Er gewinnt gerade im Angesicht des Todes neues Zutrauen zum Leben, solange es ihm als Mensch hier zuteil wird. Wir verstehen das große Kreuz, das auf unserem Friedhof steht, als Zeichen des Sieges Jesu Christi, der den Tod überwunden hat. Wir bleiben mit ihm im Leben und im Sterben in Kontakt. Darum gilt es für uns und unsere Toten: Der Tod ist verschlungen in den Sieg.

5.5. *Bestattungsreden*

a) *Zur Situation:* Eine unverheiratete Frau ertrug ihre schwere psychische Krankheit, die sie bereits gezwungen hatte, den von ihr geliebten Beruf aufzugeben und in einen anderen überzuwechseln, nicht mehr. Sie machte ihrem Leben ein Ende. Sie war Glied der christlichen Gemeinde und ein aktiver Mensch in allem, was sie in Angriff nahm. Die Trauergemeinde setzte sich aus bewußten Christen und völlig Fernstehenden zusammen.

Text: Ich will dich unterweisen und dir den Weg zeigen, den du wandeln sollst; ich will dich mit meinen Augen leiten. *Psalm 32,8*

Das war K.s Konfirmationsspruch. Unter ihm hat sie auch ihr Leben gesehen. „Ich bin getauft, darum habe ich den Weg zu Gott gefunden. Es ist nicht recht, wenn die Kirche jemandem die Taufe verweigern will. Sie darf auch die kleinen Kinder nicht zurückweisen", so hat K. uns in einem Gespräch eifrig belehrt, als wir um das Recht und die Fragwürdigkeit der Kindertaufe für unsere Zeit und unsere entchristlichten Familien stritten. Aber nun ist der Weg, den K. mit so großem Ernst und mit so großer Ehrlichkeit gesucht hat und gegangen ist, auf einmal zu Ende, plötzlich abgebrochen.

Hat Gott nicht hingesehen, nicht auf sie achtgehabt, daß sie so schwer unter ihrer Krankheit litt? Hat er sie zwar unterwiesen, ihr dann jedoch nicht mehr den Weg gezeigt, den sie wandeln soll und kann? Warum hat Gott die Verheißung des Konfirmationsspruches nicht wahr gemacht: „Ich will dich mit meinen Augen leiten"?

Niemand ist unter uns, der nicht erschrocken ist und sich selbst nicht gefragt hat: „Wie hätte ich sie davor bewahren können?" Es ist wohl niemand unter uns, der sich nicht schuld gibt an diesem Tode. Das wird wohl stets so sein, wenn jemand verzweifelt und nicht mehr weiter weiß, daß die anderen um ihn herum sich mit betroffen wissen: Mutter, Geschwister, Freunde, Kollegen – wir alle wissen uns mitschuldig. Doch das ist es nicht allein. Wir stehen auch ratlos, fragend und anklagend vor Gott: Warum hast du das geschehen lassen?! Und wir erhalten keine Antwort.

Der Psalm, aus dem der Spruch für K.s Konfirmation ausgesucht worden ist, sagt noch viel mehr von der Last, die Gott einem Menschen auflegen kann: Deine Hand war Tag und Nacht schwer auf mir, daß meine Lebenskraft versiegte, wie es im Sommer dürre wird (V. 4). Das wird der eine oder andere von uns schon erlebt haben. Und eben daraus erwachsen die Anklagen gegen Gott, ja die Abkehr von ihm. Gott hat mehr aufgelegt, als wir ertragen können. Er ist nicht für, sondern gegen uns. So bleiben viele Menschen in ihrer Not allein, bleiben zurück als Gott-Verlassene und werden darüber vielleicht zu Gottesleugnern.

Der Psalm aber betet weiter: Ich will dem Herrn meine Sünde bekennen (V. 5). Das geht also. Wir können es jedoch nicht stellvertretend – einer für den anderen – tun. Das kann nur jeder einzelne für sich selbst. Wir dürfen den Gott anrufen, der der Vater Jesu Christi ist und den wir kennen; weg von dem Gott, der so hart zu sein scheint. Wir können nur bitten: Sieh nicht an unsere Schuld. Rechne uns das nicht an, was wir dem anderen neben uns schuldig geblieben sind. Und rechne es ihm nicht an, daß er keine Hilfe mehr gefunden hat. Du, Herr Jesus Christus, bist selbst und freiwillig für uns gestorben, für uns und für K. Deine Augen ruhen auf ihr wie auf uns. – Wem Gott ein Freund und Bruder geworden ist, wie es in ihrem Leben war, der kann nur mit uns zusammen rufen: Erbarme dich über die Heimgegangene. Wir alle können nur ernst machen damit: Christus erbarmt sich – dafür gibt es keine Grenze.

Ingeborg Becker, Berlin

b) *Zur Situation:* Es handelt sich um die Beerdigung eines alten Mannes, der als Vater und Großvater betrauert wird. Familie, Freunde und ehemalige Kollegen, z. T. bewußte Gemeindeglieder, bilden die Trauergemeinde. Der Text der Ansprache stammt aus den Herrnhuter Losungen des Beerdigungstages.

Text: Ich bete darum, daß eure Liebe je mehr und mehr reich werde an Erkenntnis und aller Erfahrung. *Philipper 1,9*

Wundert ihr euch über ein Wort von der Liebe hier am Sarge? Wenn es keine Liebe gäbe, stünden wir hier nicht so beisammen. Die Lebenden geben den Toten das Geleit. Die Menschen, die ein Grab schaufeln, die den Sarg tragen, die unserem Entschlafenen beistanden, als er krank war – sie alle helfen und geben den anderen Menschen ein wenig Licht und Liebe auf ihren Weg mit und in ihre Arbeit hinein. Liebe will gelernt und erfahren sein; und zwar von klein auf. Wenn ein Kind nicht geliebt wird, verkommt und verdirbt es auf irgendeine Weise. Liebe will erfahren und auch geübt sein, sonst schläft sie ein. Liebende Beziehungen wollen gepflegt sein, sonst brechen sie ab. In dem Brief, aus dem unser Losungswort entnommen ist, schreibt Paulus der Gemeinde in Philippi, wie er für diese seine geliebte Gemeinde betet, daß ihre Liebe nicht aufhören, sondern im Gegenteil in Erkenntnis und Erfahrung überfließend reich werden möchte.

Wir sagen oft: Ach, ich habe zuviel gesehen, ich glaube nicht mehr an die Liebe. – Oder manch älterer Mensch sagt: Das Leben ist so langweilig. Ich weiß einfach nicht mehr, wozu ich dasein soll. – Danken wir Gott an diesem Sarge, daß es unserem Verstorbenen in seinem Leben nicht so gegangen ist! Langweilig wird es immer dort, wo keine Liebe mehr zu spüren ist. Wo jedoch einer für den andern sorgt, sich um ihn kümmert, dort gibt es immer Neues zu erkennen und zu erfahren. Paulus weiß, wie leicht man die Liebe im Gedränge verlieren kann. Darum betet er für seine Gemeindeglieder, daß ihnen das nicht widerfahren möge. Es möchte ihnen nicht langweilig werden. Und sie möchten auch nicht hart werden oder unaufmerksam. Im Gegenteil, sie möchten an Liebe so reich werden, daß sie auf die Menschen in ihrer Umgebung übergeht, damit sie alle am Jüngsten Tag froh und unbeschwert vor Christus stehen können.

Darum geht es auch heute an diesem Sarge. Wir erbitten es für den Entschlafenen und glauben, daß ihn die Liebe nicht losläßt. Unsere Liebe, die Liebe des Sohnes, der Enkelin, der Nachbarn, der Kollegen – unsere Liebe muß ihn nun loslassen. Wir können ihn nicht festhalten und ihn auch nicht begleiten. Aber Gottes Liebe umfängt ihn und hält ihn für immer umfangen. – Weiter lehrt uns unser Wort von der Liebe, daß wir bei Lebzeiten die Liebe zueinander nicht verlieren, wenn wir erkannt haben, daß Gottes Liebe keinen von uns losläßt. Dann versuchen wir, etwas von der Liebe zu verschenken, die Jesus an das Kreuz trieb. – Gott wartet auf uns, wie der Vater im Gleichnis auf seinen verlorenen Sohn wartete, daß wir wirklich heimkommen; wie wir als kleine Kinder heimkamen zur Mutter und wußten, nun ist alles gut. Wir werden alle sterben. Gott gebe uns schon heute die Zuversicht, daß wir uns auf den Tag Christi freuen, weil wir auch im Tode seine Liebe erfahren und ewiges Leben empfangen.

Beten wir, wie es der Kranke und nun Heimgegangene auch getan hat: Führe mich, o Herr, und leite meinen Gang nach deinem Wort. Sei und bleibe du auch heute mein Beschützer und mein Hort. Nirgends als bei dir allein kann ich recht bewahret sein. Amen.

Ingeborg Becker, Berlin

c) *Zur Situation:* Der Verstorbene D., 35 Jahre alt, ist bei einem Verkehrsunfall tödlich verunglückt. Sein Schwager K., der Fahrer des Lastzuges, schwebte lange Zeit in Lebensgefahr. Beide Männer sind schuldlos, weil ein anderer Wagen, dessen Insassen auch schwer verletzt sind, die Vorfahrt nicht beachtete. Die Witwe G. ist meine Konfirmandin. Die betroffenen Familien gehören mehr zum „Rande" der Gemeinde. Mehrere Besuche vor der Beerdigung zeigten, daß G. kurz vor dem Zusammenbruch stand. Darum wurde die Trauerfeier so kurz wie möglich gehalten. Lebensdaten zu dem Toten und ein ausführlicher Hinweis auf das schreckliche Geschehen fehlten aus diesem Grunde. Nach der Trauerfeier waren die Angehörigen dankbar, daß die Gefühle und Leiden der letzten Tage kaum erwähnt worden waren. Intensivere Trauerhilfe konnte erst jetzt einsetzen.

Text: Saget den verzagten Herzen: Seid getrost, fürchtet euch nicht!

Jesaja 35,4

Zunächst dürft ihr Angehörigen wissen, daß wir alle mit euch tief angerührt sind und euch mit unseren Gedanken und mit unserer Anteilnahme suchen. Wir sind traurig und ratlos wie ihr und suchen nach wirklichem Trost. Lieber möchten wir schweigen, dennoch wagen wir es, zu singen und zu sprechen, zu bitten und zu hören. Wir nehmen in unsere Fürbitte auch K. hinein, um dessen Leben wir in dieser Stunde immer noch bangen müssen. Ihr wißt, daß eure beiden Männer unschuldig waren; aber wir wollen jetzt nicht anklagen und richten. Vielmehr müssen wir daran denken, wie auch über die anderen Familien Leid gekommen ist. Was ihr mit D. verloren habt, sei nun nicht weiter ausgesprochen, weil das zu schwer für euch ist.

In den letzten Tagen haben wir vieles bei euch zu Hause angesprochen. Ich will noch einmal versuchen zu sagen, wie wir nach dem wahren Trost gesucht haben. Das Wort, das euch erreichen möchte, stammt aus der Bibel: Saget den verzagten Herzen: Seid getrost, fürchtet euch nicht! Niemand kann sich selbst trösten. Wenn es durch andere geschieht, ist das ein großes Geschenk Gottes. Er will, daß verzweifelte Menschen aufgerichtet, gehalten und mit neuer Kraft versorgt werden. Es ist gut, wenn wir daran alle mitarbeiten und einer dem anderen den Glauben stärkt. Die alten Beter im Volke Gottes wußten um diese wichtige Wahrheit und konnten darum bekennen: Gott legt uns eine Last auf, aber er hilft uns auch (Ps. 68,20). – Die Bibel redet auch sehr nüchtern von den Bedrohungen unseres Lebens, und diese Nüchternheit ist gut und heilsam. Mir ist jener Satz aus dem Psalm sehr bedeutsam geworden, den wir zu Beginn unseres Gottesdienstes gebetet haben: Er gedenkt daran, daß wir Staub sind. Ein Mensch ist in seinem Leben wie Gras; er blüht wie eine Blume auf dem Felde, wenn der Wind darüber geht, so ist sie nimmer da ... (Ps. 103,14.15). In einem Bild sagt der Beter darin unsere Erfahrungen von dem plötzlichen Sterben aus, das uns immer wieder sehr erschüttert. – Er meint aber auch, gerade dieses Geschehen sei nur von dem Gott her zu verstehen, der sich „wie ein Vater über Kinder erbarmt" (Ps. 103,16). Ein von großem Leid getroffener Mensch hat mir einmal gesagt: Auch das für uns Sinnlose muß irgendwie an Gott vorbei. Weil er sich daran hielt, ist jener Mann ein Christ geblieben. Und er fügte diesem Satz einen weiteren hinzu: Mir ist an der Sinnlosigkeit des Sterbens des wahren Menschen Jesus von Nazareth aufgegangen, daß die Sinnlosigkeit durch Gott gewandelt werden kann. Schon vor unserem Sterben dürfen wir das gelegentlich, ja oft erfahren. – So bitte ich euch: Bleibt offen für das, was Gott jetzt durch euer Leid hindurch an euch geschehen lassen will. Haltet an dem Zuruf fest: Saget den verzagten Herzen: Seid getrost und fürchtet euch nicht.

Wenn ihr das vernommen habt, dürfen wir auch zusammen beten. Alles, was uns an Leid bewegt, aber auch an Dank für alles, was ihr mit D. erlebt habt, sagen wir Gott. Er allein kann in plötzlichen Ereignissen, die schrecklich über uns hereinbrechen, trösten. Und er hält Menschen bereit, die seinen Trost ohne Furcht weitergeben können. Lasset uns nun zusammen beten: Herr und Vater. Wir sagen dir unser Leid. Wir verstehen das harte Geschehen nicht; aber um so mehr bitten wir dich um deinen Trost. Halte mit deiner Hand G., die Eltern, die Großmutter, die Geschwister und alle Verwandten fest. Laß sie nicht allein. Wir danken dir für deine Treue; für alles, was du im Leben von D. gewirkt hast und was ihm gelungen ist. Wandle in Segen, was dir nicht gefiel. Laß ihn in deinem Frieden ruhen, und sei ihm gnädig nach dem großen Maß deiner Barmherzigkeit. Wir bitten dich, Herr, auch für K., um dessen Leben wir uns sorgen. Stärke seine Frau und die Kinder. Wandle unsere Erschütterung in die rechte Weisheit, damit wir erkennen, daß wir sterben müssen. Dem Nächsten unter uns, den du heimrufst, sei gnädig, damit er im Frieden mit dir sterben kann. Amen.

Dr. Friedrich Biermann, Loitz

d) *Zur Situation:* Frau W., 72 Jahre alt, besuchte den Gottesdienst regelmäßig und verfocht einen wunderlichen Biblizismus (z. B. lehnte sie ärztliche Hilfe ab unter Hinweis auf den Satz: Ich bin der Herr, dein Arzt). Ihr Hang zu einer Sekte, Mißtrauen gegenüber der zum Teil hilfsbereiten Nachbarschaft sowie ein gestörtes Verhältnis zu den in der BRD lebenden Kindern machten sie zu einer recht isolierten Person.

Text: Das geknickte Schilfrohr wird er nicht zerbrechen, und den nur noch glimmenden Docht wird er nicht ganz auslöschen, bis er das Recht Gottes zum Siege führt. *Matthäus 12,20*

Heute wollen wir Abschied nehmen von Frau E. W. – von eurer Mutter, unserer Nachbarin und unserem Gemeindeglied. Wir kommen am Sarge eines Menschen zusammen, dessen Leben uns allen recht unzugänglich war. Ein Abstand machte sich bemerkbar. Das war wohl durch die besonderen und eigenartigen Umstände dieses Lebens bedingt. Nun liegt ein solcher Abstand auch über dieser Abschiedsstunde und macht sie zu einem stillen, ja unauffälligen Ereignis. Freilich, wenn wir es genau bedenken, unterscheiden wir Menschen uns gar nicht so sehr voneinander. Denn welches Menschenschicksal stellt in Wirklichkeit mehr dar? Welches einzelne Leben unter uns wäre schon ein weltbewegendes Geschehen? Vieles mag in ihm groß, schön und gewaltig sein; aber im Grunde kennen auch uns nur wenige. Noch weniger Menschen lieben uns so, daß sie bereit sind, unser kleines Leben für einige Zeit oder ganz zu teilen. Wir gehen alle aneinander vorüber, weil wir nicht anders können. Oder wir werden schuldig dabei, weil wir uns bewußt übersehen. Der Spruch, den wir eben hörten, redet von uns Menschen, deren Leben alles andere als weltbewegend ist. Er vergleicht es mit einem geknickten Schilfrohr. Er redet von ihm als einem gerade noch glimmenden Docht einer kleinen Öllampe. Unser aller Leben ist damit gemeint.

Wodurch aber wird unser Leben wertvoll? Nicht nur dadurch, daß wir andere lieben und von ihnen geliebt werden, sondern zuerst und zuletzt dadurch, daß Gott uns liebt. Er achtet genau auf unser unscheinbares Leben. Jesus ist gekommen, um das zu bezeugen und endgültig zu verwirklichen: Gott läßt sich von einem jeden noch so unscheinbaren Leben bewegen. Ihn läßt auch ein wunderlich wirkender Mensch nicht kalt.

Mir scheint, daß unsere Verstorbene gespürt hat, was der Spruch sagen will, und daß sie zumindest für sich daraus eine Lebenskraft empfangen hat, die ihr gerade in den letzten Jahren besonders geholfen hat. Es ist die Entdeckung, daß kein menschliches Leben mehr sinnlos ist, weil Jesus ihm einen Sinn gibt. Jesus gibt niemanden auf: Das geknickte Rohr wird er nicht zerbrechen, und den glimmenden Docht wird er nicht auslöschen. Da geht es nicht nach dem Grundsatz: Was fällt, soll man stoßen, damit es schneller fällt. Im Gegenteil, hier geht es nach der Regel: Wer fällt, hat es besonders nötig, daß man ihn stützt und nicht abschreibt. Frau W. konnte es erfahren, wie sie auch einige Hausbewohner nicht allein ließen, als sie Hilfe brauchte – besonders in der letzten Zeit. Dafür können wir danken.

Nun stehen wir vor ihrem Sarg, wo unsere menschliche Hilfe am Ende ist. Ihr Leben ist verloschen wie ein Docht, der ausgelöscht wird. Aber wir stehen hier nicht allein. Unser Wort redet doch von dem, der die Menschen nicht abschreibt. Und seien sie noch so arm: Er gibt keinen auf. Und das tut er auch im Tode nicht. Das hat Jesus wahr gemacht. Denn als er für uns starb, hat Gott ihn lebendig gemacht und damit seinen Rechtsanspruch über die Macht des Todes hinaus an uns durchgesetzt. Jesus ist der Sieger über den Tod für uns alle. Das ist wohl merkwürdig; aber es ist das Recht Gottes, uns auch dort zu lieben, wo es mit uns aus ist. Ob das im Leben oder im Sterben ist: Wir sind von der Liebe Jesu Christi umgeben, keiner kann uns davon trennen. Das trifft für die Verstorbene zu, aber auch für uns alle.

N. N., Berlin

e) *Zur Situation:* Ein Bergmann im Schieferbergbau, 32 Jahre alt, verheiratet, eine achtjährige Tochter, kommt bei einem Betriebsunfall unter Tage ums Leben. Er ist kein sogenannter „Kirchgänger", aber Gemeindeglied.

Seine Eheverhältnisse erwiesen sich als etwas schwierig. Er war jedoch ein zuverlässiger Kollege, so daß zur Beerdigung sehr viele Bergleute anwesend sind und die Bergmannskapelle Choräle bläst.

Text: Unser keiner lebt sich selber, und keiner stirbt sich selber. Leben wir, so leben wir dem Herrn; sterben wir, so sterben wir dem Herrn. Darum: wir leben oder sterben, so sind wir des Herrn. Denn dazu ist Christus gestorben und auferstanden, daß er über Tote und Lebendige Herr sei.

Römer 14,7–9

Wenige Berufe sind so auf Zusammenarbeit angewiesen wie der des Bergmanns. Das weiß ich aus meiner Arbeitszeit im Steinkohlenrevier. Keiner steht für sich selbst allein. Die Fahrlässigkeit eines Kumpels würde alle in Gefahr bringen, die mit ihm vor Ort sind. Die Zuverlässigkeit eines Kumpels schafft Sicherheit für alle, die mit ihm arbeiten. Keiner steht für sich allein. Unter Tage entstehen auch bei genauer Einhaltung der Sicherheitsvorschriften Gefahren. Ihr braucht darum für eure Arbeit das Vertrauen, daß die anderen ihr Leben nicht schonen, wenn ihr selbst in Gefahr geratet. Das ist von euch bei dem Unglücksfall bewiesen worden, dem euer Kumpel zum Opfer gefallen ist. Aus Gesprächen mit denen, die in seiner Nähe arbeiteten, und mit der Werkleitung weiß ich, daß für die Sicherheit alles getan war und die letzten Anstrengungen für die Rettung unternommen wurden. Während des Unglücksfalles und danach durch eure umsichtige Hilfe für die Familie des Verunglückten habt ihr gezeigt, wie eine Gemeinschaft handelt, in der keiner für sich selbst steht und jeder dies weiß und bejaht.

Ähnlich – wenn auch in einem ganz anderen Lebensbereich – steht es im Verhältnis von Eltern und Kind und in unserer Ehe. Keiner lebt sich selbst. Einer ist auf den andern angewiesen. Von dem Zusammenhalt in der Familie wird das Lebensgeschick der Kinder und des Ehepartners entscheidend beeinflußt. Die Bedrohung des Lebens durch eine gestörte Gemeinschaft in der Familie wird freilich viel weniger offenbar und bewußt als im Beruf des Bergmanns. Deshalb fällt es uns auch oft schwerer, die gute Gemeinschaft in einer Familie bedingungslos allem anderen voranzustellen. Hier sind wir oft auch viel stärker als in irgendeinem anderen Lebensbereich auf Versöhnung und Neuanfang angewiesen.

Bei dem allem denken wir auch an die unser gesamtes Leben umfassende Gemeinschaft mit Jesus Christus. Viele von euch sprechen diesen Namen selten oder nie aus. Aber es kommt in dieser Stunde nicht darauf an, daß einer die Zahl seiner Gottesdienstbesuche oder stillen Gebete vorzeigen kann. Wichtig ist, eines zu erkennen: Wie unter Tage, wie in der Ehe, wie in der Familie, so sind wir auch mit Jesus Christus verbunden – ja noch ganz anders und ungleich stärker. Wir leben als Christen nicht für uns selbst. Alles hat in unserem Leben eine Beziehung auf ihn. „Leben wir, so leben wir dem Herrn; sterben wir, so sterben wir dem Herrn. Darum: wir leben oder sterben, so sind wir des Herrn."

Jesus Christus gegenüber wird uns vielleicht am wenigsten bewußt, wie gestörte Gemeinschaft unser Leben bedroht. Oft gehen wir leichtfertig mit ihr um. Und sie wäre ausnahmslos mit allen – auch den kirchlichsten und frömmsten unter den Menschen – zerbrochen, wenn sie nicht von seiten Jesu, des Sohnes Gottes, aufrechterhalten würde. Er hat sein Leben dafür eingesetzt, daß das Band zwischen ihm und uns erhalten bleibt. „Denn dazu ist Christus gestorben und wieder lebendig geworden, daß er über Tote und Lebendige Herr sei." Jesus steht bedingungslos zu uns. Mit ihm steht Gott auf unserer Seite. Er hat seinen Sohn von den Toten auferweckt und ihm in seiner Schöpfermacht ein neues und ganz anderes Leben gegeben. Dadurch kann Jesus die Gemeinschaft mit uns auch über unseren Tod hinaus aufrechterhalten.

Das unterscheidet die Gemeinschaft mit ihm von der Gemeinschaft der Familie oder der Kumpel vor Ort. Menschliche Verbindungen haben ein Ende. Unerbittlich zieht der Tod den Schlußstrich. Darum sind wir auch in dieser Abschiedsstunde von großer Trauer und bitterem Schmerz bewegt. Plötzlich stehen wir vor der Tatsache, manchen guten Vorsatz gegenüber dem Verstorbenen nicht mehr verwirklichen zu können. Plötzlich hat auch unser Verstorbener vor der Tatsache gestanden, nichts mehr an seinem Leben ändern zu können. Wie es in der Stunde des Todes war, so läßt er dieses sein Leben für uns zurück und nimmt es doch mit vor Gott. Aber er steht vor Gott und unter uns mit seinem Leben nicht allein. Christus ist an seiner Seite und schafft Vergebung und Versöhnung. Ihr erkennt in der Abschiedsstunde viel schärfer als früher, was euch der Ehemann, der Vater und der Kumpel zu Lebzeiten gewesen ist, was er an Gutem in euer Leben gebracht hat und was sich ansatzweise entwickeln wollte. Weil Jesus Christus die Einsamkeit des Todes durchbricht, stehen wir nun ganz stark unter dem Eindruck von Liebe, Versöhnung und bleibender Verbundenheit.

Bergleute haben zu allen Zeiten von der den Tod überwindenden Liebe und Versöhnung gewußt und gelebt. Wer auf Gemeinsamkeit angewiesen ist und der Gefahr ins Auge sehen muß, spricht vielleicht nicht viel von dem letzten Halt – aber er ergreift ihn. Das wollen wir als Angehörige, als Kumpel, als Nachbarn und Freunde in dieser Stunde tun. Ein alter Bergmannschoral, der auch in unserem Gesangbuch steht, soll uns dazu helfen und Gottes Wort noch einmal verdeutlichen:

Mit dir, Allmächtger, fahr ich an und voll Vertraun auf dich;
nicht schreckend ist die dunkle Bahn, wenn du begleitest mich.

Ein jeder Schritt auf steiler Fahrt erinnert an den Tod;
ich wandle sie, von dir bewahrt, getrost und froh, mein Gott.

Und sollt ein widriges Geschick mir in der Teufe drohn,
so bist du, Herr, der Meinen Glück, ihr Trost, ihr Schild, ihr Lohn.

Ich lege sie in deine Hand, du wirst ihr Vater sein,
dir ist kein Unfall unbekannt, der plötzlich bricht herein.

So komme denn die letzte Schicht auf meiner Pilgerbahn.
Glückauf, Glückauf! Ich zage nicht, du nimmst dich meiner an. Amen.

Werner Leich, Lobenstein

f) *Zur Situation:* Der Verstorbene, 82 Jahre alt, lebte in den letzten beiden Jahrzehnten mit seiner Kusine zusammen. Beide stammen aus Pfarrhäusern. Lange fühlte er sich als Spötter und freier Geist, ohne aus der Kirche auszutreten. Im Alter bekannte er sich wieder deutlicher zum christlichen Glauben. Zur Bestattung waren außer der Kusine und einer entfernten Verwandten nur wenige Nachbarn und Bekannte anwesend, die das vielschichtige Leben des Verstorbenen nicht weiter kannten.

Text: Gott ist größer als unser Herz. *1. Johannesbrief 3,20*

1. Der Spruch, den du, Gefährtin des Verstorbenen in seinen letzten Lebensjahren, für diese Stunde gewählt hast, spricht von zweierlei. Er redet einmal von uns – unserem Herzen. Damit ist nichts anderes als unser Leben gemeint; mit seinem Fühlen und Denken, Tun und Lassen, seinen guten und bösen Taten – das Herz, das uns auch anklagt, weil wir vor Gott versagt haben.

Unser Spruch redet auch von Gott: und zwar an erster Stelle. Ich weiß nicht, ob ihr die Leidenschaft kennt, Gott über alles zu stellen und ihn zuerst zu nennen. Das lohnt sich darum, weil der Gott, von dem wir reden, nichts als Liebe ist. Durch Jesus hat er uns das verdeutlicht. Weil Gott in ihm erschienen ist und Jesu Leben nichts als Hingabe war – bis dahin, daß er sich am Kreuz aus diesem Leben schaffen ließ –, steht Gott für uns an erster Stelle. Wir sagen, daß er in seiner Liebe groß ist.

Täglich haben wir mit unserem Herzen und Leben zu schaffen. Darum sind wir geneigt zu sagen: Unser Herz ist groß. Was muß es nicht Tag für Tag in sich aufnehmen und verarbeiten? Es ist groß im Erleben, aber auch groß im Versagen. Das soll jedoch nicht der letzte Maßstab werden. Unser Spruch vergleicht die Größe des menschlichen Herzens mit Gott und kommt zu dem Ergebnis: Gott ist größer. Daran – so möchte es der Spruch – sollen wir denken, wenn uns unser Versagen einfällt und uns unsere Schuld plagt. Wir wollen ihn noch weiter verstehen und unser ganzes Leben, nicht nur unser Versagen, unter die noch größere Liebe Gottes stellen.

2. Sehen wir auf das Leben des Verstorbenen, war in ihm viel überquellende Bewegung. Viel Stoff bietet es, um unseren kurzen Satz: Gott ist größer als unser Herz, anschaulich werden zu lassen, so daß er in neuem Lichte vor uns steht.

82 Jahre waren unserem Toten auf dieser Erde vergönnt zu wandern. Einer Pfarrfamilie entstammend, fühlte er sich seiner Mutter bis zu ihrem Tode besonders verbunden, die mit ihrem Wesen seiner Art eine gute Ergänzung bot. Beides hat er zu Hause empfangen: Liebe, doch auch manches Schwere, wenn wir besonders an das Leiden seiner Brüder denken, das sie vorzeitig aus diesem Leben fortriß. Ein volles Leben hat er in seiner Jugend mit Eltern und Geschwistern haben können; voll an Liebe, aber auch an Dunkel. Unser Spruch aber meint: Gott ist größer. Bei ihm ist nur Liebe und Licht, keine Härte und kein Dunkel.

Als Gelehrter, Literat und Journalist ist der Verstorbene weit gereist. Vor allem die östlichen Länder am Mittelmeer hat er besucht und jahrelang dort gelebt. Drei Bücher sind aus seiner Feder geflossen und unzählige Zeitungsartikel, die der Kunst und der Verständigung zwischen den Völkern gewidmet waren. Darin ist sein Leben reich gewesen. Doch bedeutete es ein Stück Entsagung, daß er nach dem zweiten Weltkrieg kein Wirkungsfeld mehr fand, das ihn längere Zeit festhielt. Nach einer Tätigkeit als Kunsthistoriker ist er als alter Mann hier in B. unter euch gewesen, ihr Nachbarn und Bekannten, und hat hier zurückgezogen und bescheiden gelebt. Vielfältig hat er sich betätigt – und doch war neben dem Aufstieg auch Abstieg in seinem Beruf da. Gott aber schafft immer gleich und ist größer als alle unsere Werke, als unser berufliches Fortkommen oder die Notwendigkeit, sich zu bescheiden.

Unser Verstorbener war viel allein. Gewiß, er stand nicht ohne Freunde da, aber geheiratet hat er nicht. Da war es für ihn ein großes Geschenk, daß er auf seine alten Tage eine Gefährtin gefunden hat. Als Base und Vetter habt ihr euch den Lebensabend erleichtert und durch ein gutes Zusammenleben erwärmt. Ihr waret verbunden in der Liebe zu den Tieren und der Natur. Ihr habt Liebe und Hilfe voneinander gehabt. Aber – so sagt unser Wort – größer als alle Geborgenheit und Liebe, die sich Menschen geben können, ist Gott in seiner Liebe. Er ist größer als unser Herz.

3. Gott aber ist auch größer als wir alle mit unserem Leben und Sterben.

Der Gefährte des Alters ist nun verloren, den du bis zum letzten Augenblick versorgt hast – in den letzten Jahren oft bis an den Rand der Kräfte; und doch hast du es gern getan. So schwer es fällt: nun gilt es im Blick auf alles zu sagen, was ihr euch gegeben habt und schuldig geblieben seid:

Gott ist größer als unser Herz. Dieser große Gott wird auch weiter mit dir sein.

Wir sehen in dieser Stunde den Tod vor Augen. Seine Macht spüren wir deutlicher als im Getriebe eines bewegten Lebens. In der Kälte einer Trauerkapelle müssen wir dem Blick auf diesen Sarg standhalten. Was ist unser Leben? Ein von Glück, aber auch von Schuld, ein von vielen Taten, aber auch vom Hinnehmen gezeichneter Fluß, der in den dunklen Strom des Sterbens mündet. Was bleibt dann? Die Gewißheit, daß Gott größer ist als unser Herz und unser Leben. Auch im Tode fallen wir in seine Hand und vergehen nicht vor ihm. Jesus, der Gekreuzigte, lebt und rettet uns vor dem Urteil Gottes, der in seinem Erbarmen größer ist als in seinem Ärger über uns Menschen. Jesus Christus ist auferstanden, so sagen wir; und das heißt, daß der Tod nicht das letzte Wort über ihn gehabt hat, sondern Gottes Liebe, die Jesus zu sich geholt hat. So soll es auch mit uns sein. Als wir in der Adventszeit bei dem Verstorbenen zu Besuch waren, haben wir ihm Advents- und Weihnachtslieder vorgesungen. Ich entsinne mich noch an die Verse des alten Adventsliedes, das vom Kommen Jesu als Kind nach Bethlehem spricht:

Zu Bethlehem geboren im Stall ein Kindelein
gibt sich für uns verloren, gelobet muß es sein.

Und wer dies Kind mit Freuden umfangen, küssen will,
muß vorher mit ihm leiden groß Pein und Marter viel,

danach mit ihm auch sterben und geistlich auferstehn,
ewigs Leben zu erben, wie an ihm ist geschehn.

Der Verstorbene hat dieses Lied ganz still angehört und dann auch leise mitgesungen. Es ist etwas Gutes, bei Jesus Christus zu sein, im Leben und im Sterben. Er bringt uns zu dem Vater, der uns trägt und von dem wir bekennen: Gott ist größer als unser ganzes Leben zusammen, größer als unser Herz.

g) *Zur Situation:* Eine alleinstehende Frau, 76 Jahre alt, hat wenige Jahre als Rentnerin in einem kirchlichen Betrieb als Küchenhilfe gearbeitet. Zur Bestattung sind erschienen zwei Frauen aus der Nachbarschaft, von denen die eine die Verstorbene für kurze Zeit gepflegt hat, sowie fünf Mitarbeiter des kirchlichen Betriebes. Weitere Angehörige leben nicht mehr. Der geschiedene Mann ist bereits vor langen Jahren gestorben.

Text: Jesus Christus spricht: Ich kenne die Meinen und bin bekannt den Meinen ... Und ich lasse mein Leben für die Schafe.

Johannes 10,14b und 15b

Unsere Tote ist 76 Jahre alt geworden. Ihre Jugend verbrachte sie jenseits der Oder; aber dann ist sie wie damals viele junge Menschen schon vor dem ersten Weltkrieg nach Berlin gekommen, um hier im Haushalt zu arbeiten. Die längste Zeit ihres Lebens verbindet sich so mit dieser Stadt und unserem Stadtteil im Zentrum: hohe Häuser, laute Straßen, viele Menschen. Nach der Auflösung ihrer Ehe, die kinderlos blieb, hat die Verstorbene viel für sich gelebt. Gewiß, Freunde auf dem Lande nahmen sie vorübergehend auf, als sie unter dem Hagel der Bomben ihre Wohnung verlor; aber bald war sie dann schon wieder hier und hat mit euch Nachbarn in den nun folgenden Jahren des Friedens auf einem Flur gelebt. Ihr habt miteinander gesprochen und euch auch mehr oder weniger gekannt. Eine unter euch hat sie gepflegt, als sie einige Wochen auf dem Krankenlager lag. Gestorben ist sie allein, als plötzlich das Herz aussetzte. Wir kamen erst, nachdem sie schon gestorben war. Unsere Mitarbeiter haben die Tote nur wenige Jahre gekannt. Sie fragte eines Tages, ob sie nicht trotz ihres hohen Alters noch bei uns helfen könne. Mit ihrer ruhigen Art hatten wir sie gern unter uns. Denn sie hat noch fleißig geholfen, obwohl sie schon alt war, den Hunger der Studenten zu stillen. Sie war froh, unter jungen Menschen zu sein und an ihrem Leben und Treiben teilzunehmen. Das nahm ihr die Einsamkeit. So fühlte sie sich bei uns wohl, bis sie nicht mehr arbeiten konnte.

Wir fragen uns wohl, wenn wir uns an einem Sarge einfinden, in dem ein Mensch ruht, der keine Angehörigen mehr hat, wer ihn eigentlich gekannt und verstanden hat. Wer hat von ihm etwas gewußt? Wir wissen es kaum. Und wir fragen weiter: Kennen wir Menschen uns denn gegenseitig überhaupt? Was sehen wir schon voneinander? Daten bewegen uns, die uns verbinden, oder ein kurzes oder langes Stück gemeinsamen Weges, in dem dann Tiefen und Höhen erfreut oder gequält haben – einsam und gemeinsam. Darüber lernen wir uns kennen. Doch dann führen unsere Wege auseinander, und wir vergessen uns. Spätestens nach einigen Jahrzehnten kennt uns niemand mehr. Was wissen wir denn schon voneinander?

Da ist es etwas Außergewöhnliches, wenn Jesus Christus feststellt: Ich kenne die Meinen. Einer also kennt uns ganz und gar; und zwar nicht nur so, daß er um uns weiß. Er lebt für uns ohne Rückhalt und lernt uns darüber in einer Tiefe kennen, die durch nichts dem Vergessen anheimfällt. So ist er für uns sogar in den Tod gegangen. Er hat sein Leben gelassen, um uns für sich zu gewinnen. Das ist ihm endgültig gelungen, weil Gott ihn aus dem Tode herausgeholt hat. Fortan begleitet und kennt er die, die ihm vertrauen, auch uns. Er achtet auf unser tägliches, unscheinbares und schuldiges

Leben. Es ist ihm nicht zu gering, weil er uns liebt. Er schaut, was wir treiben, und freut sich daran, wo uns etwas gelingt. In seiner Liebe sieht er wohl unsere Fehler; aber er ist dennoch für uns da. Gerade um uns dessen gewiß zu machen, hat er ja sein Leben gelassen. Er verläßt uns auch da nicht, wo wir unser Leben lassen müssen. Werden wir älter, spüren wir den Verfall unserer Kräfte. Er kennt uns auch darin und läßt uns nicht allein. Schließen wir unsere Augen zur letzten Ruhe, vergißt er uns auch dann nicht. Durch ihn sind wir auch mit Gott zusammen, unter dessen Gerichtsurteil unser aller Leben steht; aber um Jesu willen nimmt uns der Richter im guten an. Das hoffen wir auch für unsere Verstorbene und bitten: Herr Jesus Christus, du hast sie gekannt. Nimm ihr Leben und Sterben in deine Liebe auf. Und sorge dafür, daß Gott ihr gnädig gesonnen ist. Erkenne sie als Kind Gottes an, das dir und ihm für immer gehört.

Jesus sagt: Ich bin bekannt den Meinen. Wohl lernen wir Menschen viele Dinge, Wahrheiten und Erfahrungen dieser unserer Welt kennen. Das macht oft glücklich. Ohne die Erkenntnisse der Wissenschaft ginge es uns nicht so gut, die Gott in seine Schöpfung hineingelegt hat. Über dem allem aber haben wir die Möglichkeit, mit Jesus Christus bekannt zu werden und ihn zu lieben. Lehnen wir seine Bekanntschaft nicht ab, erhält unser Leben durch ihn einen letzten Sinn und Halt. Auch durch das Sterben werden wir hindurchgetragen, weil einer das in seiner ewigen Liebe vermag. Wir bleiben für immer mit ihm bekannt. Mögen wir vielen unbekannt bleiben, verkannt werden oder zu sehr bekannt sein; mögen wir uns oft nur wenig und über kurze Zeit hinweg kennen: Jesus Christus kennt und liebt uns überall und ewig. Und wir kennen ihn. Das ist genug.

h) *Zur Situation:* Rechtsanwalt, 72 Jahre alt, verheiratet, kinderlos. Obwohl er schon länger kränkelte, war er aus wirtschaftlichen Gründen noch berufstätig. Die empfindsame Ehefrau hat noch eine Stütze an ihrer tief vom Glauben berührten Mutter. Die Eheleute waren keine Gottesdienstbesucher. Er verhielt sich noch distanzierter als sie und verstand sich als Schöngeist und Humanist. Trotzdem wurde der Besuch des Pfarrers stets sehr dankbar aufgenommen, weil der alternde und vereinsamende Mann wohl vor allem eines guten Zuhörers bedurfte.

Text: So spricht der Herr: Wahret das Recht und übt Gerechtigkeit; denn mein Heil ist nahe, daß es komme, und meine Gerechtigkeit, daß sie offenbart werde. *Jesaja 56,1*

So lautete das Losungswort am Geburtstag unseres Entschlafenen in diesem seinem letzten Jahr. Von diesem Wort wollen wir unsere Gedanken sammeln lassen, die diesem unerwarteten Abschied so hilflos gegenüberstehen. So spricht der Herr, heißt es zu Beginn. Das heißt also: Es wird uns nicht zugemutet, mit den nun schmerzlich aufbrechenden Fragen allein fertig zu werden, sondern der Herr will zu uns reden. Er will uns trösten. Unsere Gespräche miteinander haben nun gewiß ein Ende. Sie sind aber von dem Gespräch des Herrn mit uns umschlossen, das nicht endet.

Wahret das Recht und übt Gerechtigkeit: Das Leben des Entschlafenen mit seinem Beruf hat also einem Befehl des Herrn gehorcht. Ist nicht schon diese Erkenntnis ein sehr starker Trost? Denn damit ist eine quälende Frage beantwortet; ob nämlich die ganze Mühe dieses Manneslebens einen Sinn gehabt hat. Was nach Gottes Befehl geschehen ist, muß einen Sinn gehabt haben, auch wenn er sich oft noch vor unseren Augen verbirgt. Keine Frage aber ist auch, daß der Befehl des Herrn ein schwerer Befehl ist. Er war es gerade für den Heimgerufenen, dessen reiche Gaben ihn auch für andere, menschlich vielleicht nicht so angreifende Berufe befähigt hätten. Schwer war und ist sein Beruf vor allem dadurch, daß wir Menschen dem Recht in unserem Leben so wenig Raum geben. Dazu kam, daß es galt, dem Recht in dem großen Umbruch unserer Zeit zu dienen. Wie schwer der Entschlafene an der Last der damit auferlegten Verantwortung getragen hat, war für jeden spürbar, der ihm ein wenig nahestehen durfte. Und sein Sterben ist wie ein Siegel unter die Erfüllung des schweren Befehls.

Dennoch müssen wir zugleich sagen: Er hatte einen schönen Beruf. Menschen, die unter ihnen zugefügtem Unrecht litten, durfte er mit Beratung und Beistand als Anwalt ihres Rechtes helfen. Dabei ist gar nicht entscheidend, ob sein Einsatz immer zum Erfolg führte. Viel wichtiger ist, wie er den Menschen, die sich ihm anvertrauten, das Gefühl geben konnte: Ich habe einen Menschen, der für mich eintritt. Schön war sein Beruf darum für ihn, weil er hier die ihm in so reichem Maße verliehene Gabe des Wortes im Rede- und Schriftsatz entfalten konnte. – Mit Dank gegen Gott denken wir auch an die vielen anderen Hilfen, die dem Heimgegangenen bei der Bewältigung seines Auftrages zur Seite standen. An erster Stelle gehörtest du, die Gattin, dazu, die du deinem Mann auch beruflich die engste Gefährtin sein konntest. Wie reich war euer Leben allein dadurch, daß es ein gemeinsames Eintreten für das Recht des Mitmenschen zum Inhalt hatte. – Dann denken wir aber auch an die Freude an allem Schönen und an den Genüssen des Lebens, die der Schöpfer unserem Entschlafenen mitgegeben hatte. Unvergeßlich wird es für den, der es miterlebte, bleiben, wie er seine eigenen, geistvollen Gelegenheitsgedichte oder Geschichten aus seiner Heimat vortrug. Oder wir denken an seine Gabe, mit Hilfe des „Bädecker“ im Geist intensive Reisen zu machen und sich damit über die Beschwerden des Alltags zu erheben. Und mit welcher Freude hat er sich dem technischen Spiel hingegeben und hieraus wieder Kraft für die Arbeit geschöpft. Nein, ohne Freude ist sein und damit auch euer Leben nicht gewesen. Wir haben zu danken, wie ihr uns, eure Freunde und Gäste, daran habt teilnehmen lassen.

Aber der Beruf unseres Verstorbenen war auch nur ein vorläufiger Beruf. Denn Gott hat es sich vorbehalten, das Recht auf Erden selbst aufzurichten: Mein Heil ist nahe, daß es komme, und meine Gerechtigkeit, daß sie offenbart werde. Wir müssen abtreten, weil Gott selbst kommen will. Wie er aber zu uns kommen will, das hat er uns in Jesus bereits gezeigt. Mit ihm ist er still und unerkannt in die Welt gekommen, um die Gerechtigkeit aufzurichten, die völlig mit seiner Gnade vereint ist. In die Arme dieser gnädigen Gerechtigkeit legen wir nun unseren Entschlafenen. Daß wir das tun dürfen, ist unser stärkster Trost. Auch er braucht einen Rechtsanwalt, einen Verteidiger. Auch ihm wird der Ankläger vorhalten, daß er nicht alles in seinem Leben recht gemacht hat. Sein Verteidiger ist Jesus Christus. Der aber hat unser aller Prozeß schon am Kreuz gewonnen. So entlassen wir heute unseren Entschlafenen aus der Welt, in der noch Unrecht geschieht, in die kommende Welt der Gerechtigkeit; aus der Welt, die noch vom Unheil heimgesucht wird, in die Welt des Heils. Jesus Christus hat das Sterben verwandelt in ein völliges Heilwerden des Menschen. Zu diesem Glauben wollen wir uns gerade auch an diesem Sarg bekennen.

Dietrich Zarneckow, Greifswald

6. LITERATURVERZEICHNIS

Achelis, E. C., Lehrbuch der Praktischen Theologie. Bd. 2, Leipzig 1898[2]

Agenda, das ist: Kirchen Ordnung Für die Diener der Kirchen in Herzog Heinrichen zu Sachsen . . . Fürstenthumb, Leipzig 1536

Agende für die Evangelische Kirche der Union, Bd. I und II, Witten 1960 und 1964

Agende für die Evangelische Landeskirche, 2. Teil, Berlin 1895

Agende für Evangelisch-Lutherische Kirchen und Gemeinden, Bd. 3, Berlin 1963. Studienausgabe

Agricola, E., Wörter und Wendungen, Wörterbuch zum deutschen Sprachgebrauch, Leipzig 1963

Alberti, R., Welchen Text nehme ich?, Berlin 1961[2]

Albertz, M., Laß die Toten ihre Toten begraben!, ZdZ 1954, S. 135 ff.

Allgemeines Evangelisches Gebetbuch, Berlin 1954

Andresen, C., Bestattung als liturgisches Gestaltungsproblem in der Alten Kirche, MPTh 1960, S. 86 ff.

Ansohn, E., Die Wahrheit am Krankenbett, München 1965

Bachmann, E.-M., Sakramente und Kulthandlungen der Orthodoxen Kirche, in: Die Christenlehre 1957, S. 197 ff.

Baden, H. J., Literatur und Selbstmord, WZM 1965, S. 225

Bally, G., Das Todesproblem in der wissenschaftlich-technischen Gesellschaft, WZM 1966, S. 129–138

Balzer, H., Auf der Grenze von hier und dort, Berlin 1963[3]

Barth, K., Die Kirchliche Dogmatik, Bd. III,2, Zürich 1959; Bd. III,4, Zürich 1957

Bassarak, G., Rezension von A. Schönherr, Kirchenzucht, ZdZ 1969, S. 239

Bitter, W. (Hrsg.), Angst und Schuld in theologischer und psychotherapeutischer Sicht, Stuttgart 1962[3]

Boese, O., Was wir an Sterbebetten sagen, MPTh 1961, S. 131 ff.

Bohren, R., Unsere Kasualpraxis – eine missionarische Gelegenheit?, in: ThE 147, München 1968[3]

Bonhoeffer, D., Ethik, München 1956[3]

Ders., Widerstand und Ergebung, Berlin 1957

Bonhoeffer, Th., Das Kerygma in der Abdankung, ThP 1968, S. 187–192

Bovet, Th., Lebendige Seelsorge, Tübingen 1962[3]

Bowers, M. K., u. a., Wie können wir Sterbenden beistehen?, München/Mainz 1971

Brunner, H. H., Von der kirchlichen zur weltlichen Bestattungsfeier, ZdZ 1970, S. 75

Büchsel, H., Die Seelsorge am Krankenbett, in: P. Blau, Praktische Seelsorge, Hamburg 1912, S. 256
Bultmann, R., Art. Thanatos, in: ThW III, S. 7 ff.
Bürgerliches Gesetzbuch, Herausg. vom Ministerium für Justiz der Regierung der DDR, Berlin 1965[2]
Bürki, B., Im Herrn entschlafen, Heidelberg 1969
Buske, N., Der alte Mensch und seine Stellung in der Gesellschaft, ZdZ 1971, S. 281
Capellmann, C., und W. Bergmann, Pastoralmedizin, Paderborn 1923[19]
Carl, R., Gedanken zu einer Neuordnung des kirchlichen Begräbnisses, ZdZ 1954, S. 364
Caspari, W., Die geschichtliche Grundlage des gegenwärtigen evangelischen Gemeindelebens, Leipzig 1908
Catel, W., Grenzsituationen des Lebens, Nürnberg 1962
Claudius, M., Genie des Herzens. Gedichte und Prosa, Herausg. von Hannsludwig Geiger, Berlin 1947
Dee, H., Zur Frage nach dem Sinn von Sterben und Tod, PTh 1967, S. 489–500
Dehn, G., Die Amtshandlungen der Kirche, Stuttgart 1949
Delekat, F., Die heiligen Sakramente und die Ordnungen der Kirche, Berlin 1940
Delius, W., Kirchliche Bestattung Ausgetretener?, ZdZ 1954, S. 133
Dornseiff, F., Deutscher Wortschatz nach Sachgebieten, Berlin 1954[4]
Ehre sei Gott. Gebet- und Gesangbuch für das Bistum Berlin, Leipzig o. J.
Eisenhuth, H. E., Der Christ in der Gemeinschaft, Berlin 1966
Eitner, S., Gerohygiene, Berlin 1966
Erich, O. A. / R. Beitl, Wörterbuch der deutschen Volkskunde, Stuttgart 1955
Euthanasie, Art. in: RGG[3] und EKL
Faber, H., Seelsorge am kranken Menschen (HbfGA 45), Gütersloh 1969
Fallada, H., Jeder stirbt für sich allein, Berlin/Weimar 1964
Familiengesetzbuch der DDR mit wichtigen Nebengesetzen, Hrsg. Ministerium für Justiz, Berlin 1968
Feigel, F. K., Das Problem des Todes, München/Basel 1953
Feilke, C. H., Die Todesstrafe in der Geschichte der evangelisch-theologischen Ethik, Theol. Diss., Heidelberg 1961
Fendt, L., Homiletik, Berlin 1949
Ders., Einführung in die Liturgiewissenschaft, Berlin 1958
Ferber, C. v., Soziologische Aspekte des Todes, ZEE 1963, S. 338 ff.
Fichtner, H., Theorie und Praxis der Evangelischen Krankenhausseelsorge, 2 Bde., Schwerin 1929
Ders., Kernfragen der Krankenseelsorge, Berlin 1950
Ders., Kompendium der Krankenhausseelsorge, Berlin 1957
Fleischer, H., Totentanz, Halle 1956
Friedel, E., Handlanger auf Gottes Bauplatz, Berlin 1965
Friedhofsordnung, in: Amtsblatt der Evangelischen Kirche in Berlin-Brandenburg, Berlin 1962, S. 52 ff. (20. 10. 62)
Fritzsche, H.-G., Evangelische Ethik, Berlin 1966[3]
Fuehrer, R., Zuhause am Krankenbett, Göttingen 1946[2]
Dies., Besuch und Seelsorge im Krankenhaus, Göttingen 1960
Füllkrug, G., Seelsorge, Schwerin 1933

Gaedke, F., Handbuch des Friedhofs- und Bestattungswesens, 1954
Ders., Art. Begräbnis, in: RGG³ I, Sp. 967
Gebete für junge Menschen, Berlin 1956
Girgensohn, H., Die Wahrheit am Krankenbett, ZdZ 1954, S. 224
Goes, A., Unruhige Nacht, Berlin 1955
Graff, P., Geschichte der Auflösung der alten gottesdienstlichen Formen in der evangelischen Kirche Deutschlands, Bd. I und II, Göttingen 1939
Grimm, J. u. W., Deutsches Wörterbuch, Leipzig 1854 ff.
Grüber, H., Am Sterbebett, ZdZ 1963, S. 202 f.
Haack, H. G., Die Amtshandlungen in der Evangelischen Kirche, Berlin 1952²
Haenchen, E., Die Apostelgeschichte, Göttingen 1961¹³
Hänisch, G., Jeder Tag ist Gottes Tag, Berlin 1963
Handreichung für den seelsorgerlichen Dienst, hrsg. v. der Lutherischen Liturgischen Konferenz, Berlin 1961²
Harbsmeier, G., Was wir an Gräbern sagen, Gießen 1947
Hardeland, A., Geschichte der speciellen Seelsorge, Berlin 1898
Hardi, I., Psychologie am Krankenbett, Berlin 1968
Harms, C., Pastoraltheologie, 3 Bücher, Kiel 1837²
Harnack, Th., Praktische Theologie, Erlangen 1878
Hartmann, Bemerkungen zum Lebenslauf in der älteren Basler Leichenrede, ThP 1968, S. 140
Hartog, H., Die Friedhofskapelle – ein Haus Gottes?, PTh 1967, S. 105 ff.
Hauschild, I. / G. Badtke / R. Foerster, Lehrbuch der Krankenpflege, Berlin 1969³
Der Heidelberger Katechismus, Hrsg. H. Greulich und G. Cordier, Berlin 1969
Hering, H., Hülfsbuch zur Einführung in das liturgische Studium, Wittenberg 1888
Hermann, R., Ethik. Hrsg. v. J. Haar, Berlin 1970 (= R. Hermann, Gesammelte und nachgelassene Werke. Bd. IV)
Hildebrandt, B., Die theologische Bedeutung des Todes, in ThV 6, Berlin 1975, S. 193–208
Höffner, J., Evangelische Pastoraltheologie in Beispielen, Stuttgart 1907
Holtz, G., Zur volkstümlichen Auffassung des Todes, WZM 1965, S. 417 ff.
Ders., Magische Motive zwischen Dichtung und Philosophie des neunzehnten Jahrhunderts, ThLZ 1970, Sp. 489–496
Honecker, M., Die Freiheit, den Tod anzunehmen, in: Ev. Kommentare 1970, Sp. 144 ff.
Jenssen, H.-H., Die kirchlichen Handlungen, in: Handbuch der Praktischen Theologie, Bd. II, Berlin 1974, S. 176–191 (Die Bestattung)
Jeremias, J., Art. geenna, in: ThW I, 655 f.
Jobst, A., Sammlung kirchlicher Sitte, Leipzig und Dresden 1938
Jonas, I., Krankenbriefe, Berlin 1967²
Jordahn, B., Das kirchliche Begräbnis. Grundlegung und Gestaltung, Göttingen 1949
Jores, A., Der Tod des Menschen in psychologischer Sicht, in: Der leidende Mensch, Darmstadt 1965
Kaste, G., Der Einfluß der Witterung, des Tages- und Jahresrhythmus auf den Todeseintritt, Med. Diss., Magdeburg 1964
Keller, G., Sämtliche Werke, Berlin 1958
Klaer, I., Der Tod Jesu ..., in ThV 6, Berlin 1975, S. 173–191

Klappenbach, R. / W. Steinitz, Wörterbuch der deutschen Gegenwartssprache, Berlin 1967[3]
Kleinert, P., Homiletik, Leipzig 1907
Köberle, A., Der Herr über alles, Hamburg 1957
Köhler, L., Wahres Leben, Witten 1955
Kolle, E., Grabreden, Gütersloh 1938
Köstlin, H. A., Die Lehre von der Seelsorge nach evangelischen Grundsätzen, Berlin 1907[2]
Kracht, E., Die Stellung der evangelischen Schwester zum Problem der Euthanasie, WZM 1967, S. 241 ff.
Krause, O., Gefallenenehrung in der Kirche?, PTh 1967, S. 390 ff.
Kress, H. v., Die ärztliche Einstellung zum Tode, WZM 1967, S. 113–121
Kretzschmar, G., Volkskirche im Umbruch, Berlin 1967
Krimm, H., Quellen zur Geschichte der Diakonie, 3 Bde., Stuttgart 1960 ff.
Krusche, W., Unsere Predigt am Sarg, in: Amtsblatt der Evangelisch-Lutherischen Landeskirche Sachsens 1962, B 43–50 – und in: Schritte und Markierungen, Berlin 1972, S. 84–108
Ders., Die Beerdigungspredigt in der heutigen volkskirchlichen Situation, in: Amtsblatt der Evangelisch-Lutherischen Landeskirche Sachsens 1966, B 64–70
Kübler-Ross, E., Interviews mit Sterbenden, Stuttgart/Berlin 1971
Kündig, E., Erfahrungen am Kranken- und Sterbebette, Basel 1888
Kusch, W., Trost im Leid, Berlin 1964
Lahr, H. / W. v. Rohden, Wasser, Ring und Erde, Berlin 1954
Lange, E., Bilanz 65. Die evangelische Gemeinde am Brunsbütteler Damm 1. 2. 60 bis 1. 11. 65, Manuskriptdruck, Stuttgart 1965
Leeuw, G. van der, Phänomenologie der Religion, Tübingen 1956[2]
Leiturgia. Handbuch des evangelischen Gottesdienstes, Kassel 1954 ff.
Lindemann, F. W., Vier Trauersituationen, ZdZ 1975, S. 335 ff.
Lindinger, H., Die Erfahrung von Schuld und Tod beim heutigen Menschen, WZM 1967, S. 121–131
Loch, W., Mord – Selbstmord, WZM 1967, S. 262–268
Lotz, W., Agende für die Seelsorge an Kranken und Sterbenden, Kassel 1949
Luther, M., Weimarer Ausgabe = luther's Werke. Kritische Gesammtausgabe, Weimar, seit 1883
Ders., Trost an Gräbern, Hrsg. J. Wilde, Berlin 1968
Luyten, N. M. / A. Portmann / K. Jaspers / K. Barth, Unsterblichkeit, Basel 1957
Martensen-Larsen, H., Am Gestade der Ewigkeit, 3 Bde., Berlin o. J.[2]
Marti, K., Leichenreden, Berlin 1969
Martimort, A.-G., Handbuch der Liturgiewissenschaft, 2 Bde., Leipzig 1965
Maser, H., Die Bestattung (HbfGA 28), Gütersloh 1964
Melzer, F., Das Wort in den Wörtern, Tübingen 1965
Mezger, M., Art. Kasualien, in: RGG[3] III, Sp. 1164 ff.
Ders., Die Amtshandlungen der Kirche, Bd. 1, München 1963[2]
Meyers Neues Lexikon, Leipzig 1964
Mission als Strukturprinzip, Genf 1965
Mitford, J., Der Tod als Geschäft, Berlin 1966

Mohr, R., Protestantische Theologie und Frömmigkeit im Angesicht des Todes während des Barockzeitalters, Theol. Diss., Marburg 1962
Moora, H. / A. Viires, Abriß der Estnischen Volkskunde, Akademie der Wissenschaften der estnischen SSR, Tallinn 1964.
Mozart, W. A., Briefe. Eine Auswahl, Berlin 1964
Müller-Hegemann, A. / L. Otto, Das kleine Sprichwörterbuch, Leipzig 1966[2]
Müller, L. R., Über die Seelenverfassung der Sterbenden, Berlin 1931
Neidhart, W., Die Rolle des Pfarrers beim Begräbnis, in: E. Thurneysen zum 80. Geburtstag, Wort und Gemeinde, Zürich 1968, S. 226 ff.
Niebergall, F., Praktische Theologie, 2 Bde., Tübingen 1918
Ders., Die Kasualrede, Göttingen 1917[3]
Niedermeyer, A., Compendium der Pastoralmedizin, Wien 1953
Niesel, W., Bekenntnisschriften und Kirchenordnungen der nach Gottes Wort reformierten Kirche, Zürich 1938[3]
Nitzsch, C. I., Praktische Theologie, 2 Bde., Bonn 1847 ff.
Oehninger, R. H., Die Bestattung des Oskar Lieberherr, Zürich 1966
Oesterreich, K., Über eine Ethik des Selbstmordproblems, ZEE 1966, S. 144 ff.
Ollesch, H., Der letzte Weg, Witten 1955
Ders., Dienst am Krankenbett, Gladbeck 1966
Ordnung des Kirchlichen Lebens der Vereinigten Evangelisch-Lutherischen Kirche vom 27. April 1955
Ordnung des Kirchlichen Lebens der Evangelischen Kirche der Union vom 6. Mai 1955
Die Ordnungen der Bestattung. Vorabdruck aus dem II. Bd. der Agende für die EKU, Berlin 1961
Palmer, C., Evangelische Pastoraltheologie, Stuttgart 1860
Paul, H., Deutsches Wörterbuch, Halle 1960[7]
Pfister, R., Die Friedhofs-Fibel, München 1954[2]
Planck, O., Seelsorge am alten Menschen, in: Forschung und Erfahrung im Dienst der Seelsorge. Festgabe für O. Haendler zum 70. Geburtstag, Berlin 1961, S. 101 ff.
Poelchau, H., Die letzten Stunden, Berlin 1949
Psychologie (Bibliothek des Lehrers, Abt. I), Berlin 1962
Quandt, W., Zu Hause am Sterbebett, in: Amtsblatt des Evangelischen Konsistoriums Greifswald, 1966, S. 102 ff.
Quell, G., Die Auffassung des Todes in Israel, Leipzig/Erlangen 1925
Rahner, K., Zur Theologie des Todes, Freiburg/Basel/Wien 1958[5]
Reuter, F., Gesammelte Werke
Rensch, A., Das seelsorgerliche Gespräch, Göttingen 1963
Rietschel, G. / P. Graff, Lehrbuch der Liturgik, 2 Bde., Göttingen 1952[2]
Rietschel, C., Sinnzeichen des Glaubens, Berlin 1965
Rilke, R. M., Werke, Bd. 1, Leipzig 1953
Rupprecht, W., Die Predigt über alttestamentliche Texte in den lutherischen Kirchen Deutschlands, Stuttgart 1962
Sachsse, E., Evangelische Homiletik, Leipzig 1913
Sauter, G., Die Zeit des Todes, EvTh 1965, S. 623 ff.
Scharfenberg, J., Die Freiheit zum Sterben, PTh 1966, S. 366 ff.
Schempp, P., Gottes Wort am Sarge, München 1951[2]

Schenk, W., Der Segen im Neuen Testament, Berlin 1967
Schleich, C. L., Das Problem des Todes, Berlin 1920
Schleiermacher, D. F., Die Praktische Theologie, Berlin 1850
Schmidt, E., Evangelium am Grabe. Grabreden, Wunsiedel 1935
Schmidt, M., Seelsorge am Krankenbett, ZdZ 1954, S. 390 f.
Schneider, R., Krankenbesuch, in: Sinn und Form 1970, H. 1, S. 139 ff.
Schober, Th., u. a., Der alte Mensch in der Gemeinde (HbfGA 39), Gütersloh 1967
Schönherr, A., Die Predigt am Grabe, ZdZ 1953, S. 106 f.
Schreiner, H., Die Verkündigung des Wortes Gottes, Schwerin 1938[3]
Schunack, G., Das hermeneutische Problem des Todes. Im Horizont von Römer 5 untersucht, Tübingen 1967
Smend, J., Kirchenbuch, 2 Bd., Gütersloh 1925[2]
Sommer, B., Gedanken zum Problem des Suizids, WZM 1967, S. 132
Spiegel, Y., Der Prozeß des Trauerns. Analyse und Beratung, München 1973, 2 Bde.
Spittel, R., Der Friedhof der Evangelischen Gemeinde, Berlin 1958
Stamm, H., Der menschenwürdige Tod, WZM 1966, S. 154 ff.
Statistisches Jahrbuch der DDR 1968, Berlin 1969
Stein, R., Über den Tod an die Gebildeten unter seinen Verleugnern, WZM 1966, S. 149 ff.
Stern, E., Kind, Krankheit und Tod, Basel 1957
Ders., Psychologie de la Mort, in: Folia Neurologica, Psychiatrica et Neurochirurgica Neerlandica 1949, Nr. 3 u. 4
Steußloff, H., Zur Ehrfurcht vor dem Leben. – Über die Stellung des sozialistischen Humanismus zu Leben und Tod des Menschen, in: Das sozialistische Menschenbild. Weg und Wirklichkeit, Leipzig 1967, S. 169 ff.
Stiller, G., Trauersituationen als Problem, ZdZ 1975, S. 342 ff.
Stilwörterbuch, Leipzig 1965
Strack, H. / P. Billerbeck, Kommentar zum Neuen Testament aus Talmud und Midrasch, München 1965
Strafgesetzbuch der DDR, hrsg. vom Ministerium der Justiz, Berlin 1968
Thomas, H., u. a., Alles hat am Ende sich gelohnt, Leipzig 1972
Thurneysen, E., Seelsorge im Vollzug, Zürich 1968
Tod, Art. in: RGG[3] VI, Sp. 908 ff.
Tod, Art. in: EKL III, Sp. 1451 ff.
Trillhaas, W., Die innere Welt, München 1953[2]
Ders., Evangelische Predigtlehre, Berlin 1954[3]
Ders., Der Dienst der Kirche am Menschen, Berlin 1958
Twain, M., Tom Sawyers Abenteuer, Reclam, Leipzig 1968
Uhsadel, W., Die gottesdienstliche Predigt, Heidelberg 1963
Urner, H., Noch einmal: Gottfried Benn, ZdZ 1957, S. 236; vgl. auch ZdZ 1957, S. 378
Vaticanum secundum, Bd. II, Hrsg. O. Müller, Leipzig 1965
Vilmar, A. F. C., Lehrbuch der Pastoraltheologie, Gütersloh 1872
Vinet, A., Pastoraltheologie, Braunschweig und Leipzig 1896
Vogel, H., Gottes Hoffnung am Sarge, in: Gottes Wort in Menschenmund. Ausgewählte Schriften, Berlin/Stuttgart 1962

Vollborn, W., Das Problem des Todes in Gen. 2 und 3, ThLZ 1952, Sp. 709
Wach, J., Religionssoziologie, Tübingen 1951
Wächter, L., Der Tod im Alten Testament, Berlin 1967
Was ist der Tod? Elf Beiträge und eine Diskussion, München 1969
Weber, O., Grundlagen der Dogmatik, 2 Bde., Berlin 1969^2
Winkler, E., Die Leichenpredigt im deutschen Luthertum bis Spener, München 1967
Winkler, K., Pastoralpsychologische Aspekte der kirchlichen Beerdigung, ZdZ 1972, S. 397–401
Winter, F., Rez. von Y. Spiegel, a. a. O., ThLZ 1975, Sp. 628–630
Zechmeister, K., Arzt und Weltanschauung, Berlin 1972
Zender, M., Atlas der deutschen Volkskunde, NF, Marburg 1962/64, K 13–20
Zöpfl, H., Der Tod im Phänomen der Bildung und Erziehung, Phil. Diss., München 1963
Zum Verständnis des Todes Jesu. Stellungnahme des Theologischen Ausschusses der Evangelischen Kirche der Union, ZdZ 1968, S. 161 ff.
Vgl. im übrigen das sehr umfangreiche Literaturverzeichnis bei Bruno Bürki, a. a. O., S. 300–315; sowie bei Y. Spiegel, a. a. O., Anmerkungsband, S. 123-272

7. ANMERKUNGEN

1. *Einleitung*

1 Vgl. z. B. H. Fichtner, Kompendium der Krankenhausseelsorge, S. 113 ff.; E. Thurneysen, Seelsorge im Vollzug, S. 212 ff.

2 Vgl. z. B. B. Jordahn, Das kirchliche Begräbnis, S. 66–68; Ordnung des kirchlichen Lebens der VELK vom 27. 4. 1955; W. Trillhaas, Der Dienst der Kirche am Menschen, S. 232.

3 Vgl. die wichtige Monografie von B. Bürki, Im Herrn entschlafen. Im methodischen Ansatz fühle ich mich ihm verwandt. Das reiche historische Material ist zur Kenntnis zu nehmen; aber gegenüber dem bei ihm vorherrschenden liturgischen Interesse versuche ich den seelsorgerlich vielschichtigen Dienst an Sterbenden und Trauernden zu betonen. (Das drückt sich auch in dem – etwas einseitigen – Titel meiner Arbeit aus: Seelsorge an Sterbenden und Trauernden. Damit kommt der Begriff der Seelsorge im weiten Sinn der traditionell sog. cura generalis zur Geltung; vgl. Anm. 111 bei 3.2.) Der „hochkirchlichen“ und weithin traditionalistischen Art der Argumentation Bürkis kann ich mich nicht anschließen.

4 H. Fichtner, a. a. O.; Handreichung für den seelsorgerlichen Dienst; R. Fuehrer, Besuch und Seelsorge im Krankenhaus 1960; H. Ollesch, Dienst am Krankenbett.

5 E. Ansohn, Die Wahrheit am Krankenbett; I. Hardi, Psychologie am Krankenbett.

6 Üblich sind die Begriffe Kasualie bzw. Amtshandlung. Sie sind nicht ausreichend. Zum Beispiel ist auch der normale Gottesdienst am Sonntag eine Amtshandlung des Pfarrers, der Begriff ist also nicht speziell genug; und der Begriff der Kasualie stellt den gottesdienstlichen Charakter der Handlung nicht heraus. Darum bevorzugen wir die Formulierung „gottesdienstliche Handlung aus besonderem Anlaß“.

7 An Lehrbüchern zu gottesdienstlichen Handlungen aus besonderem Anlaß sind in der letzten Generation erschienen: F. Delekat, Die heiligen Sakramente und die Ordnungen der Kirche; G. Dehn, Die Amtshandlungen der Kirche; H. G. Haack, Die Amtshandlungen in der evangelischen Kirche; H. Lahr / W. v. Rohden, Wasser, Ring und Erde. M. Mezger, Die Amtshandlungen der Kirche, Bd. I, enthält noch keine Untersuchung zur Bestattung.

8 R. Bohren, Unsere Kasualpraxis – eine missionarische Gelegenheit?; vgl. auch H. H. Brunner, Von der kirchlichen zur weltlichen Bestattungsfeier.

9 R. Bohren, a. a. O., S. 50.

10 G. Kretzschmar, Volkskirche im Umbruch, S. 115 ff., 167 f. Inzwischen dürften sich die Zahlen noch weiter negativ verändert haben.

11 Es fand sich an wichtiger Literatur:

a) zur Bestattung: H. G. Haack, a. a. O., S. 134–166; H. Lahr / W. v. Rohden, a. a. O., S. 125–165; R. Spittel, Der Friedhof der evangelischen Gemeinde; Die Ordnungen der Bestattung (Vorabdruck aus Agende II, Agende EKU); W. Krusche, Unsere Predigt am Sarg, in: Amtsblatt der Ev.-Luth. Kirche Sachsens 1962; ders., Die Beerdigungspredigt in der heutigen volkskirchlichen Situation, ebd. Dazu kommen wenige Artikel in ZdZ. Die wichtigsten stammen von A. Schönherr, Die Predigt am Grabe, und H. H. Brunner, a. a. O.

b) zur Sterbeseelsorge: H. Fichtner, Kernfragen der Krankenfürsorge, S. 71 f.; W. Quandt, Zu Hause am Sterbebett, in: Amtsblatt des Ev. Konsistoriums Greifswald, 1966; W. Trillhaas, Der Dienst der Kirche am Menschen; Handreichung für den seelsorgerlichen Dienst; H.-E. Eisenhuth, Der Christ in der Gemeinschaft, S. 160–182.

c) Am Rande werden Themen angeschnitten zum Problem: W. Trillhaas, Evangelische Predigtlehre, S. 189–193; E. Friedel, Handlanger auf Gottes Bauplatz, S. 299 f.

12 Hierzu ist auch zu rechnen die kirchliche Tagespresse, die nach unserem Eindruck mehr von Tod und Bestattung, weniger von Sterbehilfe spricht. Aus dem Gemeindeschrifttum sei noch erwähnt: H. Balzer (Hrsg.), Auf der Grenze von hier und dort; I. Jonas, Krankenbriefe; W. Kusch, Trost im Leid; M. Luther, Trost an Gräbern.

2.1. *Theorie des Todes: Phänomene*

1 F. Melzer, Das Wort in den Wörtern, S. 313; J. und W. Grimm, Deutsches Wörterbuch, XI, I, 1, S. 537 „der tod ist die auflösung des (zunächst menschlichen) lebens, das sterben sowohl als das gestorbensein".

2 J. und W. Grimm, a. a. O.

3 E. Agricola, Wörter und Wendungen, S. 613; Stilwörterbuch, Bd. II, S. 1094 ff.

4 Ebenda, a. a. O.

5 J. und W. Grimm, a. a. O., S. 596 ff.

6 Ebd., S. 593 ff.

7 H. Paul, Deutsches Wörterbuch, S. 594.

8 E. Agricola, a. a. O., S. 580.

9 F. Dornseiff, Deutscher Sprachschatz nach Sachgebieten, S. 147 ff.

10 E. Agricola, a. a. O., S. 486; 508.

11 Es kommt nicht mehr vor in „Der Große Duden", Leipzig 1969[16], und in E. Agricola, a. a. O.

12 E. Agricola, a. a. O., S. 271.

13 H. Paul, a. a. O., S. 686.

14 F. Melzer, a. a. O., S. 212.

15 H. Paul, a. a. O., S. 622.

16 J. und W. Grimm, a. a. O., S. 1381.

17 Ebd., S. 1357 „... bez. einen lang anhaltenden seelischen Schmerz ... umgangssprache und mundart verwenden es heute vornehmlich von der totentrauer, besonders ihrer äuszeren bezeugung".

18 R. Klappenbach und W. Steinitz, Wörterbuch der deutschen Gegenwartssprache, S. 560.

19 J. und W. Grimm, a. a. O., I, S. 1658.

20 R. Klappenbach und W. Steinitz, a. a. O., S. 455.

21 J. und W. Grimm, a. a. O., I, S. 1243.
22 F. Melzer, a. a. O., S. 211.
23 Zum Beispiel E. Agricola, a. a. O.; Der Große Duden, a. a. O.; Stilwörterbuch, a. a. O., 2 Bde.
24 Vgl. Statistisches Jahrbuch der DDR 1968, S. 533, 555.
25 Ebd., S. 552.
26 Ebd., S. 554.
27 Ebd., S. 558.
28 Ebd., S. 556.
29 S. Eitner, Gerohygiene, S. 63.
30 Statistisches Jahrbuch, S. 563.
31 K. Zechmeister, Arzt und Weltanschauung, S. 120.
32 Selbstverständlich wird bei tödlichen Unfällen im Verkehr oder im Arbeitsprozeß danach gefragt, welche Ursachen dazu geführt haben und wer dafür die Verantwortung trägt. Vgl. die in der Presse erscheinenden Unfallberichte.
33 G. Holtz, Zur volkstümlichen Auffassung des Todes, S. 418; J. Wach, Religionssoziologie, S. 74 ff.
34 Für die Situation in der Schweiz vgl. G. Bally, Das Todesproblem in der wissenschaftlich-technischen Gesellschaft, S. 130.
35 Autorenkollektiv, Alles hat am Ende sich gelohnt, Leipzig 1972, S. 4
36 Das durch die Literatur getragene Gedicht von R. M. Rilke, Werke, Bd. 1, S. 93,

„O Herr, gib jedem seinen eigenen Tod.
Das Sterben, das aus jenem Leben geht,
darin er Liebe hatte, Sinn und Not"

darf nicht dazu verleiten, ein bestimmtes individuelles, bewußtes Todeserleben erzwingen zu wollen und die sozialen Wandlungen unserer Zeit von vornherein als Dekadenz zu verurteilen. Gerade Theologen sollten sich davor hüten.
37 H.-E. Eisenhuth, Der Christ in der Gemeinschaft, S. 160.
38 Vgl. z. B. C. Palmer, Evangelische Pastoraltheologie; E. Kündig, Erfahrungen an Kranken- und Sterbebetten; E. C. Achelis, a. a. O., Bd. II; H. A. Köstlin, Die Lehre von der Seelsorge nach evangelischen Grundsätzen.
39 K. Zechmeister, a. a. O., S. 335; I. Hardi, Psychologie am Krankenbett.
40 E. Stern, Psychologie de la Mort, zitiert nach E. Ansohn, Die Wahrheit am Krankenbett, S. 98.
41 L. R. Müller, Über die Seelenverfassung des Sterbenden.
42 H. Kress, Die ärztliche Einstellung zum Tode.
43 H. Grübers Erfahrung dürfte wohl heute nicht mehr gelten: „Im Krankenhaus werden die Sterbenden, wenn es zu Ende geht, soweit sie nicht ein Einzelzimmer haben, in das Sterbestübchen, in das Badezimmer oder in einen anderen Raum abgeschoben. Die ganze Gefühlsroheit, den Kranken allein zu lassen, kann nur beurteilen, wer selbst im Todeskampf gelegen hat", in: Am Sterbebett, ZdZ 1963, S. 203. Vgl. dagegen die pflegerischen Aufgaben bei Sterbenden im „Lehrbuch der Krankenpflege", Berlin 1969^3, S. 33; I. Hardi, a. a. O., S. 90.
44 E. Kündig, a. a. O., S. 235: „Das vorherrschende Gefühl des Sterbenden ist das des Verlassenseins, darum er nicht gern allein ist und die Umstehenden bittet, ihn nicht zu verlassen."

45 Vgl. auch E. C. Achelis, a. a. O., Bd. II, S. 276.
46 Wir referieren nach E. Ansohn, a. a. O., S. 98 ff.; vgl. auch H. v. Kress, a. a. O., S. 119; I. Hardi, a. a. O., S. 84 ff.
47 E. Ansohn, a. a. O., S. 99.
48 Ebd.
49 H. Balzer, Auf der Grenze von hier und dort; H. Ollesch, Der letzte Weg; I. Hardi, a. a. O., S. 84.
50 H. v. Kress, a. a. O., S. 113; E. Ansohn, a. a. O., S. 162 ff.; J. Scharfenberg, Die Freiheit zum Sterben, PTh 1966, S. 366.
51 Vgl., E. Kündig, a. a. O., S. 241, I. Hardi, a. a. O., S. 87.
52 Zit. nach H. v. Kress, a. a. O., S. 120.
53 Vgl. E. Ansohn, a. a. O., S. 30; 76; H. Lindinger, Die Erfahrung von Tod und Schuld beim heutigen Menschen; I. Hardi, a. a. O., S. 83 ff.
54 W. Trillhaas, a. a. O., S. 237.
55 R. M. Rilke, a. a. O., S. 310:
„Wein wird reicher, und Öl klärt sich im Kruge.
Was mit den Tränen geschieht? – Sie machten mich schwer,
machten mich blinder und machten mich schillernd am Buge,
machten mich brüchig zuletzt und machten mich leer."
56 G. Bally, a. a. O., S. 134: „Wo aber die so konfliktreich gewordenen Bereiche des intimen Lebens ... praktisch ignoriert werden, da ist der Trauernde einsam, und die Trauerarbeit, in der eine neue Verbundenheit mit den verbleibenden Wirklichkeiten entstehen möchte, gelingt oft nicht mehr. Der Trauernde mag dann in Depressionen verfallen."
57 Vgl. G. Quell, Die Auffassung des Todes in Israel; L. Wächter, Der Tod im Alten Testament; L. Köhler, Wahres Leben, S. 213 ff.; H.-E. Eisenhuth, a. a. O.
58 Psychologie, S. 22; I. Hardi, a. a. O., S. 276.
59 E. Kündig, a. a. O., S. 238; E. C. Achelis, a. a. O., S. 276.
60 Vgl. Neues Deutschland vom 5. 6. 1971, S. 11: „Die Herz-Kreislauf-Krankheiten stehen gegenwärtig in allen Industrieländern an der Spitze der Todesursachen."
61 Vgl. L. R. Müller, a. a. O.
62 H. v. Kress, a. a. O., S. 114.
63 E. Kündig, a. a. O., S. 238 f.
64 L. R. Müller, a. a. O., S. 18.
65 A. Niedermeyer, Compendium der Pastoralmedizin, S. 408.
66 Ebd., S. 406.
67 NJ, Jg. 1953 und 1958.
68 NJ, Jg. 1953, 1957, 1961, 1966, 1967.
69 NJ, Jg. 1958, 1962, 1963, 1965, 1968; fahrlässige Tötung NJ, Jg. 1959, 1963, 1967; Tötungsdelikte NJ, Jg. 1966, 1967, 1968.
70 NJ, Jg. 1959, 1968.
71 Bürgerliches Gesetzbuch mit wichtigen Nebengesetzen, Nachdruck Berlin 1965, S. 524, Stichwortverzeichnis.
72 Ebd., S. 525.
73 Familiengesetzbuch der DDR mit wichtigen Nebengesetzen, Berlin 1968, vgl. Stichwortverzeichnis S. 195.

74 Strafgesetzbuch der DDR – StGB –, Berlin 1968, S. 48, §§ 112–114.
75 Ebd., vgl. Stichwortregister, S. 137.
76 Ebd., S. 30, § 60.
77 Vgl. die Musterordnung im KABI Berlin-Brandenburg vom 20. 10. 1962, S. 52 ff.
78 J. Gaedke, Handbuch des Friedhofs- und Bestattungsrechts, 1954; vgl. auch ders., Art. Begräbnis, RGG³ I, Sp. 967.
79 G. Holtz, a. a. O., S. 418; ders., Magische Motive zwischen Dichtung und Philosophie des neunzehnten Jahrhunderts, in: ThLZ 1970, Sp. 489–496.
80 W. Gruehn, Die Frömmigkeit der Gegenwart. Grundtatsachen der empirischen Psychologie, Münster 1956, S. 309.
81 H. Moora / A. Viires, Abriß der Estnischen Volkskunde, S. 227.
82 Ebd., S. 256 f.
83 O. A. Erich und R. Beitl, Wörterbuch der Deutschen Volkskunde, S. 756 ff.
84 A. Jobst, Sammlung kirchlicher Sitte, S. 39 ff.; E. R. Lange, Sterben und Begräbnis im deutschen und slawischen Volksglauben zwischen Weichsel und Memel, Diss. 1953; ders., Der Lebenskreis im thüringischen Volksglauben, Diss. 1960; M. Zender, Atlas der deutschen Volkskunde, NF 25–30 (Brauchtum bei Tod und Begräbnis).

2.2. *Theorie des Todes: Deutungen*

1 Vgl. 2.1.1.
2 R. Bultmann, Art. Thanatos, in: ThW. Bd. III, S. 11 f.; vgl. auch G. Schunack, Das hermeneutische Problem des Todes. Im Horizont von Römer 5 untersucht.
3 M. Luther, WA 10 III, S. 1.
4 G. Gorer, in: R. Stein, Über den Tod an die Gebildeten unter seinen Verleugnern, WZM 1966, S. 150; 151.
5 G. Keller, Werke, Bd. 1, S. 263.
6 H. Dee, Zur Frage nach dem Sinn von Sterben und Tod, PTh 1967, S. 494.
7 M. Claudius, Genie des Herzens, S. 40.
8 W. A. Mozart, Briefe, S. 374 f.
9 L. Wächter, a. a. O., S. 71; vgl. auch den ganzen Abschnitt S. 69 ff.
10 Russisches Sprichwort, in: A. Müller-Hegemann / L. Otto, Das kleine Sprichwörterbuch.
11 A. Portmann, in: N. M. Luyten / A. Portmann / K. Jaspers / K. Barth, Unsterblichkeit, S. 28 f.; vgl. auch I. Hardi, a. a. O., S. 83.
12 A. Portmann, a. a. O., S. 29.
13 C. L. Schleich, Das Problem des Todes, S. 19 ff.
14 In Auswahl seien nur wenige Namen genannt: K. Rahner, Zur Theologie des Todes (kath.); K. Barth, Kirchliche Dogmatik, Bd. III, 2; H.-G. Fritzsche, Evangelische Ethik; W. Kreck, Die Zukunft des Gekommenen; O. Weber, Grundlagen der Dogmatik; R. Hermann, Ethik.
15 Vgl. G. Schunack, Das hermeneutische Problem des Todes. Im Horizont von Römer 5 untersucht; L. Wächter, Der Tod im Alten Testament.
16 Vgl. L. Wächter, a. a. O., S. 10 ff.; E. Jüngel, Tod, S. 78–103.
17 Im Neuen Testament steht noch eine ausführliche Untersuchung aus, doch vgl.

Matth. 2,15; Mark. 13,12; Luk. 22,33; Joh. 11,13; Apg. 7,59; 1. Kor. 4,9; Hebr. 9,15.

18 So meint G. Schunack, a. a. O., S. 42.

19 Vgl. z. B. Joh. 5,24; 8,51; Röm. 6,4; 8,13; Apk. 2,11; 20,6.

20 G. Schunack, a. a. O., S. 175.

21 Vgl. die Stellungnahme des Theologischen Ausschusses der Evangelischen Kirche der Union „Zum Verständnis des Todes Jesu", ZdZ 1968, S. 161 ff.

22 Hebr. 2,9.

23 Matth. 27,41; Hebr. 13,11 ff.

24 Matth. 27,46 ff.; Röm. 5,19; Phil. 2,8.

25 Phil. 2,9.

26 Röm. 5,12–6,11.

27 1. Kor. 15,26.

28 Röm. 8,13; EKG 46, Str. 5: „Ertöt uns durch dein Güte..."

29 Matth. 10,16 ff.; Joh. 8,17.

30 Phil. 1,21; Apk. 14,13.

31 L. Wächter, a. a. O., S. 203: „Weder der irgendwann erfolgte Tod Adams noch die Sterblichkeit des Menschen werden als Strafe Gottes verstanden."

32 Röm. 6,23.

33 Vgl. 2.1; 2.2.1.1.; 2.2.2.1.–2.2.2.3.

34 Ps. 90,7 ff.

35 L. Wächter, a. a. O., S. 168 ff.; 1. Kor. 11,30.

36 EKG 63, Str. 10.

37 Ps. 90,3.

38 Ps. 6,6.

39 Hebr. 9,27.

40 Vgl. G. Quell, Die Auffassung des Todes in Israel; F. Winter, Weltbild und Begriffe des Glaubens in der Katechetik, in: Die Christenlehre 1970, S. 161 ff.

41 Vgl. J. Jeremias, Art. geenna, ThW I, S. 655.

42 2. Kor. 5,1 ff.

43 1. Kor. 15,51.

44 1. Thess. 4,17.

45 1. Joh. 3,2.

46 K. Barth, in: Unsterblichkeit, a. a. O., S. 45 f.

47 Eine eigentümliche Mischung von Vorstellungen der Parapsychologie, der Volksreligion und des christlichen Glauben enthalten die Bücher von H. Martensen-Larsen, Vom Tode und von den Toten.

48 K. Barth, a. a. O., S. 45.

49 Ebd., S. 46.

50 Gen. 3.

51 Gen. 1,31.

52 2. Thess. 3,6 ff.

53 Joh. 9,4.

54 Der Heidelberger Katechismus für den Gebrauch in evangelischen Gemeinden, S. 6.

55 Vgl. Art. Begräbnis in RGG³ I, Sp. 959 ff.; Matth. 14,12; 27,57 ff.; Apg. 8,2; 9,36 ff.

56 Luk. 9,60.

3.1. Begleitung der Sterbenden

1 B. Bürki, a. a. O., S. 18–146.

2 Joh. 8,21.

3 Hebr. 10,28.

4 Hebr. 11,13; Apk. 14,13.

5 Joh. 11,16; 1. Kor. 15,31; 2. Kor. 6,9; Phil. 1,21. Daß Bürki aus diesem Spezialfall einen Primatfall macht, mutet freilich seltsam an; vgl. a. a. O., S. 27 ff.

6 Joh. 4,49.

7 Joh. 19,25 ff.

8 Jak. 5,14 f.

9 Vgl. zum Folgenden: A. Hardeland, Geschichte der speziellen Seelsorge in der vorreformatorischen Kirche und der Kirche der Reformation; W. Caspari, Die geschichtliche Grundlage des gegenwärtigen Evangelischen Gemeindelebens, aus den Quellen im Abriß dargestellt; H. Krimm, Quellen zur Geschichte der Diakonie; A. G. Martimort, Handbuch der Liturgiewissenschaft.

10 A. Hardeland, a. a. O., S. 24 f.

11 H. Krimm, a. a. O., Bd. 1, S. 57.

12 A. Hardeland, a. a. O., S. 194 f.

13 H. Krimm, a. a. O., Bd. 1, S. 67.

14 A. G. Martimort, Bd. 2, S. 117 ff., 155 ff.

15 Ebd., S. 159.

16 A. Hardeland, a. a. O., S. 199.

17 Ebd.; W. Caspari, a. a. O., S. 211.

18 A. Hardeland, a. a. O., S. 327.

19 WA II, S. 686–695.

20 A. Hardeland, a. a. O., S. 329 ff.

21 Ebd., S. 334 f.

22 Vgl. Die Kirchenordnung der Kurpfalz von 1563, in: W. Niesel, Bekenntnisschriften und Kirchenordnungen der nach Gottes Wort reformierten Kirche.

23 A. Hardeland, a. a. O., S. 411.

24 W. Caspari, a. a. O., S. 214.

25 A. Hardeland, a. a. O., S. 470 ff.

26 Ebd., S. 490.

27 Ebd., S. 491.

28 Ebd., S. 494.

29 D. F. Schleiermacher, Die praktische Theologie, S. 459 ff.

30 Vgl. C. Harms, Pastoraltheologie; C. I. Nitzsch, Praktische Theologie, Bd. 3; A. F. C. Vilmar, Lehrbuch der Pastoraltheologie; Th. Harnack, Praktische Theologie, Bd. 2; A. Vinet, Pastoraltheologie; E. C. Achelis, Lehrbuch der Praktischen Theologie, Bd. 2; J. Höffner, Evangelische Pastoraltheologie in Beispielen; H. A. Köstlin, Die Lehre von der Seelsorge.

31 E.-M. Bachmann, Sakramente und Kulthandlungen in der Orthodoxen Kirche.

32 Hans Fallada, Jeder stirbt für sich allein.

33 R. Fuehrer, Zuhause am Krankenbett, S. 149.

34 I. Hauschild, G. Badtke und R. Foerster, Lehrbuch der Krankenpflege, a. a. O., S. 33 ff.

35 I. Hardi, a. a. O., S. 83.

36 E. Ansohn, a. a. O., S. 171.

37 H. A. Köstlin, a. a. O., S. 416.

38 W. Metzger, in: Handreichung für den seelsorgerlichen Dienst, S. 285.

39 C. Palmer, Pastoraltheologie, S. 337: „Gerade in Betreff des Fleißes in diesem Punct aber ist in großen Gemeinden die Hülfe eines Presbyteriums oder Diakonats, in welcher Form dieß auch organisirt sei, von entschiedenem Werthe."

40 E. Friedel, Handlanger auf Gottes Bauplatz, S. 300.

41 Ins Hochdeutsche übertragen aus: F. Reuter, Ut de Franzosentid, Das 14. Kapitel.

42 E. Ansohn, a. a. O., S. 138.

43 C. Capellmann / W. Bergmann, Pastoralmedizin, S. 416.

44 Vgl. H. Grüber, a. a. O., S. 513; H. Ollesch, Dienst am Krankenbett, S. 127; H. Faber, Seelsorge am kranken Menschen, S. 41.

45 W. Trillhaas, Der Dienst der Kirche am Menschen, S. 231.

46 I. Hauschild u. a., Lehrbuch der Krankenpflege, S. 33.

47 H. Fichtner, Kernfragen der Krankenseelsorge, S. 69 f.

48 I. Hardi, a. a. O., S. 91.

49 C. Palmer, a. a. O., S. 330 f.

50 I. Hardi, a. a. O., S. 91.

51 H. Fichtner, Kompendium der Krankenhausseelsorge, S. 71; vgl. auch die Medizinische Dissertation von G. Kaste, Der Einfluß der Witterung, des Tages und der Jahresrhythmus auf den Todeseintritt.

52 Vgl. die Arbeiten von G. Kaste, a. a. O., S. 3, 16 f.; H. Fichtner, a. a. O., S. 71.

53 L. Köhler, Wahres Leben, S. 247.

54 E. C. Achelis, a. a. O., S. 277.

55 A. Hardeland, a. a. O., S. 460: „Das Register zu führen, empfehlen auch theologische Lehrbücher dieser Zeit (sc. des Pietismus). Seidel verlangt Einträge über diese 7 Punkte: 1. Name jedes Konfirmierten. 2. Erkenntnisstand. 3. Neigung und Wandel. 4. Bekehrung. 5. Sonstiges zur Beurteilung des Seelenzustandes wichtiges. 6. Wachstum im Guten. 7. Sein Ende. Das Hochbedenkliche einer schriftlichen Aufzeichnung von Dingen, die doch direkt oder indirekt unter dem Beichtsiegel liegen, scheint niemand empfunden zu haben."

56 Es gilt hier, was für jede seelsorgerliche Begegnung zutrifft: Ein Vorwissen darf nicht die Offenheit des Kontaktes hemmen. Rezepte, die schon im voraus bereitliegen, taugen nichts.

57 C. Palmer, a. a. O., S. 378.

58 L. Köhler, a. a. O., S. 248.

59 H. A. Köstlin, a. a. O., S. 416.

60 Vgl. 2.2.2.

61 A. Hardeland, a. a. O., S. 436.

62 Wo dem Seelsorger „die Worte fehlen, wird die Kirche selber ihm in ihren Gebeten ... das Wort geben, das ihm mangelt"; W. Trillhaas, a. a. O., S. 241.

63 Hebr. 12,6.

64 W. Trillhaas, a. a. O., S. 232 f.

65 Vgl. im Gebetsteil Sprüche, Stoßgebete und Abschiedssegen. Letzterer hat eine lange Tradition, vgl. Th. Harnack, Praktische Theologie, Bd. 2, S. 535; B. Bürki, a. a. O., S. 87 ff.

66 Berlin 1954, S. 454.

67 Hrsg. von der Lutherischen Liturgischen Konferenz, Berlin 1961^2, S. 206 ff.

68 R. Fuehrer, a. a. O., S. 149 f.

69 W. Quandt, Zuhause am Sterbebett, S. 102.

70 Darum schweigt die heutige Sterbeliteratur davon fast völlig.

71 Vaticanum secundum, Bd. II, S. 701.

72 Diese Handlung setzt sich aus Belehrung, Mahlfeier und Verabschiedung zusammen.

73 C. Harms, a. a. O., Teil II, S. 317.

74 E. Lange in einem Vortrag vor Junger Gemeinde in Berlin am 6. 3. 1969 (Vervielfältigung), Bemerkungen zum Abendmahl heute: „Das Abendmahl gehört überall dahin, wo der Mensch bedroht ist in seiner Menschlichkeit, also auch hierhin, wo er bedroht ist vom letzten Feind, vom Tod ... Ich glaube, daß wir diesen alten Brauch nicht aufgeben dürfen, sondern uns wiedererobern müssen."

75 Agende für evangelisch-lutherische Kirchen und Gemeinden, Bd. 3, Studienausgabe, S. 186 ff.

76 H. O. Woelber, Das Gewissen der Kirche, S. 168.

77 C. Palmer, a. a. O., S. 372 f.

78 C. Harms, a. a. O., Teil II, S. 321.

79 W. Trillhaas, a. a. O., S. 217.

80 Vgl. 2.1.2.

81 Vgl. ebd.

82 O. Planck, Seelsorge am alten Menschen; H.-E. Eisenhuth, a. a. O., S. 161.

83 Vgl. z. B. B. C. Palmer, a. a. O., S. 483; H. A. Köstlin, a. a. O., S. 398; A. Niedermeyer, a. a. O., S. 178.

84 H. Poelchau, Die letzten Stunden; A. Goes, Unruhige Nacht.

85 H. Büchsel, Seelsorge am Krankenbett, in: P. Blau, Praktische Seelsorge in Einzelbildern aus ihrer Arbeit, S. 265 f.

86 H. Ollesch, Dienst am Krankenbett, S. 85: „Das Risiko eines operativen Eingriffs ist zwar statistisch faßbar, für den einzelnen Menschen, der sich einer Operation unterzieht, macht das aber gar nichts aus."

87 Es können Gebete aus Evangelischem Kirchengesangbuch und Allgemeinem Evangelischen Gebetbuch umgeformt werden, vgl. auch G. Hänisch, Jeder Tag ist Gottes Tag, S. 94.

88 I. Hardi, a. a. O., S. 91.

89 E. Ansohn, a. a. O., S. 50.

90 Ebd., S. 24–41.

91 Ebd., S. 42–50.

92 I. Hauschild / G. Badtke / R. Foerster, a. a. O., S. 33.

93 W. Trillhaas, a. a. O., S. 232.

94 H. Girgensohn, Die Wahrheit am Krankenbett.

95 J. Scharfenberg, Die Freiheit zum Sterben, PTh 1966, S. 367.

96 K. Barth, Kirchliche Dogmatik, Bd. III, 4, S. 461.

97 K. Oesterreich, Über eine Ethik des Selbstmordproblems, ZEE 1966, S. 151.

98 Wenn Menschen als Kinder keine Liebe und Geborgenheit erfahren haben, bekommen sie als Erwachsene in schweren Lebenssituationen leicht Angst.

99 M. Twain, Tom Sawyers Abenteuer, S. 69.

[100] I. Hardi, a. a. O., S. 116.
[101] Ebd., S. 117.
[102] D. Bonhoeffer, Ethik, S. 113 f.
[103] Vgl. zur Geschichte besonders B. Bürki, a. a. O., S. 275 ff.
[104] K. Oesterreich, a. a. O., S. 159.
[105] E. Wolf, Das Problem der „Euthanasie" im Spiegel der evangelischen Ethik, ZEE 1966, S. 345 ff.; E. Kracht, Die Stellung der evangelischen Schwester zum Problem der Euthanasie, WZM 1967, S. 261.
[106] K. Zechmeister, a. a. O., S. 235, 236, 242, 314.
[107] H. C. von Hase, Evangelische Dokumente zur Ermordung „unheilbarer" Kranker unter der nationalsozialistischen Herrschaft in den Jahren 1939–1945, Stuttgart 1964.
[108] W. Catel, Grenzsituationen des Lebens.
[109] H. Lindinger, Die Erfahrung von Schuld und Tod beim heutigen Menschen, WZM 1967, S. 130.

3.2. *Begleitung der Trauernden*

[1] W. Neidhart, Die Rolle des Pfarrers beim Begräbnis, in: Wort und Gemeinde, S. 231; Der Pfarrer „ist zunächst ‚nolens volens' Funktionär des Brauchtums, und zwar amtiert er als ‚Zeremonienmeister'. Dieser Begriff enthält nichts Abschätziges". Seinen nüchternen Überlegungen ist zuzustimmen.
[2] R. Bohren. Unsere Kasualpraxis – eine missionarische Gelegenheit?, S. 14 ff.
[3] H. Lahr / W. v. Rohden, Wasser, Ring und Erde.
[4] R. Bohren, a. a. O., S. 30 ff.
[5] Ebd., S. 46.
[6] E. Lange, Bilanz 1965, S. 228: „Die Kirche müßte sich einem solchen Verlangen, einer solchen Herausforderung selbst dann irgendwie stellen, wenn dies Verlangen sich nicht auf faktisch bestehende Gliedschaft in der Kirche berufen könnte."
[7] Ordnung des kirchlichen Lebens der EKU vom 6. Mai 1955 (abgek. EKU); Ordnung des kirchlichen Lebens der VELKD vom 27. April 1955 (abgek. Luth.).
[8] Einzelheiten zum Bestattungsgespräch bieten am ausführlichsten H. Lahr / W. v. Rohden, a. a. O., S. 143 ff.; W. Uhsadel, Die gottesdienstliche Predigt, S. 162 ff.; G. Stiller, Trauersituationen als Problem, ZdZ 1975, S. 342 ff.
[9] EKU 68.
[10] W. Uhsadel, a. a. O., S. 164.
[11] H. Lahr / W. v. Rohden, a. a. O., S. 164.
[12] W. Trillhaas, a. a. O., S. 234.
[13] Handreichung für den seelsorgerlichen Dienst, a. a. O., S. 93 ff. Für die römisch-katholische Kirche vgl. Gebet- und Gesangbuch für das Bistum Berlin, Ehre sei Gott, Leipzig 1965, S. 73 ff.
[14] C. Palmer, a. a. O., S. 387: „Meist verlangt es schon die Sitte, daß der Geistliche die Familie nach einem Todesfall auch schon vor der Beerdigung besucht."
[15] H. Lahr / W. v. Rohden, a. a. O., S. 161.
[16] W. Krusche, Unsere Predigt am Sarg, Amtsblatt der Evangelisch-Lutherischen Landeskirche Sachsens 1962, B 43 (Schritte und Markierungen, S. 86), betont den seelsorgerlichen Charakter des Kasualhandelns und tritt für eine Belebung des Bestattungsgespräches ein. „Wenn sich das Gespräch ... in der Zurkenntnisnahme der Daten und Fakten aus dem Leben des Verstorbenen und in der Regelung von Ge-

staltungsfragen der Bestattungsfeier erschöpft ..., kann die Kasualpredigt die seelsorgerliche Aufgabe nicht mehr erfüllen." Seine Äußerungen zeigen, daß er von dem einen Gespräch eigentlich alles erwartet. Doch schafft u. E. die erste Klärung noch nicht alles, sie muß geduldiger angesetzt werden.

17 Das ist der Vorschlag von H. Maser, a. a. O., S. 44.

18 H. Lahr / W. v. Rohden, a. a. O., S. 164.

19 W. Uhsadel, a. a. O., S. 165.

20 A. Rensch, Das seelsorgerliche Gespräch, S. 226 ff.

21 W. Uhsadel, a. a. O., S. 166 ff.

22 Ebd., S. 165.

23 Friedrich Niebergall, Praktische Theologie, Bd. II, S. 225, spricht noch von Amtshandlungen als „Feiern".

24 Ps. 27,4 in M. Luthers Übersetzung.

25 Vgl. 2.2.2.

26 EKU 76.

27 Luth.; EKU.

28 Luth. VIII, 2; EKU 67,2.

29 Luth. VIII, 2; EKU 67,2.

30 Luth. VIII, 8; EKU 75.

31 Luth. VIII, 2; EKU 67,2.

32 Luth. VIII, 3; EKU 70.

33 Luth. VIII, 7; EKU 73.

34 Luth. VIII, 7; EKU 74.

35 Luth. VIII, 10; EKU 67,3.

36 Luth. VIII, 5; EKU 71.

37 Luth. VIII, 6; EKU 72.

38 Luth. VIII, 1.

39 Luth. VIII, 9.

40 Luth. VIII, 11.

41 Luth. VIII, 2.

42 Luth. VIII, 4.

43 EKU 67,2.

44 EKU 68.

45 EKU 69.

46 H. Vogel, Gottes Hoffnung am Sarge, in: Gotteswort in Menschenmund.

47 H. Lahr / W. v. Rohden, a. a. O., S. 145.

48 Lebensordnung EKU, IX Von der Kirchlichen Bestattung.

49 Lebensordnung VELK, VIII Vom Sterben des Christen und vom christlichen Begräbnis.

50 E. Lange, Bilanz 65, S. 228.

51 Zur Geschichte der Glocken vgl. Leiturgia, Bd. IV, S. 872 ff.

52 Eine Diskussion über diese Frage fand vor über fünfzehn Jahren statt: W. Delius, Kirchliche Bestattung Ausgetretener, ZdZ 1954, S. 133 f.; M. Albertz, Laßt die Toten ihre Toten begraben, ZdZ 1954, S. 135 ff.; rigoristisch äußert sich zum Thema R. Carl, Gedanken zu einer Neuordnung des kirchlichen Begräbnisses, ZdZ 1954, S. 364.

53 G. Bassarak, ZdZ 1969, S. 239.
54 D. Bonhoeffer, Ethik, S. 161.
55 Hebr. 4,12.
56 Lebensordnung EKU, Art. 72.
57 Unter „unehrlich" ist zu verstehen die unansehnliche, wenig ehrenvolle und unziemliche Beisetzung, vgl. H. Maser, a. a. O., S. 9.
58 Lebensordnung EKU, Art. 71,2.
59 Vgl. dagegen H. Maser, a. a. O., S. 39 ff.: „Es ist nicht selbstverständlich, daß einem Selbstmörder ein kirchliches Begräbnis gewährt werden kann. Das Maß der Beteiligung und die Form der Bestattungsfeier ist von Fall zu Fall zu klären."
60 W. Caspari, a. a. O., S. 205 ff.; H. Maser, a. a. O., S. 36 ff.
61 H. Lahr / W. v. Rohden, a. a. O., S. 159.
62 F. Delekat, Die heiligen Sakramente und die Ordnungen der Kirche, S. 163 f.
63 Ebd.
64 G. Rietschel / P. Graff, Lehrbuch der Liturgik, Bd. 2, S. 756; B. Bürki, Im Herrn entschlafen, S. 157 ff.
65 A.-G. Martimort, a. a. O., Bd. II, S. 160–168.
66 G. Dehn, Die Amtshandlungen der Kirche, S. 90 ff.
67 H. Maser, a. a. O., S. 3 ff.
68 E. Haenchen, Die Apostelgeschichte, S. 244 f.
69 H. L. Strack und P. Billerbeck, Kommentar zum Neuen Testament aus Talmud und Midrasch, Bd. 4, München 1926, S. 578 ff.
70 Th. Harnack, Praktische Theologie, Bd. 2, S. 538.
71 C. Andresen, Bestattung als liturgisches Gestaltungsproblem in der Alten Kirche, MPTh 1960, S. 87: „Pietät und Tradition erweisen sich gegenüber theologischen Konzeptionen und ihren Versuchen, sepulkrales Brauchtum zu reformieren, als sehr resistent."
72 G. van der Leeuw, Phänomenologie der Religion, S. 140.
73 E. Winkler, Die Leichenpredigt im deutschen Luthertum bis Spener, S. 14 ff.
74 Übersetzt nach Th. Harnack, a. a. O., S. 538.
75 L. Fendt, Einführung in die Liturgiewissenschaft, S. 104.
76 H. Hering, Hülfsbuch zur Einführung in das liturgische Studium, S. 104 f.; G. Rietschel / P. Graff, a. a. O., S. 762 f.
77 A.-G. Martimort, a. a. O., S. 160.
78 Ehre sei Gott. Gebet- und Gesangbuch für das Bistum Berlin, S. 85 und 468.
79 E.-M. Bachmann, Sakramente und Kulthandlungen der Orthodoxen Kirche; B. Bürki, a. a. O., S. 176 ff.
80 Agenda, das ist: Kirchen Ordnung . . . Für die Diener der Kirchen in Herzog Heinrichen zu Sachsen . . . Fürstenthumb, Leipzig 1536, S. 66 f.
81 E. Winkler, a. a. O., S. 10, 26, 43.
82 B. Bürki, a. a. O., S. 179 ff.
83 W. Niesel, Bekenntnisschriften und Kirchenordnungen der nach Gottes Wort reformierten Kirche, S. 215 ff.
84 RGG³ I, Sp. 965.
85 E. Winkler, a. a. O., S. 42 ff.
86 G. Rietschel / P. Graff, a. a. O., S. 771.

87 P. Graff, Geschichte der Auflösung der alten gottesdienstlichen Formen in der evangelischen Kirche Deutschlands, Bd. I, S. 369 ff.

88 Vgl. Agende für die Evangelische Landeskirche, 2. Teil, S. 53 ff.

89 H. Maser, a. a. O., S. 8.

90 Von dieser Voraussetzung gehen viele Christen und Theologen in der Praxis aus; aber auch B. Bürki, a. a. O., läßt sich davon sehr beeindrucken.

91 M. Mezger, Die Amtshandlungen der Kirche, Bd. 1, S. 148.

92 R. Bohren, a. a. O., S. 23; vgl. auch K. Marti, Leichenreden.

93 Ebd., S. 23.

94 G. Dehn, Die Amtshandlungen der Kirche, S. 101.

95 F. Niebergall, Die Kasualrede, S. 137.

96 D. Bonhoeffer, Widerstand und Ergebung, S. 147.

97 R. Bohren, a. a. O., S. 16, zeigt sich hier völlig skeptisch.

98 Die Gefahr sehen R. Bohren, a. a. O., S. 50, und W. Krusche, Die Beerdigungspredigt in der heutigen volkskirchlichen Situation, in: Amtsblatt der Evangelisch-Lutherischen Landeskirche Sachsens, Jg. 1966, B 69.

99 BSELK 1930, S. 58, CA V.

100 B. Bürki, a. a. O., S. 180.

101 P. Graff, Geschichte der Auflösung der alten gottesdienstlichen Formen in der evangelischen Kirche Deutschlands, Bd. II, S. 272 ff.

102 R. Bohren, a. a. O., S. 33 ff., spricht von der Hausgemeinde als der legitimen Kasualgemeinde. Er greift damit einen biblischen, jedoch soziologisch gesehen unzeitgemäßen – wer hat noch ein Haus im alten Sinn bzw. gehört zu einer Großfamilie? – und praktisch nicht voll geeigneten Begriff heraus. Zu den nächsten Angehörigen gehören über den Familienkreis hinaus die Nachbarn und die Berufskollegen, auch die durch gesellschaftliche Zusammenarbeit Verbundenen. Diese gewiß von R. Bohren am Rande gesichtete heutige Wirklichkeit wird aber terminologisch überdeckt; aber vielleicht ist das in der BRD anders als in der DDR.

103 Mission als Strukturprinzip, S. 157: „Die sogenannten Amtshandlungen ... gewinnen mehr und mehr einen neuen Charakter. Sie werden Zusammenkünfte des Gottesvolkes, das auf seinem Wege das Evangelium in seiner Bezogenheit auf bestimmte Lebenssituationen miteinander hört und in der die Angehörigen dieses Volkes einander brüderliche Begleiter sind."

104 R. Bohren, a. a. O., S. 11–17. Es wäre schön gewesen, wenn Bohren diese dogmatische Klausel neben seiner bissigen Kritik an den Friedhofsseelenjägern noch klarer durchgehalten hätte.

105 E. Schmidt, Evangelium am Grabe, S. 4: „Es geht nicht um den Toten im Grab, es geht hier um die Lebenden am Grab."

106 Th. Bonhoeffer, Das Kerygma in der Abdankung, ThPr 1968, S. 187.

107 H. Vogel, Gottes Hoffnung am Sarge, in: Gottes Wort in Menschenmund.

108 W. Uhsadel, Die gottesdienstliche Predigt, S. 136.

109 M. Mezger, a. a. O., S. 48 f.

110 Vgl. 3.2.1.

111 Unter *cura generalis* verstehen wir die Sorge um den Menschen in allen Funktionen kirchlicher Arbeit, z. B. Predigt, Unterricht, Liturgie, Ordnungshandeln; unter *cura specialis* die Begegnung mit dem Menschen in der Fülle seiner Lebensverhältnisse.

112 Mark. 10,45; Phil. 2,4; Luk. 10,25 ff.; Joh. 12,26.
113 1. Petr. 2,9 ff.
114 Vgl. 3.1.2.; 3.1.4.6.; 3.2.2.
115 M. Mezger, Die Amtshandlungen ..., S. 31, 123; vgl. auch ders., Art. Kasualien in RGG^3, III, Sp. 1164.
116 R. Bohren, a. a. O., S. 39.
117 BSELK 1930, S. 58, CA V.
118 Die Agende für evangelisch-lutherische Kirchen und Gemeinden, 3. Bd., S. 13, bietet Ansätze in dieser Richtung, wenn sie vorsieht, daß auch Lektoren Bestattungen halten können.
119 G. Harbsmeier, Was wir an Gräbern sagen, S. 14.
120 Vgl. BSELK, Sachregister, S. 1209.
121 H. Maser, a. a. O., S. 23; B. Bürki, a. a. O., S. 239.
122 H. Maser, a. a. O., S. 23.
123 Dafür tritt B. Jordahn, Das kirchliche Begräbnis, S. 35, ein.
124 H. G. Haack, a. a. O., S. 13 ff.
125 H. G. Haack, a. a. O., S. 151.
126 Vgl. W. Schenk, Der Segen im Neuen Testament, S. 131 ff.
127 Dieser Begriff, der für bestimmte Kasualien schon lange üblich ist, ist nicht besonders glücklich. Es ist besser, von Wortverkündigung aus besonderem Anlaß zu reden.
128 Wie undeutlich und belastet der Begriff der Benediktions- bzw. Segenshandlung durch die kirchliche Tradition geworden ist, zeigt auch A.-G. Martimort, a. a. O., Bd. 2, S. 180 ff.
129 Vgl. H. Maser, a. a. O., S. 21.
130 C. Harms, a. a. O., 2. Buch, S. 353: „... die christliche Archäologie referirt von der Herkunft und den Veränderungen, die Pastoraltheologie spricht von dem Wohlgefallen oder Misfallen an diesem und jenem; die Liturgik beurtheilt es und schlägt Verbesserungen vor, die Pastoraltheologie beurtheilt es auch und die gemachten Vorschläge ebenfalls und giebt zugleich Winke, wie das wirklich Bessere einzuführen sey."
131 Agende für evangelisch-lutherische Kirchen und Gemeinden, Bd. 3, Studienausgabe, S. 128.
132 Die Ordnungen der Bestattung, S. 5.
133 A.-G. Martimort, a. a. O., Bd. 2, S. 167.
134 Die Ordnungen der Bestattung, S. 20; Agende für ev.-luth. Kirchen, Bd. 3, S. 128; B. Bürki, a. a. O., S. 265 ff., möchte gern, daß eine „Eucharistiefeier am Sonntag" nach der Bestattung stattfindet.
135 G. Rietschel / P. Graff, a. a. O., S. 770 ff.; B. Bürki, a. a. O., S. 197.
136 H. Maser, a. a. O., S. 35.
137 Vgl. ebd., S. 34.
138 Agende für die Evangelische Landeskirche (APU), S. 64 und 71.
139 Vgl. G. Rietschel / P. Graff, a. a. O., S. 776 ff., 783 f.
140 B. Bürki, a. a. O., S. 214.
141 Tod und Ewigkeit, Lieder für Begräbnisfeiern. Hrsg. im Auftrag des Ev. Konsistoriums der Kirchenprovinz Magdeburg, Berlin 1966[7].
142 Agende für ev.-luth. Kirchen, Bd. 1, S. 9 ff.; Bd. 3, S. 9 ff.

[143] Vgl. zum Verständnis des Todes Jesu. Stellungnahme des Theologischen Ausschusses der Evangelischen Kirche der Union vom 28. 1. 1968, ZdZ 1968, S. 161 ff. – In der Bestattungsagende der EKU kommt der Hinweis auf den Tod Jesu nur elfmal vor (4 Eingangssprüche, 3 Schriftlesungen, 1 Gebet, 2 Kollekten, 1 Vermahnung). Aber die Auferstehung und das Leben Jesu Christi werden 68mal genannt, seine Richterfunktion 17mal. Die Nennung der Trinität erfolgt 22mal. – Die lutherische Bestattungsagende erwähnt den Tod Jesu nur 17mal (3 Eingangssprüche, 10 Schriftlesungen, 3 Gebete, 1 Kollekte).

[144] Vgl. Agende für ev.-luth. Kirchen und Gemeinden, Bd. 3, S. 9, 11, 128 u. ö.; Die Ordnungen der Bestattung, S. 5 u. ö.

[145] Dazu neigt G. Harbsmeier, a. a. O., S. 5: „In der heute geübten Form der christlichen Beerdigung in der evangelischen Kirche drückt sich die Absorbtion des Christlichen durch religiöse zeremonielle Gestaltung besonders klar aus."

[146] Vgl. 2.1.6.

[147] Nach W. Caspari, Die geschichtliche Grundlage des gegenwärtigen evangelischen Gemeindelebens, S. 198, findet sich der dreimalige Erdwurf bereits bei Horaz.

[148] Vgl. „Vorschläge für Vokal- und Instrumentalmusik", in: Entwurf einer Ordnung der Bestattung in der Ev. Kirche Berlin-Brandenburg, 1953, S. 29–34.

[149] W. Caspari, a. a. O., S. 278.

[150] H. G. Haack will am heute nur noch bei der Armee üblichen militärischen Gruß festhalten, wie es die Preußische Ordnung vorschrieb; a. a. O., S. 154.

[151] Vgl. dagegen B. Jordahn, a. a. O., S. 45: „Man soll Zeremonien nicht mehr als lediglich zur Verschönerung der Feier nötig erachten."

[152] Berlin 1958; vgl. auch R. Pfister, Die Friedhofsfibel.

[153] R. Spittel, a. a. O., S. 31.

[154] W. Caspari, a. a. O., S. 12.

[155] A.-G. Martimort, a. a. O., Bd. 1, S. 194, 175.

[156] Agende der ev.-luth. . . ., S. 135.

[157] Agende der EKU, Witten 1964, Bd. II, S. 244.

[158] W. Caspari, a. a. O., S. 13 ff.; H. Hartog, Die Friedhofskapelle – ein Haus Gottes?, PTh 1967, S. 105 ff.

[159] H. Hartog, a. a. O., S. 107.

[160] Ebd., S. 105.

[161] Ebd., S. 112.

[162] C. Rietschel, Sinnzeichen des Glaubens, S. 71 f.

[163] Vgl. etwa H. Vogel, a. a. O., S. 136; L. Fendt, Homiletik, S. 79.

[164] Mark. 8,32; Matth. 13,34; Joh. 6,63 u. v. a.

[165] Als unverdächtiger Zeuge sei genannt C. Harms, a. a. O., 2. Buch, S. 341.

[166] Gern wird F. Niebergall, Die Kasualrede, S. 136, zitiert: „Der Grabrede selbst ist manche Leichenrede gehalten worden, aber ohne jede Schmeichelei, deren man sie selbst so oft beschuldigt. ‚Wer das teure Predigtamt in seiner tiefsten Erniedrigung sehen will, der muß es an den Gräbern' . . . Leichenreden, Lügenreden; die Grabreden sind das ‚Grab der evangelischen Kirche' – das sind einige von diesen Aussprüchen . . . Sie gilt für das Schwerste im Amt, für eine Arbeit, die meist nur mit Seufzen getan wird"; vgl. auch K. Marti, Leichenreden.

[167] Vgl. 3.2.2.2.

168 W. Trillhaas, Evangelische Predigtlehre, S. 192.

169 C. Harms, a. a. O., S. 345.

170 Ebd.: „Die Concordanz muß hier Dienste thun, besser jedoch, Sie erwerben Sich eine solche Bibelkenntniß, daß Sie Sich bald auf einen soviel möglich passenden und bequemen Text besinnen."

171 R. Alberti, Welchen Text nehme ich?, Berlin 1948, S. 50 ff.

172 W. Rupprecht, Die Predigt über alttestamentliche Texte in den lutherischen Kirchen Deutschlands, S. 104, 187.

173 D. F. Schleiermacher, Die praktische Theologie, S. 325.

174 H. Vogel, a. a. O.; G. Harbsmeier, a. a. O.; B. Jordahn, a. a. O., S. 14 ff.; H. Maser, a. a. O., S. 54 ff.

175 Diese These ist bisher am gründlichsten von W. Krusche, Die Beerdigungspredigt in der heutigen volkskirchlichen Situation, in: Amtsblatt der ev.-luth. Landeskirche Sachsens, B 64 ff., ausgearbeitet worden.

176 Vgl. zum Verständnis des Todes Jesu, a. a. O.

177 Abgesehen von der theoretischen homiletischen Literatur zeigen das die von E. Brandes herausgegebenen Grabreden, 3 Teile, Stuttgart 1954–1963. Sie enthalten einen Querschnitt durch die Bestattungspredigt der heutigen älteren Predigergeneration. Zum Beispiel enthalten von 65 Reden des ersten Teils nur die knappe Hälfte einen Hinweis auf den Tod Jesu. Elfmal ist es nur eine kurze Todesnotiz. Zwölfmal ist diese mit einem Hinweis auf den Heilssinn des Menschen verbunden. Seltener wird der Tod ausführlich gedeutet (achtmal). Nur drei Reden sind überwiegend vom Kreuzeswort bestimmt. Im Unterschied dazu kehrt das Zeugnis von Jesu Auferstehung und ewigem Leben in seiner proleptischen Bedeutung für den Menschen als Charakteristikum wieder. Nur vier Grabreden handeln nicht direkt von Jesu Christi Auferstehung; aber doch indirekt, indem sie Gottes Verheißung des ewigen Lebens bezeugen.

Anders steht es bei P. Schempp, Gottes Wort am Sarge. In den 25 Grabreden wird das Kreuz über 20mal ausdrücklich genannt.

178 Vgl. G. Dehn, a. a. O., S. 100.

179 H. Schreiner, Die Verkündigung des Wortes Gottes, S. 393.

180 P. Kleinert, Homiletik, S. 136.

181 E. Lange, Bilanz 65, S. 230: „Jedem das, was er jetzt und hier hören muß und, nach menschlichem Ermessen, hören kann und so, wie er es jetzt und hier hören muß und kann."

182 Hebr. 5,12 ff.

183 Auch wenn der Begriff „Bedingung des Heils" nicht ganz glücklich ist, ist doch etwas Richtiges gemeint. E. Sachsse, Evangelische Homiletik, S. 123.

184 Vgl. 3.2.3.2. (e).

185 Es ist peinlich, wenn Prediger bei der Beerdigung Männer und Frauen verwechseln, wie es bereits vorgekommen ist.

186 C. Harms, a. a. O., S. 346.

187 G. van der Leeuw, Phänomenologie der Religion, S. 140.

188 Th. Bonhoeffer, a. a. O., S. 190.

189 Spr. 10,12; 1. Petr. 4,8.

190 Röm. 3,23.

191 H. Schreiner, a. a. O., S. 395: „... wie oft führt die Erregung der Gefühle dazu, das Leid, das sich selber liebt, zu steigern."

192 Vgl. E. Schmidt, a. a. O., S. 4; R. Bohren, a. a. O., S. 11 ff.

193 A. Schönherr, Die Predigt am Grabe, ZdZ 1953, S. 106.

194 Vgl. 2.2.2.

195 H. G. Haack, a. a. O., S. 163 f.

196 C. Harms, a. a. O., S. 344; P. Graff, Geschichte der Auflösung . . ., S. 275 ff.

197 R. Hartmann, Bemerkungen zum Lebenslauf in der älteren Basler Leichenrede, ThPr 1968, S. 140.

198 Th. Harnack, a. a. O., S. 543: „Darum ist es besser, sich auf einen rein liturgischen Act zu beschränken, der nicht ausschließt, daß vorkommendenfalls ein Freund und Berufsgenosse über die Bedeutung des Verstorbenen in seinem irdischen Leben und Beruf rede; während der Pastor, etwa bei der Einsargung oder sonst, den betrübten Hinterbliebenen den Trost und den Ernst des Evangeliums seelsorgerisch zu verkündigen hat."

199 Vgl. z. B. H. Vogel, a. a. O., S. 206; W. Uhsadel, a. a. O., S. 170 f.

200 E. Sachsse, a. a. O., S. 123.

201 H. Vogel, a. a. O., S. 206.

202 W. Uhsadel, a. a. O., S. 170.

203 H. Schreiner, a. a. O., S. 396.

204 W. Uhsadel, a. a. O., S. 170 f.

205 H. Vogel, a. a. O., S. 206.

206 E. Kolle, Grabreden, S. 12 ff.

207 W. Krusche, Die Beerdigungspredigt . . ., a. a. O., B. 69.

208 W. Uhsadel, a. a. O., S. 162 f.

209 H.-E. Eisenhuth, a. a. O., S. 181.

210 Koh. 3, 1–11 im Auszug.

211 Vgl. H. Lahr / W. v. Rohden, a. a. O., S. 162; H. Maser, a. a. O., S. 45.

212 C. Palmer, a. a. O., S. 389: Es „ist oft die Kundgebung herzlicher rein menschlicher Teilnahme ohne viel Worte, ohne expressen Zuspruch, mit einem einfachen Gruß und Wunsch das Beste, bis die Wogen sich etwas geglättet haben und das Bedürfnis, Trost zu hören sich einstellt".

213 Näheres vgl.: Der alte Mensch in der Gemeinde, Gütersloh 1967, in: HbfGA, H. 39; S. Eitner, Gesund Alt Werden, Berlin 1971.

214 R. Bohren, a. a. O., S. 29.

215 C. Palmer, a. a. O., S. 389.

216 H. Maser, a. a. O., S. 46.

217 E. Lange, Bilanz 65, S. 230. Der Terminus „Ausbau der Nacharbeit" ist freilich nicht günstig, weil es um die selbstverständliche weitere Begleitung der Trauernden geht, die nicht als Appendix des Bestattungsdienstes erscheinen darf.

218 W. Trillhaas, Der Dienst der Kirche . . ., a. a. O., S. 241.

219 C. Harms, a. a. O., S. 363.

220 Ebd.

221 H. Graff, a. a. O., S. 277.

222 Ordnung für das Kirchliche Leben der VELK 1955, Abschnitt VIII, Abs. 9.

223 O. Krause, Gefallenenehrung in der Kirche? PTh 1967, S. 390.

4. *Schluß: Vorbereitung auf den Tod*

1 Im allgemeinen bietet die evangelische Seelsorgeliteratur dazu nur wenige Hinweise, z. B. W. Köhler, a. a. O., S. 242; G. Dehn, a. a. O., S. 93; R. Fuehrer, Besuch und Seelsorge im Krankenhaus, Göttingen 1960, S. 37; H.-E. Eisenhuth, a. a. O., S. 168.

2 EKG 309.

3 Agende der Evangelischen Kirche der Union, Berlin 1960, 1. Form, Gebet-Nr. 1, 4, 6, 7; 3. Form, Nr. 1.

4 S. 187, 194, 197, 203, 207, 216, 230.

5 S. 191, 204, 207, 211, 216, 224.

6 S. 207, 216.

7 S. 286, 209, 226.

8 S. 209.

9 S. 202, 222, 227, 229.

10 D. Bonhoeffer, Ethik, S. 22 f.